Karl Deutsch/Kaspar Schweiger
Webseiten erstellen mit Drupal 7

Karl Deutsch
Kaspar Schweiger

Webseiten erstellen mit
Drupal 7
Content · Layout · Administration

Mit 234 Abbildungen

Bibliografische Information der Deutschen Bibliothek

Die Deutsche Bibliothek verzeichnet diese Publikation in der Deutschen Nationalbibliografie; detaillierte Daten sind im Internet über http://dnb.ddb.de abrufbar.

Alle Angaben in diesem Buch wurden vom Autor mit größter Sorgfalt erarbeitet bzw. zusammengestellt und unter Einschaltung wirksamer Kontrollmaßnahmen reproduziert. Trotzdem sind Fehler nicht ganz auszuschließen. Der Verlag und der Autor sehen sich deshalb gezwungen, darauf hinzuweisen, dass sie weder eine Garantie noch die juristische Verantwortung oder irgendeine Haftung für Folgen, die auf fehlerhafte Angaben zurückgehen, übernehmen können. Für die Mitteilung etwaiger Fehler sind Verlag und Autor jederzeit dankbar. Internetadressen oder Versionsnummern stellen den bei Redaktionsschluss verfügbaren Informationsstand dar. Verlag und Autor übernehmen keinerlei Verantwortung oder Haftung für Veränderungen, die sich aus nicht von ihnen zu vertretenden Umständen ergeben. Evtl. beigefügte oder zum Download angebotene Dateien und Informationen dienen ausschließlich der nicht gewerblichen Nutzung. Eine gewerbliche Nutzung ist nur mit Zustimmung des Lizenzinhabers möglich.

© 2011 Franzis Verlag GmbH, 85586 Poing

Alle Rechte vorbehalten, auch die der fotomechanischen Wiedergabe und der Speicherung in elektronischen Medien. Das Erstellen und Verbreiten von Kopien auf Papier, auf Datenträgern oder im Internet, insbesondere als PDF, ist nur mit ausdrücklicher Genehmigung des Verlags gestattet und wird widrigenfalls strafrechtlich verfolgt.

Die meisten Produktbezeichnungen von Hard- und Software sowie Firmennamen und Firmenlogos, die in diesem Werk genannt werden, sind in der Regel gleichzeitig auch eingetragene Warenzeichen und sollten als solche betrachtet werden. Der Verlag folgt bei den Produktbezeichnungen im Wesentlichen den Schreibweisen der Hersteller.

Herausgeber: Graser
Satz: DTP-Satz A. Kugge, München
art & design: www.ideehoch2.de
Druck: Bercker, 47623 Kevelaer
Printed in Germany

ISBN 978-3-645-60049-1

Vorwort

Über die Autoren

Karl Deutsch

Seit 1995 beschäftige ich mich mit der Entwicklung von Internetseiten – ursprünglich auf Basis von HTML, mittlerweile mit CMS-Systemen. Dabei habe ich die unterschiedlichsten Softwarewerkzeuge wie phpNuke, Typo3, WordPress, Joomla! und Drupal verwendet. Inzwischen ist Drupal das System meiner Wahl für alle Webprojekte.

Bei Franzis habe ich in den vergangenen Jahren einige Bücher zu Linux-Themen veröffentlicht. Als Dozent für Linux-Seminare war ich bisher für verschiedene Auftraggeber in Spanien (Madrid und Malaga), Russland (Moskau und Nischni Nowgorod), Deutschland (München, Frankfurt, Münster ...) und der Ukraine (Kiew) tätig.

Meine Kontaktinformationen finden Sie auf *www.karl-deutsch.at*.

Karl Deutsch, Februar 2011

Kaspar Schweiger

Von der hardwarenahen Programmierung aller möglichen Computer bin ich über die Beschäftigung mit EDV-Systemen auf das Internet gestoßen. Die ersten erstellten Webseiten waren noch statische Konstrukte, die unheimlich schwer zu warten waren. Viele wissen heute gar nicht mehr zu schätzen, welch tolle Anwendungen CM-Systeme überhaupt erst ermöglichen. 2006 suchte ich für ein sehr datenlastiges Projekt ein geeignetes CMS und entschied mich für Drupal. Andere CMS verwendete ich zwar auch, aber im Endeffekt ist Drupal mein absoluter Liebling, dem ich nunmehr uneingeschränkt treu bin.

Außerdem beschäftige ich mich mit Windows- und Linux-basierten EDV-Systemen und hielt zahlreiche Lehrveranstaltungen zu Betriebssystemen (theoretischer und praktischer Natur) an der FH Burgenland.

Sie können mich gern über *www.schweiger-it.at* kontaktieren.

Kaspar Schweiger, Februar 2011

Zielgruppe des Buches

Dieses Buch wendet sich an alle ...

... die sich über die aktuelle Drupal-Version informieren möchten

... Webentwickler, die Drupal-Projekte umsetzen

... Redakteure, die strukturierte Inhalte auf Drupal-Seiten einpflegen

... Administratoren, die Drupal-Installationen betreiben

Inhaltsverzeichnis

1	Einleitung		15
	1.1	Stärken von Drupal	15
	1.2	Neuerungen in der Version 7	16
	1.2.1	Standard-Themes	16
	1.2.2	Administrationsbereich	18
	1.2.3	Benutzerberechtigungen	18
	1.2.4	Inhaltstypen	18
	1.2.5	Sonstiges	18
	1.3	Große Drupal-Installationen	19
	1.4	Hilfe und Informationen	23
	1.5	Begriffe aus der Drupal-Welt	23
2	Installation		25
	2.1	Systemvoraussetzungen für Drupal 7	25
	2.2	Webserver, Datenbankserver und PHP	25
	2.2.1	XAMPP und Windows XP	26
	2.2.2	WAMP und Windows 7	31
	2.2.3	Debian GNU/Linux	36
	2.2.4	MAMP auf Mac OS X	38
	2.3	PHP-Einstellungen bei Hosting-Providern	38
	2.4	Die MySQL-Datenbank vorbereiten	39
	2.5	Drupal 7 installieren	41
3	Die Arbeitsumgebung		49
	3.1	Anmelden am System	49
	3.2	Menüs und Pfade	51
	3.3	Globale Einstellungen	51
	3.3.1	Die Website offline stellen	52
	3.3.2	Keine Benutzerregistrierungen erlauben	52
	3.3.3	Eingabeformate konfigurieren	53
	3.3.4	Kommentarfunktion deaktivieren	54
	3.3.5	Keine Autoreninfos	54
	3.3.6	Cache leeren	55
	3.3.7	Seiteneinstellungen	56

3.3.8	Update-Einstellungen	57
3.3.9	Datum und Uhrzeit	57
3.3.10	Weitere Module aus dem Kern	57
3.4	Verzeichnisse am Webserver	58
3.5	Inhalte und Benutzer generieren	58
3.5.1	Das Modul installieren und aktivieren	58
3.5.2	Benutzer generieren	59
3.5.3	Inhalte generieren	60
3.6	Einen WYSIWYG-Editor für Texte einbinden	61
3.6.1	Das Modul Wysiwyg	61
3.6.2	Wysiwyg installieren	61
3.6.3	CKEditor	61
3.6.4	Den Editor installieren	62
3.6.5	Den CKEditor aktivieren	62
3.6.6	Klappt die Anbindung?	63
3.7	Ein Dateimanager für Bilder	63
3.7.1	Module installieren	64
3.7.2	IMCE konfigurieren	64
3.7.3	Dateimanager und Editor verbinden	65
3.7.4	Klappt die Anbindung?	65
4	**Benutzer und Berechtigungen**	**67**
4.1	Rollen	67
4.1.1	Eine Rolle anlegen	67
4.1.2	Berechtigungen für eine Rolle festlegen	69
4.2	Benutzer	69
4.2.1	Einen Benutzer anlegen	69
4.3	Profilbilder	70
4.3.1	Profilbilder erlauben	71
4.3.2	Profilbilder einfügen	71
4.4	Benutzerprofile erweitern	72
4.4.1	Kontaktfelder anlegen	72
4.4.2	Kontaktinformationen eintragen	73
4.5	Benachrichtigung über neue Benutzer	73
5	**Inhalte erstellen**	**75**
5.1	Inhaltstypen	75
5.2	Einen Artikel erstellen	76
5.2.1	Eingabemaske	76
5.2.2	Menüeinstellungen	77
5.3	Blog (blog page)	80

5.3.1	Blogeinträge erstellen	81
5.3.2	Was ist das Besondere am Inhaltstyp Blog?	81
5.3.3	Blogeinträge als Block	82
5.4	Buch (book)	82
5.4.1	Ein Buch erstellen	83
5.4.2	Kapitel erstellen	84
5.4.3	Kapitel umsortieren	84
5.4.4	Buchnavigation als Block	85
5.5	Kommentare	85
5.5.1	Globale Einstellungen	85
5.5.2	Einstellungen pro Inhalt	86
5.5.3	Berechtigungen anpassen	87
5.5.4	Kommentare filtern	87
5.5.5	Benachrichtigung bei neuen Kommentaren	89
5.5.6	Neueste Kommentare als Block	90
5.5.7	Kommentare verwalten	90
5.6	Foren	90
5.6.1	Foren anlegen und strukturieren	90
5.6.2	Forenbeiträge veröffentlichen	90
5.6.3	Diskussionsbeiträge auf der Webseite	91
5.7	Umfragen	92
5.7.1	Eine Umfrage erstellen	92

6	**Inhalte verwalten**	**97**
6.1	Drucken, E-Mail und PDF	97
6.1.1	Installation	98
6.1.2	Schaltflächen konfigurieren	99
6.1.3	Schaltflächen aktivieren und deaktivieren	99
6.2	Zugriffsregeln für Inhalte	100
6.2.1	Installation	100
6.2.2	Gruppen anlegen	100
6.2.3	Zugriffsregeln zuweisen	101
6.3	Inhalte publizieren	101
6.3.1	Installation	101
6.3.2	Berechtigungen	102
6.3.3	Inhaltstypen anpassen	102
6.3.4	Veröffentlichungszeitpunkt	102
6.4	Social Bookmarks	103
6.4.1	Installation	103
6.4.2	Einstellungen	104
6.5	Inhalte mit einer Taxonomie strukturieren	105

6.5.1	Ein Vokabular anlegen	105
6.5.2	Vokabular und Inhaltstyp verknüpfen	105
6.5.3	Begriffe hinzufügen	107
6.5.4	Begriffe verwalten	107
6.5.5	Verknüpfte Inhalte zeigen	108
6.6	Inhalte durchsuchen	108
6.6.1	Manuell indizieren	109
6.6.2	Suche als Block	109
6.6.3	Suche als Menüpunkt	109
6.7	RSS-Feeds	110
6.7.1	Eigene RSS-Feeds	110
6.7.2	Fremde RSS-Feeds einbinden	111

7 Terminkalender 113

7.1	Date	113
7.2	Ansichten (Views)	119
7.2.1	Installation	120
7.2.2	Arbeiten mit Ansichten	121
7.3	Anzeigen	127
7.4	FullCalendar	128
7.4.1	Installation des Plugins	128

8 Formulare 131

8.1	Ein Kontaktformular verwenden	131
8.1.1	Ein Formular anlegen	131
8.1.2	Kontaktformular im Menü verlinken	132
8.2	CAPTCHA – Spam-Schutz für Formulare	133
8.2.1	Einstellungen anpassen	134
8.2.2	Kontaktformular und CAPTCHA verbinden	136
8.3	Individuelle Webformulare gestalten	137
8.3.1	Installation und Aktivierung	137
8.3.2	Grundeinstellungen	137
8.3.3	Ein Formular erstellen	138
8.3.4	CAPTCHA und Formular verbinden	140
8.3.5	Formular testen	140

9 Bilder, Galerien und Videos 143

9.1	Bilder in Drupal	143
9.1.1	Das Image-Feld	143
9.1.2	Das Image-Feld konfigurieren	144
9.1.3	Bildstile	145

9.2	Colorbox – Slideshows mit Drupal	148
9.2.1	Das Insert-Modul verwenden	153
9.3	Bildergalerie – selbst gemacht	156
9.3.1	Bildergalerie – Schitt für Schritt	157
9.3.2	Weitere Möglichkeiten	162
9.4	Das Media-Modul	162
9.4.1	Das Medien-Feld	163
9.5	Media Gallery	168

10 Blöcke und Menüs 171

10.1	Blöcke	171
10.1.1	Die Blockverwaltungsseite	172
10.1.2	Einen Block aktivieren	173
10.1.3	Einen Block konfigurieren	174
10.1.4	Einen neuen Block erstellen	175
10.1.5	Einen Block deaktivieren	176
10.2	Menüs	176
10.2.1	Das Hauptmenü anzeigen	177
10.2.2	Hauptmenüpunkte einfügen	177
10.2.3	Hauptmenüpunkte bearbeiten	178
10.2.4	Ein neues Menü erstellen	178
10.2.5	Menüpunkte und Reihenfolge	179
10.2.6	Das Menü anzeigen	179
10.2.7	Automatische Menüeinträge	179

11 Mehrsprachige Drupal-Seiten 181

11.1	Auswählen der Backend-Standardsprache	181
11.2	Eine Sprache hinzufügen	182
11.3	Die Benutzeroberfläche übersetzen	182
11.4	Mehrsprachige Inhalte vorbereiten	184
11.5	Inhalte übersetzen	184
11.6	Länderflaggen einfügen	186
11.7	Mehrsprachige Blöcke und Menüs	186
11.7.1	Mehrsprachige Blöcke	187
11.7.2	Mehrsprachige Hauptmenüs	189

12 Module für Suchmaschinenoptimierung 191

12.1	Seitentitel	191
12.1.1	Automatisch Seitentitel konfigurieren	192
12.1.2	Seitentitel manuell erzeugen	194
12.2	Lesbare URLs	194

12.2.1	Apache-Webserver konfigurieren	194
12.2.2	Lesbare URLs aktivieren	195
12.3	Seiten-Aliase	195
12.3.1	Manuell	195
12.3.2	Automatisch	196
12.3.3	Aliase verwalten	199
12.4	Weitere Module	200

13 Panels 201
13.1	Einführung	201
13.1.1	Panels	201
13.1.2	Installation	202
13.1.3	Verwaltungsoberfläche	202
13.2	Eine neue Startseite	203
13.2.1	Seitenvorlage erzeugen	204
13.2.2	Layout auswählen	205
13.2.3	Layoutdetails	206
13.2.4	Vorlage mit Inhalt füllen	207
13.3	Aussehen von Seiten und Blöcken	208
13.3.1	Gesamtes Panel gestalten	209
13.3.2	Blöcke mit abgerundeten Ecken	210
13.3.3	Block mit Klassen-ID	211
13.4	Zugriffsrechte	211
13.5	Mini-Panels	212
13.5.1	Mini-Panel erstellen	212
13.5.2	Mini-Panel anzeigen	213

14 Drupal-Themes einrichten 215
14.1	Drupal Themes	215
14.1.1	Die Theme-Übersicht	215
14.1.2	Theme-Einstellungen	217
14.2	Drupal-Themes installieren	221
14.3	Themes – und was dahintersteckt	223

15 Eigene Drupal-Themes erstellen 225
15.1	Softwaretools für die Theme-Entwicklung	225
15.1.1	Firebug	225
15.1.2	Devel- und Theme Developer-Modul	227
15.2	Basisthemes	228
15.2.1	Übersicht der am weitesten verbreiteten Basisthemes	228
15.3	Basisthemes nutzen und anpassen	231

15.3.1	Genesis	231
15.3.2	Die info-Datei eines Themes	232
15.3.3	Drupal Template-Dateien	238
15.3.4	Design mit Firebug	252
15.4	Ein eigenes Theme von Grund auf	259

16 Administrative Tätigkeiten 261

16.1	Zeitgesteuerte Aktionen (Cron-Jobs)	261
16.1.1	Konfigurieren und ausführen	261
16.1.2	Serverbasiert	262
16.2	Datensicherung	263
16.2.1	Das sites-Verzeichnis	263
16.2.2	Die Drupal-Datenbank	264
16.3	Berichte	268
16.3.1	Statusbericht	268
16.3.2	Verfügbare Aktualisierungen	269
16.3.3	Aktuelle Protokollnachrichten	270
16.3.4	Weitere Berichte	271
16.4	Updates	272
16.4.1	Drupal-Kern	272
16.4.2	Modul	273
16.4.3	Von D6 nach D7?!?	273
16.5	Drupal-Installation überwachen	274
16.5.1	Modul: Drupal Remote Dashboard	274
16.5.2	Modul: Drupal Remote Dashboard Server	274
16.5.3	Drupal-Installation und Dashboard verbinden	275
16.5.4	Das DRD-Dashboard	275
16.6	Umziehen einer Drupal-Installation	276
16.6.1	Sichern der Datenbank	276
16.6.2	Hochladen aller lokaler Dateien	276
16.6.3	Datenbank anlegen	276
16.6.4	Anpassen der Konfigurationsdatei	277
16.6.5	Einspielen der Datenbank	277
16.7	Installationsprofile	278
16.8	Multisite-Installation	278
16.8.1	Drupal-Installation	279
16.8.2	Verzeichnisse anlegen	279

Stichwortverzeichnis **281**

1 Einleitung

Alles begann 2001: Der gerade 23-jährige Belgier Dries Buytaert veröffentlichte Drupal 1.0 als Open-Source-Softwarelösung für ein Internetforum. Noch im selben Jahr folgten die Versionen 2 und 3. Drupal hat sich mittlerweile als CMS-Lösung neben anderen bekannten Systemen wie Typo3 oder Joomla! etabliert. Zwischen 2007 und 2010 wurde Drupal mit Preisen überschüttet: Zu den prominentesten Auszeichnungen zählen der Packt Publishing Award, der Webware 100 Award oder der Bossie Award.

Das Softwaresystem Drupal besteht aus einem Kern (engl. Core), der Grundfunktionen bereitstellt, und weit mehr als 7000 Modulen, die diese Grundfunktionen erweitern. Damit ist es möglich, mit Drupal viele Arten von Internet- und Intranetlösungen zu implementieren: vom Blog über Firmenwebseiten bis hin zu Groupware, Projektmanagement, Wiki, Onlineshop u.v.a.m.

1.1 Stärken von Drupal

- Große Zahl von aktiven Entwicklern (mehr als 700) und eine sehr aktive Community weltweit
- Strikte Trennung von Inhalt und Layout
- Taxonomiesystem zur hierarchischen Einteilung von Inhalten
- Ausgefeiltes, fein abstimmbares rollenbasiertes Rechtesystem
- Versionsverwaltung für eingestellte Inhalte
- Einfache Möglichkeit, eigene Inhaltstypen zu erstellen oder vorhandene Inhaltstypen zu erweitern
- Jede Seite ist über eine feste URL erreichbar, diese kann in gut lesbares Format umgeschrieben werden – wichtig für die Suchmaschinenoptimierung (SEO).
- Volltext-Suchfunktion
- Anbindung an LDAP und OpenID zur Benutzerauthentifizierung
- Unterstützung für Mehrsprachigkeit
- Multisite-Installationen: Aufbau voneinander unabhängiger Webseiten auf einer Drupal-Installation

Sind Sie schon überzeugt, dass Drupal für Sie oder für Ihre Kundenprojekte geeignet ist? Nein?!? Dann informieren Sie sich auf folgenden Internetseiten über weitere Stärken von Drupal:

▣ Lesezeichen

https://www.ibm.com/developerworks/ibm/library/i-osource1/ (Englisch)
www.cmsmatrix.org (Englisch)
www.cms-vergleich.de
Leistungsvergleiche der wichtigsten Content Management Systeme

... oder blättern Sie weiter in diesem Kapitel zu Projekten, die mit Drupal realisiert wurden.

1.2 Neuerungen in der Version 7

Die aktuelle Drupal-Ausgabe ist die im Januar 2011 erschienene Version 7. Die Vorgängerversionen 5 und 6 werden von den Entwicklern aber weiter gepflegt. Es ist zwar möglich, vorhandene Datenbestände aus den Vorgängerversionen zu übernehmen, Module und Themes (also Gestaltungsvorlagen) werden dagegen immer nur für eine bestimmte Version entwickelt. Diese »Inkompatibilität« bringt viele Vorteile: So muss sich eine neue Version nicht mit »Altlasten« herumschlagen und kann völlig neu und unabhängig konzipiert werden.

In der Version 7 hat sich gegenüber den Vorgängern vieles zum Besseren geändert.

1.2.1 Standard-Themes

Drupal verwendet nun zwei Standard-Themes (Gestaltungsvorlagen): eines für das Frontend und eines für den Administratorbereich. Wenn Sie Drupal frisch installiert haben, sehen Ihre Besucher das Frontend-Theme namens *Bartik*. Immer wenn Sie als Benutzer Verwaltungsaufgaben ausführen, schaltet Drupal in das Administrator-Theme *Seven*.

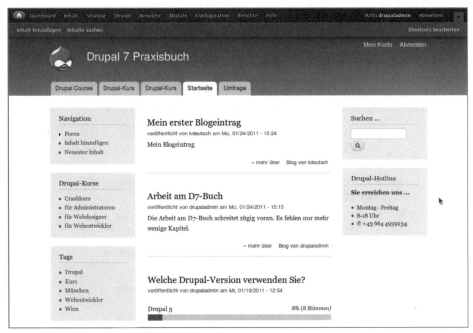

Bild 1.1: Bartik ... das neue Frontend-Theme

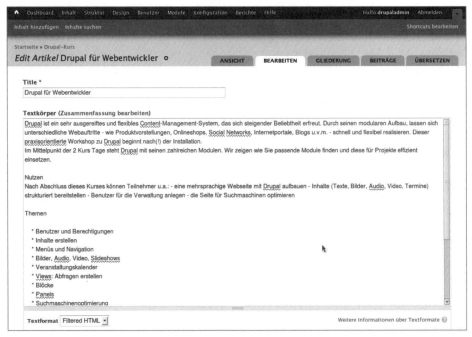

Bild 1.2: Seven ... ein neues Administrator-Theme

1.2.2 Administrationsbereich

Der Verwaltungsbereich wurde vollständig überarbeitet. Ein Dashboard (zu Deutsch: Armaturenbrett) sorgt dafür, dass alle Funktionen schnell erreichbar sind. Frei definierbare Kurztasten bieten raschen Zugriff auf häufig verwendete Einstellungen. Eine Werkzeugleiste am oberen Bildschirmrand fasst alle Verwaltungsfunktionen in einem kompakten Menü zusammen. Module können direkt installiert und aktualisiert werden.

Bild 1.3: Bearbeiten direkt aus dem Frontend

Sogenannte Blöcke, also Inhaltsbereiche, die auf festen Seitenpositionen (= Regionen) angezeigt werden, Inhalte und Menüs haben ein Bearbeitungsmenü erhalten.

Tipp: Kapitel 10 beschäftigt sich ausführlich mit Blöcken.

1.2.3 Benutzerberechtigungen

Der Zugang zur Berechtigungsverwaltung wurde ausgelagert und übersichtlicher gestaltet. Die Grundausstattung für den Administrator ist bereits sehr gut und umfassend.

1.2.4 Inhaltstypen

In die Standardinhaltstypen (Artikel, Seite, Blog und Buch) können Bilder hochgeladen werden. Das war bisher so nicht möglich.

Tipp: In Kapitel 5 erfahren Sie vieles über Inhaltstypen in Drupal.

1.2.5 Sonstiges

Die Erfassungsmaske für Inhalte wurde umstrukturiert und übersichtlicher gestaltet.

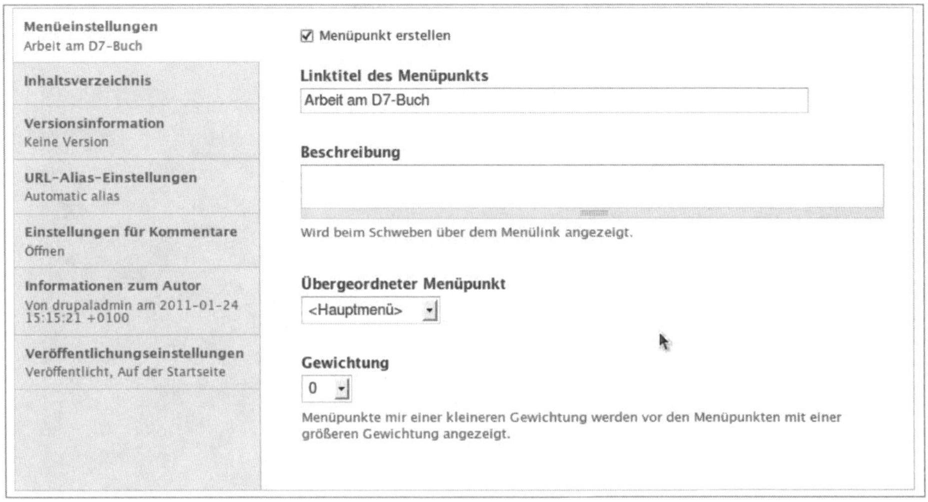

Bild 1.4: Sehr aufgeräumt ist das neue Erfassungsformular

1.3 Große Drupal-Installationen

Bild 1.5: whitehouse.gov

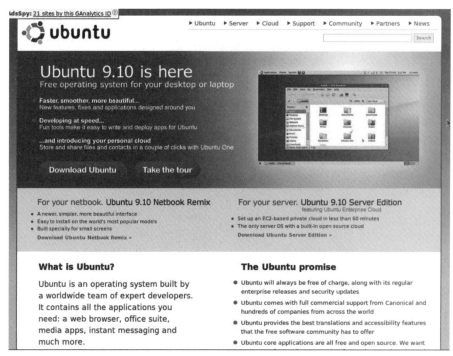

Bild 1.6: ubuntu.com

Bild 1.7: mattel.com

1.3 Große Drupal-Installationen 21

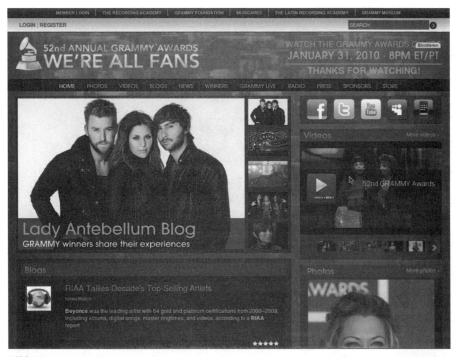

Bild 1.8: grammy.com

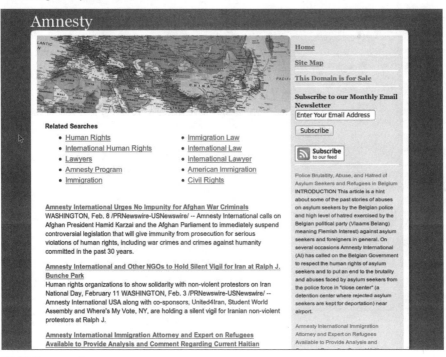

Bild 1.9: amnesty.com

Bild 1.10: linuxfoundation.org

Bild 1.11: playboy.de

Weitere Beispiele finden Sie hier:

▣ Lesezeichen

www.drupal.org/cases
www.drupal.org/forum/25
www.drupalcenter.de/showroom/latest (Hier können Sie Ihre eigenen Drupal-Seiten veröffentlichen und bewerten lassen)
http://websites.usandv.com

1.4 Hilfe und Informationen

Erste Anlaufstellen für Informationen und Hilfe rund um Drupal sind u. a.:

▣ Lesezeichen

www.drupal.org
Offizielle Webseite des Drupal-Projekts. Hier finden Sie Drupal zum Download, Module und Themes (Englisch)

www.drupalcenter.de
Deutschsprachige Seite für alles rund um Drupal mit Download der deutschsprachigen Version

http://groups.drupal.org
Zugang zur Community, zu Diskussionsgruppen, Jobs und Veranstaltungen weltweit (Englisch)

www.karl-deutsch.at
Drupal-Schulungen in Deutschland und Österreich

www.buytaert.net
Webseite des Projektgründers Dries Buytaert (Englisch)

1.5 Begriffe aus der Drupal-Welt

Zunächst ist es wichtig, einige grundlegende Begriffe zu erläutern, mit denen Drupal-Benutzer ständig konfrontiert werden. Die folgenden Termini sind zum Verständnis unerlässlich:

Core
Der Drupal-Kern mit Grundfunktionen.

Module
Bausteine, die die Grundfunktionen erweitern.

Node

Zu Deutsch: Knoten. Jeder Beitrag stellt gewissermaßen einen Knoten dar. Darunter fallen: Artikel, Seite, Blog, Buch ...

Taxonomy

Strukturierung und Gruppierung von Inhalten.

Views

Erzeugen von Datenbankabfragen.

Theme

Gestaltungsvorlage, die das Aussehen der Seite festlegt.

Multisite

Verschiedene Internetseiten nutzen eine gemeinsame Drupal-Installation.

Drush

(Abkürzung für *Drupal shell*) Kommandozeilen-Werkzeug und Skript-Schnittstelle.

> **Hinweis:**
> Zum Zeitpunkt der Drucklegung dieses Buches waren viele Ergänzungsmodule zu Drupal 7 noch nicht endgültig fertiggestellt. Es empfiehlt sich daher, die Ergänzungsmodule sorgfältig zu testen, bevor Sie sie in einer Live-Umgebung verwenden. Auch Inkompatibilitäten und unerwünschte Wechselwirkungen zwischen einzelnen Modulen sind nicht auszuschließen.

2 Installation

Dieses Kapitel informiert Sie über ...
- Systemvoraussetzungen für Drupal 7
- die Einrichtung von Web- und Datenbankservern in Windows XP, Windows 7 und Debian GNU/Linux
- die Installation von PHP
- das Anlegen einer Datenbank für Drupal 7
- die deutschsprachige Installation von Drupal 7

2.1 Systemvoraussetzungen für Drupal 7

Wie alle Content-Management-Systeme auf Basis der Programmiersprache PHP erfordert Drupal einen Webserver und eine Datenbank sowie einen PHP-Interpreter. Da es sich bei Drupal um eine Open-Source-Lösung handelt, verwenden die meisten Benutzer traditionell den freien Webserver Apache und die quelloffene Datenbank MySQL. Aber auch Alternativen sind möglich, so kann zum Beispiel Microsofts Internet Information Server (IIS) anstatt des Apache-Servers oder auch die freie Datenbanklösung PostgreSQL anstelle von MySQL benutzt werden.

Webserver	• Apache 1.3 oder 2.x (empfohlen)
	• Microsoft IIS 5, 6 oder 7
Datenbankserver	• MySQL ab Version 5.0.15
	• PostgreSQL ab Version 8.3
PHP	• ab Version 5.2.5

> **Tipp:** Detaillierte Informationen zu den Systemvoraussetzungen finden Sie unter der Webadresse: *http://drupal.org/requirements*

2.2 Webserver, Datenbankserver und PHP

Für die lokale Installation von Drupal hat sich das XAMPP-Paket bewährt. XAMPP enthält den Webserver Apache, die Datenbank MySQL sowie die Programmiersprachen

PHP und Perl. Die einzelnen Buchstaben, aus denen der Name XAMPP besteht, repräsentieren jeweils diese Komponenten. Der Buchstabe X deutet an, dass das Paket für eine Reihe von Betriebssystemen verfügbar ist, so zum Beispiel für Windows, Mac OS X und Linux.

▣ Lesezeichen

http://www.apachefriends.org/de/xampp.html
Internetadresse des XAMPP-Projekts

2.2.1 XAMPP und Windows XP

XAMPP installieren

1. Laden Sie das XAMPP-Komplettpaket mit Apache, MySQL, PHP und phpMyAdmin von der Webseite *www.apachefriends.org/de/xampp-windows.html* auf Ihren Desktop.

2. Starten Sie die Programminstallation durch Doppelklick auf das heruntergeladene Softwarepaket.

3. Tragen Sie das gewünschte Installationsverzeichnis (z. B. `c:\`, `c:\xampp` usw.) ein, und klicken Sie danach auf *Install*.

4. Beantworten Sie die Frage `Should I add shortcuts to the startmenu/desktop?` mit `y` (für yes/ja). Diese Frage stellt Ihnen XAMPP, weil die Software wissen möchte, ob sie Verknüpfungen auf dem Desktop und im Startmenü einrichten soll.

5. Wenn Sie ein anderes Installationsverzeichnis als das Stammverzeichnis `c:\` eingegeben haben, dann beantworten Sie die nächste Frage `Should I proceed?` mit `y` (für yes/ja).

6. Wenn diese Installation *nicht* für den mobilen Einsatz auf USB-Sticks gedacht ist, dann antworten Sie auf die Frage `Should I make a portable XAMPP without drive letters?` mit `n` (für no/nein).

7. Die Meldung `XAMPP is ready to use` bestätigen Sie mit ⌜Eingabe⌝.

8. Auch die Information über die automatisch konfigurierte Zeitzone in den Konfigurationsdateien `php.ini` und `my.ini` (für die MySQL-Datenbank) bestätigen Sie mit ⌜Eingabe⌝.

9. Das Textmenü verlassen Sie mit `x` (für eXit). Damit ist die Installation beendet.

Dienste starten

XAMPP können Sie ganz einfach starten, indem Sie die Desktopverknüpfung mit dem stilisierten X-Symbol doppelt anklicken. Sofort öffnet sich das XAMPP-Fenster (auch *Control Panel* genannt).

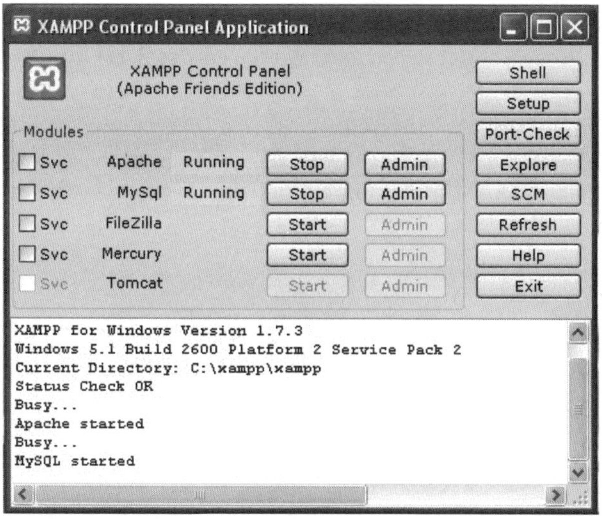

Bild 2.1: Dienste starten/stoppen über das Control Panel

Den Web- und den Datenbankserver starten Sie über das *XAMPP Control Panel* auf Ihrem Desktop. Klicken Sie dabei einfach auf die *Start*-Buttons neben den Einträgen *Apache* (für den Webserver) und *MySQL* (für das Datenbanksystem). Sowohl Apache als auch MySQL laufen im Hintergrund Ihres Windows-Systems ab. Dass beide Dienste laufen, erkennen Sie daran, dass sich die *Start*-Buttons neben den beiden Einträgen in *Stop*-Buttons verwandelt haben und neben den Buttons die Meldung *Running* aufleuchtet. Sie können Apache und MySQL jederzeit wieder beenden, indem Sie auf die *Stop*-Buttons im XAMPP-Fenster klicken. Aber als Nächstes wollen wir XAMPP ja testen, und deshalb lassen wir die beiden Dienste natürlich laufen.

XAMPP testen

Öffnen Sie mit einem Webbrowser die Adresse *https://localhost*, und klicken Sie auf den Link *Status*.

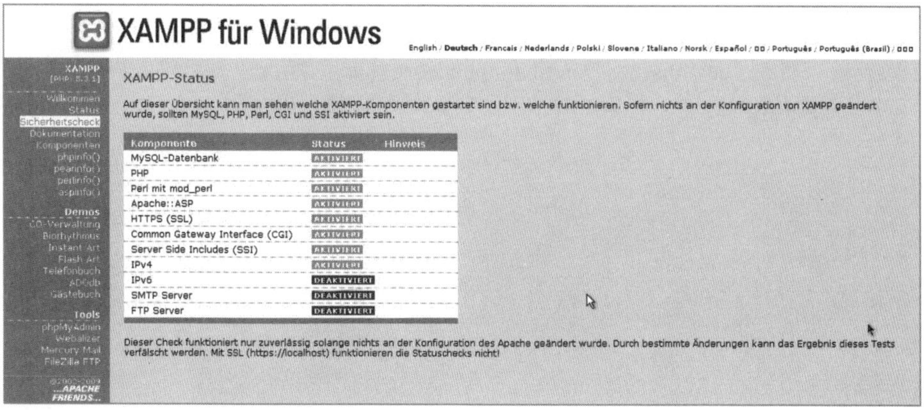

Bild 2.2: XAMPP – Statusinformationen

> **Tipp:** Nach einer Standardinstallation befindet sich das `DocumentRoot` von Apache in `c:\xampp\htdocs`.

XAMPP und Sicherheit

Wenn Sie den Link *Sicherheitscheck* in XAMPP öffnen, dann sehen Sie, dass es in der Grundeinstellung drei unsichere Bereiche gibt:

- Der Server ist über das Netzwerk erreichbar.
- Der Zugang zum MySQL-Datenbankserver ist ohne Passwort möglich.
- Die Konfigurationssoftware phpMyAdmin ist über das Netzwerk erreichbar.

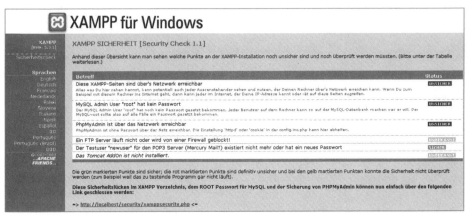

Bild 2.3: Standardinstallation: drei unsichere Bereiche

Gegen den ersten der drei unsicheren Punkte können Sie nicht viel tun, es sei denn, Sie wollen Ihren Rechner vom Netzwerk trennen. Die Punkte 2 und 3 können Sie folgendermaßen in einen sicheren Status bringen:

1. Klicken Sie auf den Link *http://localhost/security/xamppsecurity.php*.
2. Tragen Sie das gewünschte Datenbankpasswort zweimal in der Bildschirmmaske ein und bestätigen Sie durch Anklicken der Schaltfläche *Passwort ändern*.

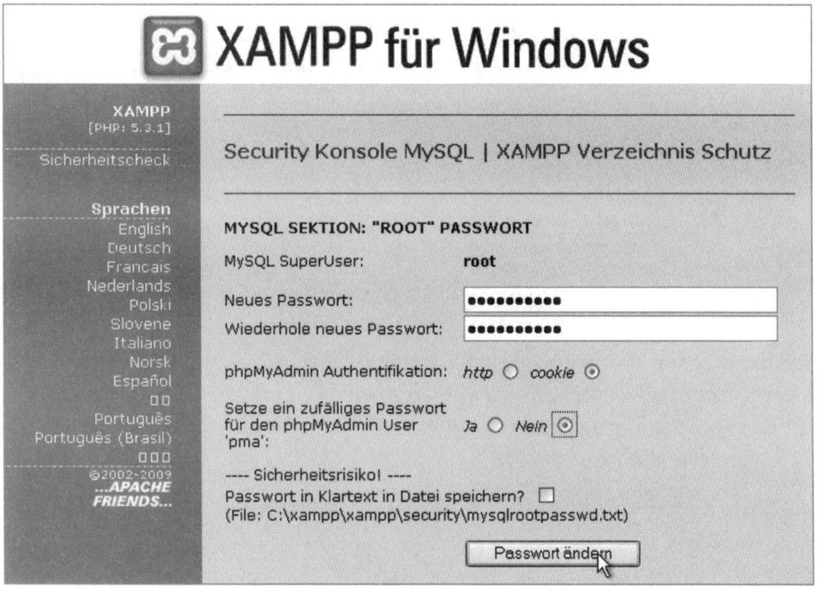

2.2 Webserver, Datenbankserver und PHP

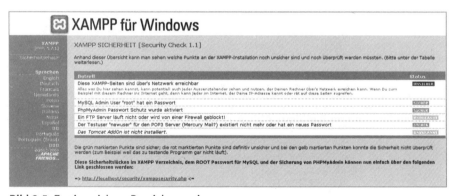

Bild 2.4: Das Datenbankpasswort festlegen

3. Stoppen und starten Sie den MySQL-Server über das Control Panel.

Bild 2.5: Zwei unsichere Bereiche weniger

4. Wiederholen Sie den Sicherheitscheck.

> **Objekt nicht gefunden!**
>
> Der angeforderte URL konnte auf dem Server nicht gefunden werden. Sofern Sie den URL manuell eingegeben haben, überprüfen Sie bitte die Schreibweise und versuchen Sie es erneut.
>
> Sofern Sie dies für eine Fehlfunktion des Servers halten, informieren Sie bitte den Webmaster hierüber.
>
> **Error 404**
>
> *localhost*
> *18.03.2010 12:58:01*
> *Apache/2.2.14 (Win32) DAV/2 mod_ssl/2.2.14 OpenSSL/0.9.8l mod_autoindex_color PHP/5.3.1 mod_apreq2-20090110/2.7.1 mod_perl/2.0.4 Perl/v5.10.1*

Bild 2.6: Detailinformationen über das installierte System

Versuchen Sie nun im Webbrowser eine Seite zu öffnen, die es sicher nicht gibt. Wenn Ihr Webserver mit detaillierten Informationen über das laufende System antwortet (wie in der Abbildung), dann sollten Sie den Wert der ServerTokens auf Prod setzen. Dazu gehen Sie folgendermaßen vor:

1. Öffnen Sie die Datei *httpd-default.conf* im Verzeichnis *c:\xampp\apache\conf\extra*.

2. Suchen Sie nach der Zeile ServerTokens Full.

3. Ändern Sie diese Zeile zu ServerTokens Prod.

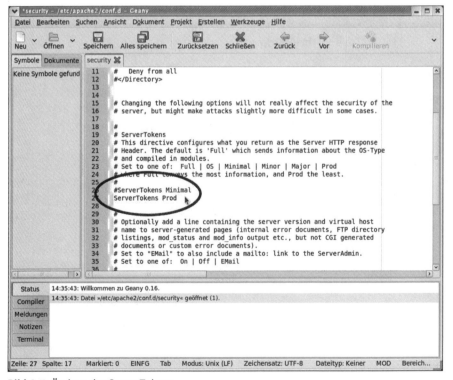

Bild 2.7: Ändern der ServerTokens

4. Speichern Sie die geänderte Datei.
5. Stoppen und starten Sie den Webserver im Control Panel.

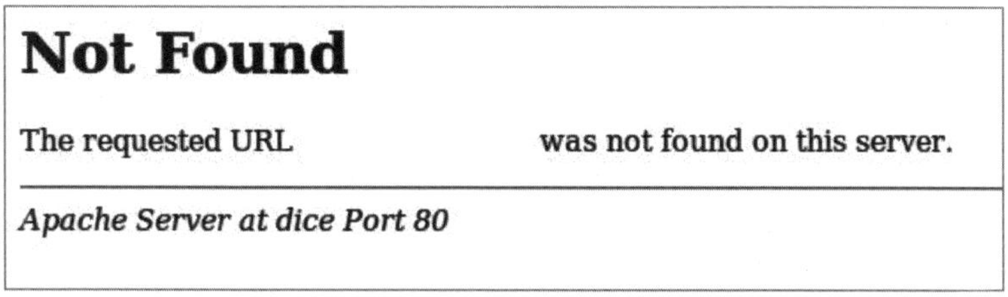

> **Not Found**
>
> The requested URL   was not found on this server.
>
> Apache Server at dice Port 80

Bild 2.8: Apache liefert keine Detailinformationen mehr

6. Versuchen Sie noch einmal, eine nicht existierende Seite abzurufen. Apache sollte nur noch die Information *Apache* liefern.

PHP für Drupal vorbereiten

Die relevanten Einstellungen `register_globals` stehen jetzt standardmäßig auf `off` und das `memory_limit` auf `128M`. Diese Einstellung überprüfen Sie über den Link *phpinfo()* im XAMPP-Browserfenster.

2.2.2 WAMP und Windows 7

WAMP-Server installieren

1. Laden Sie das circa 16 MB große Komplettpaket mit Apache, MySQL, PHP und phpMyAdmin von *www.wampserver.com* auf Ihren Desktop. WAMP bedeutet gewissermaßen: XAMPP für Windows.
2. Beginnen Sie mit der Programminstallation durch einen Doppelklick auf das Programmsymbol.
3. Bestätigen Sie den Sicherheitshinweis mit *Ja*, und setzen Sie danach mit *Next* fort.
4. Lesen Sie das Lizenzübereinkommen, akzeptieren Sie es, und klicken Sie danach auf *Next*.
5. Das vorgeschlagene Installationsverzeichnis können Sie übernehmen und mit *Next* weiter machen.
6. Lassen Sie ein Schnellstart- und ein Desktopsymbol erzeugen.

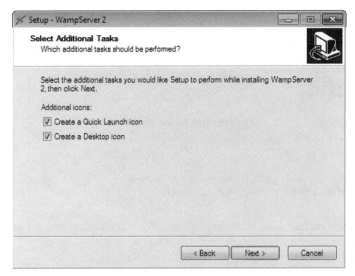

Bild 2.9: Symbole erzeugen lassen

7. Überprüfen Sie die Vorgaben. Wenn alles passt, dann starten Sie die Installation durch Anklicken von *Install*.

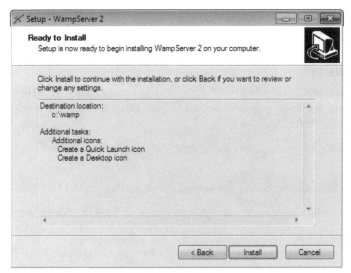

Bild 2.10: Fertig für die Installation

8. Wählen Sie Ihren Standardbrowser, und bestätigen Sie die Auswahl durch *Öffnen*.

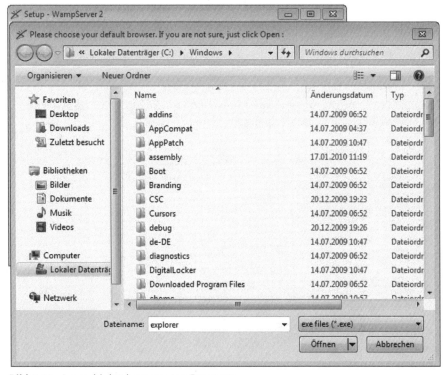

Bild 2.11: Auswahl des bevorzugten Browsers

9. Wenn die Firewall Zugriffe blockiert, dann lassen Sie diese für *Private Netzwerke*, etwa *Heim- oder Arbeitsplatznetzwerk* zu.

Bild 2.12: Anpassen der Firewall

10. Tragen Sie Ihren SMTP-Server und Ihre E-Mail-Adresse ein.

11. Die Installation ist abgeschlossen: Aktivieren Sie die Option *Launch Wamp Server 2 now -> Finish*.

WAMP-Server testen

Öffnen Sie in einem Webbrowser die Adresse *http://localhost*. Wenn alles klappt, dann sehen Sie eine Übersichtsseite wie in der Abbildung.

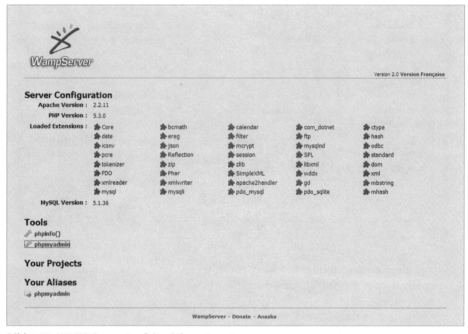

Bild 2.13: WAMP Server 2 erfolgreich gestartet

> **Tipp:** Das `DocumentRoot` von Apache befindet sich im Verzeichnis `c:\wamp\www`.

In der Taskleiste finden Sie ein kompaktes Menü, mit dessen Hilfe Sie alle Dienste des WAMP-Servers starten, stoppen und konfigurieren können.

Bild 2.14: Steuermenü für den WAMP-Server

PHP für Drupal vorbereiten

Damit Drupal auf dem Server läuft, müssen Sie die Variable `register_globals` auf off setzen:

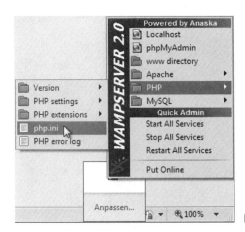

Bild 2.15: Die Datei *php.ini* öffnen

1. Öffnen Sie die Datei *php.ini* über das WAMP-Schnellstartmenü.

2. Suchen Sie nach der Zeile `register_globals`, und ändern Sie sie so: `register_globals = off`

3. Suchen Sie nach der Zeile `memory_limit`, und ändern Sie auf 64M oder 128M (wenn die Zeile nicht vorhanden ist, dann fügen Sie sie ein) zum Beispiel so: `memory_limit 64M`

4. Speichern Sie die Datei, und starten Sie Apache über das Schnellstartmenü neu.

> **Tipp:** Die Grundinstallation des WAMP-Servers eignet sich nur für lokale Testumgebungen, da der Zugriff auf MySQL ohne Passwort erfolgt.

2.2.3 Debian GNU/Linux

In Linux-Umgebungen spricht man von LAMP – Linux, Apache, MySQL und PHP.

LAMP installieren

Installieren Sie die Softwarepakete als Superuser *root* in einem Terminal:

```
root@host: ~# aptitude install apache2 mysql-server php5 libapache2-mod-php5
phpmyadmin chkconfig
```

Bei der Installation wird auch das *root*-Passwort für MySQL abgefragt.

Nach der Installation

Aktivieren Sie den Web- und den Datenbankserver für Ihre Runlevel, damit die Dienste beim nächsten Hochfahren automatisch gestartet werden:

```
root@host:~# chkconfig apache2 on
root@host:~# chkconfig mysql on
```

Starten Sie die Dienste:

```
root@host:~# /etc/init.d/apache2 start
root@host:~# /etc/init.d/mysql start
```

Laufen die beiden Server?

```
user@host:~$ ps ax | grep apache2
3142    ?    Ss    0:00    /usr/sbin/apache2 -k start
3145    ?    S     0:00    /usr/sbin/apache2 -k start
...
user@host:~$ ps ax | grep mysql
3667    ?    Sl    0:00    /usr/sbin/mysqld -basedir=/usr -data...
...
```

Eine andere Möglichkeit ist die Verwendung des Kommandozeilenwerkzeugs *nmap* (Network Mapper). Administratoren können mit diesem Werkzeug unter anderem Sicherheitstests im eigenen Netzwerk vornehmen.

> **Tipp:** Bevor Sie *nmap* in Ihrem Betrieb einsetzen, klären Sie, ob Sie diese Software in Ihrem Netzwerk verwenden dürfen! Das Tool *nmap* fällt nämlich unter die Klasse der Portscanner und findet deshalb auch in Hackerkreisen Verwendung.

```
root@host:~# nmap localhost

Starting Nmap 4.76 (http://nmap.org) at 2010-03-18 17:43 CET
Interesting ports on localhost (127.0.0.1)
PORT       STATE  SERVICE
80/tcp     open   http
3306/tcp   open   mysql
...
```

LAMP testen

Öffnen Sie mit einem Webbrowser die Adresse *http://localhost*.

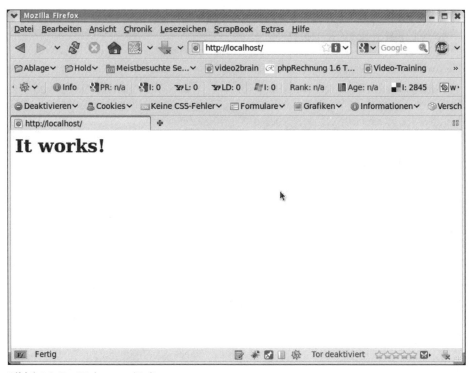

Bild 2.16: Der Webserver läuft

Tipp: Nach einer Standardinstallation befindet sich das DocumentRoot von Apache in /var/www.

Detail- und Sicherheitseinstellungen: ServerTokens

Versuchen Sie im Webbrowser eine Seite zu öffnen, die es auf Ihrem System sicher nicht gibt. Wenn Ihr Webserver mit detaillierten Informationen über das laufende System antwortet, dann sollten Sie den Wert der ServerTokens auf Prod setzen. Dazu gehen Sie so vor:

1. Suchen Sie, in welcher Datei die Variable ServerTokens definiert ist:

   ```
   root@host:~# grep -irl ServerTokens /etc/apache2
   ```

2. Vermutlich bekommen Sie einige Dateien aufgelistet. Die korrekte ist 000-default im Verzeichnis /etc/apache2/sites-enabled. Öffnen Sie die Datei mit einem Editor wie beispielsweise *vim*:

   ```
   root@host:~# vim +/ServerTokens /etc/apache2/sites-enabled/000-default
   ```

3. Ändern Sie die Einstellung auf Prod. Speichern Sie danach die Datei.

4. Starten Sie den Webserver neu:

   ```
   root@host:~# /etc/init.d/apache2 restart
   ```

5. Wenn Sie danach eine nicht existierende Seite aufrufen, dann wird der Webserver weit weniger auskunftsfreudig sein.

PHP für Drupal vorbereiten

Die Variable register_globals steht nach einer Standardinstallation bereits auf off. Der Wert von memory_limit ist auf 32M gesetzt. Bei großen Installationen mit vielen Modulen kann es sinnvoll sein, diesen Wert in der Datei *php.ini* im Verzeichnis /etc/php5/apache2 zu erhöhen und danach den Webserver neu zu starten.

2.2.4 MAMP auf Mac OS X

> **Tipp:** Eine Videoanleitung für die Einrichtung unter Mac OS X finden Sie hier: *www.revver.com/video/303152/mamp-video-tutorial/*

2.3 PHP-Einstellungen bei Hosting-Providern

Wenn Sie bei einem Hosting-Provider Webspace anmieten, dann haben Sie sehr oft keine Möglichkeit, PHP-Einstellungen in der Datei *php.ini* (im Verzeichnis /etc/php5/ .../) vorzunehmen. In solch einem Fall können diese Konfigurationen in folgenden Dateien und Verzeichnissen angepasst werden (entweder im Wurzelverzeichnis des Webservers oder im Hauptverzeichnis der Drupal-Installation):

- *.htaccess* (diese Form sollten Sie nach Möglichkeit vermeiden, da der Webserver bei jedem Zugriff auf das Verzeichnis und alle Unterverzeichnisse immer diese Datei einlesen und auswerten muss – damit erzeugen Sie hohen Datenverkehr!)
- *php.ini* (wenn es der Provider erlaubt)
- *settings.php* (von Drupal)

2.4 Die MySQL-Datenbank vorbereiten

Für die einfache Verwaltung von MySQL-Datenbanken und Datenbankbenutzern empfehle ich die Installation des Administrationswerkzeugs phpMyAdmin (*www.phpmyadmin.net*). Mit diesem Werkzeug richten Sie eine Datenbank für Drupal und einen Datenbankbenutzer ein.

1. Öffnen Sie mit dem Webbrowser die Adresse *http://localhost/phpmyadmin*.
2. Tragen Sie den Benutzernamen und das Passwort des Datenbankadministrators ein, und bestätigen Sie mit *OK*.

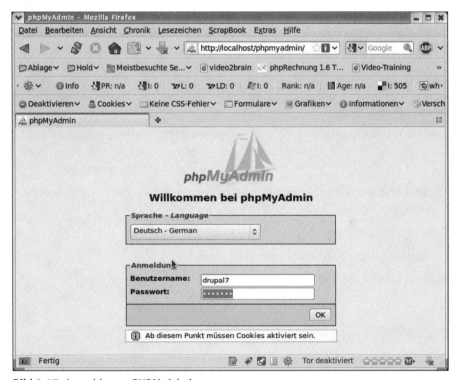

Bild 2.17: Anmelden an PHPMyAdmin

Tipp: Am WAMP-Server ist keine Authentifizierung notwendig!

3. Wählen Sie *Rechte -> Neuen Benutzer hinzufügen*.

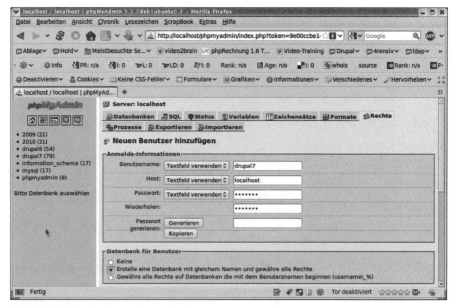

Bild 2.18: Datenbank und Datenbankbenutzer erzeugen

4. Füllen Sie die Felder *Benutzername, Host, Passwort* und *Wiederholen* aus.

5. Aktivieren Sie die Option *Erstelle eine Datenbank mit gleichem Namen und gewähre alle Rechte*.

6. Bestätigen Sie mit *OK*.

7. Schließen Sie das Browserfenster von phpMyAdmin.

Damit sind alle Vorbereitungen abgeschlossen.

2.5 Drupal 7 installieren

Bild 2.19: drupalcenter.de – hier gibt's das deutschsprachige Installationspaket

1. Laden Sie die aktuelle Drupal-Version entweder von *www.drupalcenter.de* (wenn Sie ein vollständiges, deutschsprachiges Installationsprofil einsetzen möchten), von *www.drupal.org* mit einem Webbrowser oder unter Linux mit Konsolentools wie `wget` oder `curl`.

▣ Lesezeichen

http://www.drupalcenter.de
Webportal der deutschsprachigen Drupal-Gemeinde

http://drupal.org/
Internationales Drupal-Portal

2. Entpacken Sie das Paket auf Ihrem Computer. Dabei entsteht ein Verzeichnis in der Form *drupal-7-xx*. Linux-Benutzer werden dafür `tar` verwenden.

3. Erzeugen Sie eine Kopie der Datei *default.settings.php*, und speichern Sie die Kopie unter dem Namen *settings.php* im Verzeichnis *sites/default*.

Kapitel 2: Installation

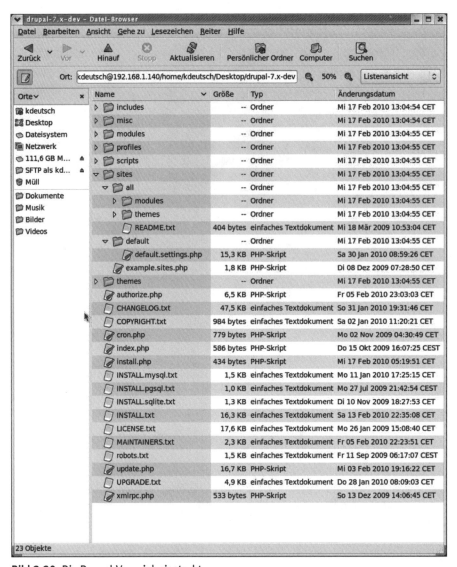

Bild 2.20: Die Drupal-Verzeichnisstruktur

4. Sorgen Sie dafür, dass diese Datei beschreibbar ist.
5. Kopieren Sie das entpackte Verzeichnis auf Ihren Webserver zum Beispiel als Verzeichnis *drupal*.

> **Linux-Tipp:** Stellen Sie fest, als welcher Benutzer Ihr Webserver läuft, und übertragen Sie die Drupal-Verzeichnisstruktur auf diesen Benutzer.

```
root@host:~# ps aux | grep apache
www-data 2840 0.0 0.4 26452 4700 ? S 09:04 0:00 /usr/sbin/apache2 -k
start
www-data 2841 0.0 0.4 26452 4700 ? S 09:04 0:00 /usr/sbin/apache2 -k
start
...
root@host:~# chown -R www.data.www-data /var/www/drupal
```

6. Konfigurieren Sie den Webserver für lesbare URLs:
   Aktivieren Sie das Modul rewrite:

   ```
   root@host:~# a2enmod rewrite
   ```

   Tragen Sie die folgenden Zeilen für das Drupal-Verzeichnis in die Datei /etc/apache2/sites-enabled/000-default ein:

   ```
   <Directory /var/www/drupal>
       RewriteEngine on
       RewriteBase /
       RewriteCond %{REQUEST_FILENAME} !-f
       RewriteCond %{REQUEST_FILENAME} !-d
       RewriteRule ^(.*)$ index.php?q=$1 [L,QSA]
       Options Indexes FollowSymLinks MultiViews
       AllowOverride All
       Order allow,deny
       allow from all
   </Directory>
   ```

7. Starten Sie den Webserver neu.

8. Starten Sie die Installation: Öffnen Sie dazu Ihren Webbrowser mit der URL *http://localhost/drupal*. Wenn Sie die Drupal-Dateien in das Webserver-Hauptverzeichnis kopiert haben, dann lautet die URL *http://localhost*.

9. Wenn Ihnen das Installationsprofil vorgeschlagen wird, wählen Sie *Standard*, damit bereits die wichtigsten Module aktiviert werden. Das Profil *Minimal* ist für Sie geeignet, wenn Sie selbst Module entwickeln und nur ein laufendes Drupal-System ohne zusätzlich aktivierte Module benötigen.

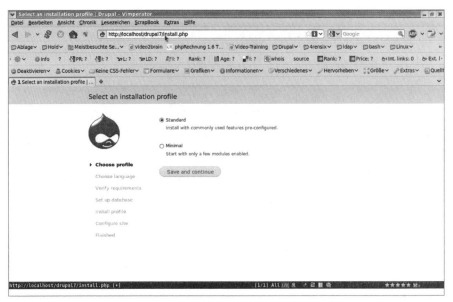

Bild 2.21: Installationsprofil »Standard«

10. Fahren Sie über *Save and continue* fort.

11. Weiter geht es mit der Sprachauswahl. Beim deutschsprachigen Paket von *www.drupalcenter.de* haben Sie an dieser Stelle die Auswahlmöglichkeit zwischen Deutsch und Englisch.

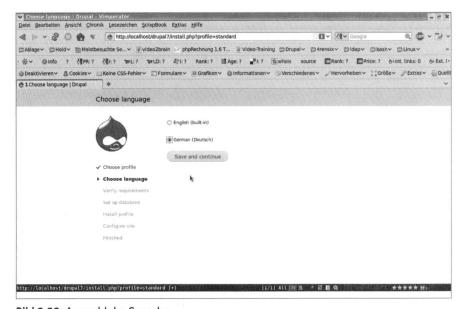

Bild 2.22: Auswahl der Sprache

Installation in einer anderen Sprache

1. Klicken Sie auf den Link *Learn how to install Drupal in other languages.*
2. Laden Sie das gewünschte Sprachpaket vom Translation Server (`localize.drupal.org/download`), zum Beispiel `drupal-7.0.de.po`.
3. Kopieren Sie die Datei auf den Webserver in das Verzeichnis `profiles/standard/translations`.
4. Klicken Sie auf den Link *Reload the language selection page after adding translations.*
5. Wählen Sie eine alternative Sprache, und fahren Sie über *Save and continue* fort.

Jetzt kommt ein spannender Moment: Drupal überprüft, ob Ihr System für die Installation auch wirklich gut vorbereitet ist. In meinem Fall fehlen die Verzeichnisse *sites/default/files, sites/default/private/files* und *sites/default/private/temp.* Auch die Berechtigungen von *settings.php* sind nicht korrekt.

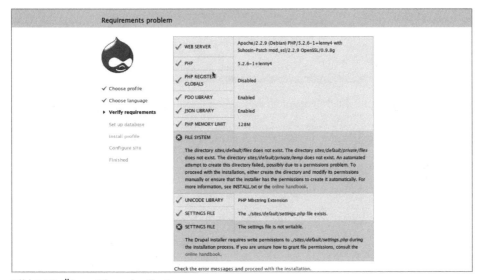

Bild 2.23: Überprüfung des Systems

1. Legen Sie die fehlenden Verzeichnisse an, und passen Sie die Zugriffsberechtigungen für *settings.php* an.

> **Linux-Tipp:** Gehen Sie folgendermaßen vor:
> ```
> root@host:~# cd /var/www/drupal/sites
> root@host:~# mkdir default/files default/private/files
> default/private/temp
> root@host:~# chmod -R 777 default/files default/private
> root@host:~# chmod 777 default/settings.php
> ```

2. Aktualisieren Sie die Ansicht im Browserfenster. Wenn alles klappt, dann kommen Sie bereits auf die nächste Installationsseite.

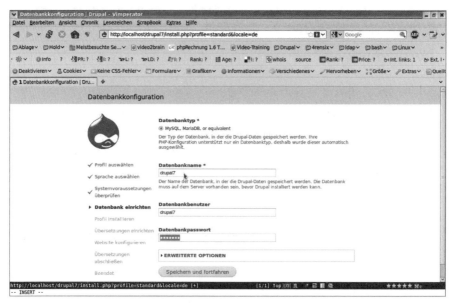

Bild 2.24: Zugriff auf die Datenbank

3. Auf dieser Seite tragen Sie den Datenbanknamen, Benutzernamen und das Benutzerpasswort für den Zugriff auf den Datenbankserver ein. Im Bereich *Erweiterte Optionen* nehmen Sie die folgenden Dateieinstellungen vor:

   - *Datenbankserver*: wenn dieser nicht auf dem lokalen Webserver läuft.
   - *Datenbankport*: wenn dieser nicht dem Standardwert 3306 entspricht.
   - *Tabellenpräfix*: Wenn Sie mehrere Drupal-Installationen in einer Datenbank bereitstellen, dann wird durch ein Tabellenpräfix zwischen den einzelnen Installationen unterschieden.

4. *Speichern und fortfahren* setzt den Installationsprozess fort.

2.5 Drupal 7 installieren 47

Bild 2.25: Installationsfortschritt

5. Drupal stellt den Kontakt zur Datenbank her und legt alle benötigen Tabellen an. Wenn das geklappt hat, dann landen Sie auf der Konfigurationsseite.

Bild 2.26: Anlegen des Administrators

6. Aus Sicherheitsgründen können Sie hier bereits die Zugriffsberechtigungen für settings.php wieder zurücksetzen.

> **Linux-Tipp:** Gehen Sie folgendermaßen vor:
> ```
> root@host:~# cd /var/www/drupal/sites
> root@host:~# chmod -R 755 default default/settings.php
> ```

7. Auf dieser Konfigurationsseite tragen Sie Informationen zu Ihrer Webseite ein und legen den Drupal-Administrator mit seinem Passwort an. Der hier erstellte Administrator hat alle Rechte in der Installation.

8. Wenn Sie fertig sind, dann machen Sie über *Speichern und fortfahren* weiter.

9. Glückwunsch, Sie haben Drupal 7 erfolgreich installiert.

10. Klicken Sie auf *Besuchen Sie Ihre neue Website*, um auf die Startseite Ihrer Installation zu gelangen.

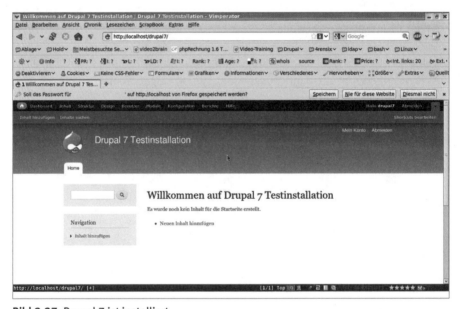

Bild 2.27: Drupal 7 ist installiert.

> **Tipp:** Im Kapitel 16 finden Sie weitere Informationen zu Installationsvarianten von Drupal 7:
>
> a) Multisites: Unterschiedliche Internetseiten nutzen eine Drupal-Installation.
>
> b) Installationsprofile: Eine Drupal-Installation wird als Vorlage für weitere Installationen genutzt.

3 Die Arbeitsumgebung

Drupal ist ein System, das auf größtmögliche Flexibilität ausgerichtet ist. Das heißt, dass Anwender von vornherein die Wahl haben, welches Editorwerkzeug sie verwenden möchten. Ein frisch eingerichtetes Drupal-System erlaubt es Ihnen zwar bereits, Inhalte zu erfassen und zu verwalten, es ist allerdings nicht sehr komfortabel. Um Texte und Bilder bequem gestalten zu können, benötigen Sie deshalb noch ein paar zusätzliche Tools.

In diesem Kapitel lesen Sie ...
- wie Sie sich am System anmelden,
- wie Sie in die Verwaltungsoberfläche gelangen,
- wie Sie eine Webseite offline und online stellen,
- wie Sie Eingabeformate definieren,
- wie Sie Benutzerregistrierungen, Kommentare und Autoreninformationen konfigurieren,
- wie Sie den Cache leeren,
- wie Sie Datum und Uhrzeit, Seiteninformationen und Updates einstellen,
- wie Sie Module einrichten,
- wie Sie die Arbeitsumgebung um einen WYSIWYG-Editor und einen Dateimanager erweitern.

3.1 Anmelden am System

Nach der Installation hat der Administrator (diese Rolle wurde bei der Installation eingerichtet) verschiedene Möglichkeiten, sich am System anzumelden:
- Klicken Sie den Link *Besuchen Sie Ihre neue Website* an.
- Tragen Sie Ihren Benutzernamen und Ihr Anmeldepasswort in den Anmeldungsdialog in der linken Seitenleiste ein.

Bild 3.1: Anmeldedialog in der Seitenleiste

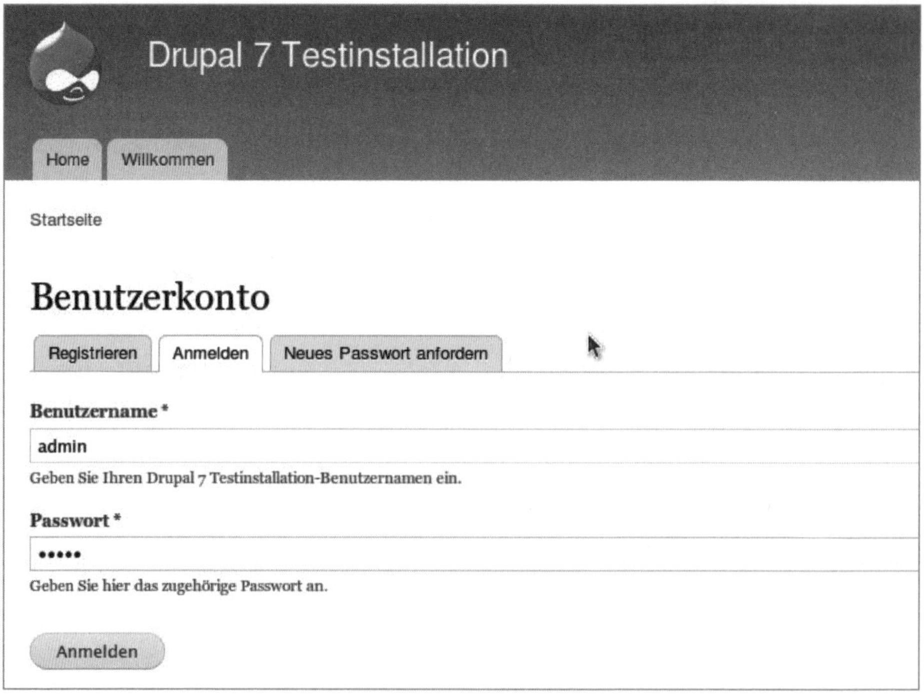

Bild 3.2: Anmeldedialog über eine URL

Der Anmeldedialog kann über folgende Eingaben in der Adresszeile des Browsers aufgerufen werden:

- URL im Browser: *http://localhost/drupal7/index.php?q=user*.

- URL im Browser: *http://localhost/drupal7/user* (diese Adresse gilt, wenn lesbare URLs im Webserver eingeschaltet sind).

3.2 Menüs und Pfade

Jeder Befehl wird entweder über das Administrationsmenü oder über eine URL erreicht:

- *Konfiguration -> Website-Informationen*

oder:

- *http://localhost/drupal7/admin/config/system/site-information*

Häufig benutzte Pfade in http://localhost/drupal7:

Funktion	Pfadangabe
Dashboard	/admin/dashboard
Inhalt	/admin/content
Struktur	/admin/structure
Design	/admin/appearance
Benutzer	/admin/people
Module	/admin/modules
Konfiguration	/admin/config
Berichte	/admin/reports
Hilfe	/admin/help
Abmelden	/user/logout

3.3 Globale Einstellungen

Dieser Abschnitt beschreibt, an welchen Stellen Sie Drupal nach der Basisinstallation für Ihr aktuelles Projekt anpassen sollten.

Kapitel 3: Die Arbeitsumgebung

3.3.1 Die Website offline stellen

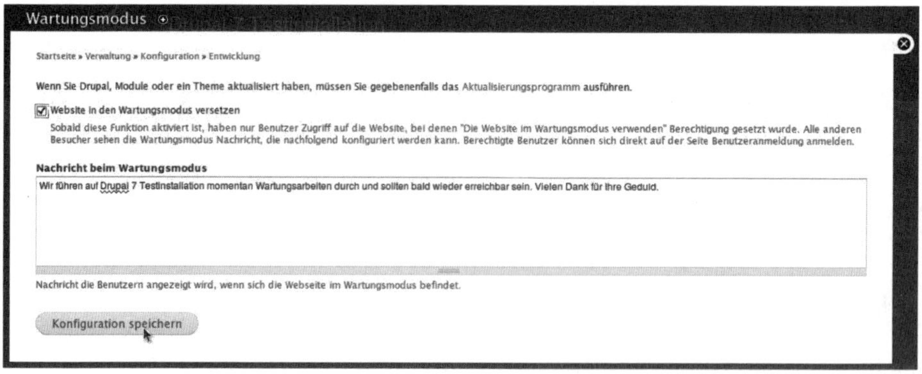

Bild 3.3: Wartungsmodus einschalten

1. Beginnen Sie mit *Konfiguration -> Wartungsmodus*.
2. Aktivieren Sie die Option *Website in den Wartungsmodus versetzen*, indem Sie ein Häkchen in das Kästchen setzen.
3. Tippen Sie eine *Nachricht beim Wartungsmodus* ein.
4. Klicken Sie auf *Konfiguration speichern*.

Registrierte Benutzer können sich weiterhin an der Seite anmelden! Nur für Besucher bleibt die Website unzugänglich, während sie sich im Wartungsmodus befindet.

3.3.2 Keine Benutzerregistrierungen erlauben

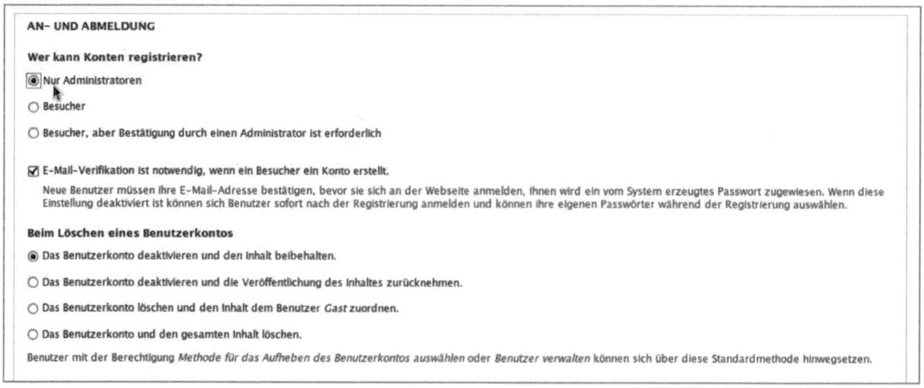

Bild 3.4: Nur Administratoren dürfen Benutzerkonten anlegen

Mit dieser Einstellung verhindern Sie, dass jeder Website-Benutzer zu einem Benutzerkonto kommt:

1. *Konfiguration -> Kontoeinstellungen*

2. Wählen Sie die Antwort *Nur Administratoren* bei der Frage *Wer kann Konten registrieren?*

3. Speichern Sie mit *Konfiguration speichern*.

3.3.3 Eingabeformate konfigurieren

Eingabeformate legen fest, wie HTML-Tags, PHP-Code und andere Formatierungen zu behandeln sind.

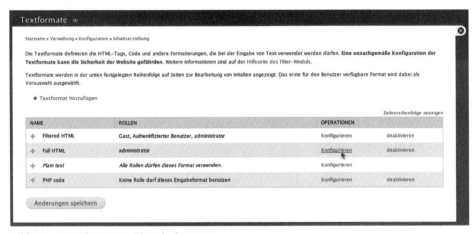

Bild 3.5: Verwaltung von Eingabeformaten

Full HTML für authentifizierte Benutzer erlauben

1. *Konfiguration -> Textformate*

2. Wählen Sie *Full HTML -> Konfigurieren*.

3. Aktivieren Sie *Authentifizierter Benutzer* im Abschnitt `Rollen`.

4. Speichern Sie mit *Konfiguration speichern*.

PHP-Code aktivieren

1. Schalten Sie das Modul *PHP filter* frei: *Module -> PHP filter -> Konfiguration speichern*

2. Schalten Sie in die Verwaltung für Textformate um: *Konfiguration -> Textformate*

3. Legen Sie Rollen fest, die PHP-Code eingeben dürfen: `PHP Code` *-> Konfigurieren -> Einstellungen vornehmen -> Konfiguration speichern*

3.3.4 Kommentarfunktion deaktivieren

Wenn Sie Websites erstellen, bei denen Besucher keine Kommentare abgeben sollen, dann schalten Sie die Kommentarfunktion ab. Sie können Kommentare entweder global (also für die ganze Website) oder für einzelne Inhaltstypen abschalten.

Bild 3.6: Kommentare abschalten

Globales Abschalten

Deaktivieren Sie das Kommentarmodul über das Modulmenü.

Abschalten für einzelne Inhaltstypen

Um Kommentare für bestimmte Inhaltstypen abzuschalten, gehen Sie so vor:

1. *Struktur -> Inhaltstypen*

2. Wählen Sie den gewünschten Inhaltstyp (zum Beispiel *Artikel*) aus, für den Sie Kommentierungen abschalten wollen -> *Bearbeiten*.

3. Im Abschnitt *Einstellungen für Kommentare* wählen Sie *Geschlossen* für die Frage *Standard-Kommentareinstellungen für neue Inhalte*.

4. Beenden Sie mit *Inhaltstyp speichern*.

3.3.5 Keine Autoreninfos

In vielen Webprojekten ist es unerwünscht, dass Autoren- und Datumsinformationen bei Inhalten angezeigt werden. Diese Anzeige schalten Sie über die Verwaltung des Inhaltstyps so aus:

1. *Struktur -> Inhaltstypen*

2. Wählen Sie den gewünschten Inhaltstyp (zum Beispiel *Artikel*) aus, für den Sie die Autoreninfos abschalten wollen -> *Bearbeiten*.

3. Deaktivieren Sie die Option *Autor- und Datumsinformationen anzeigen* im Register *Anzeigeeinstellungen*.
4. Übernehmen Sie die Einstellung mit *Inhaltstyp speichern*.

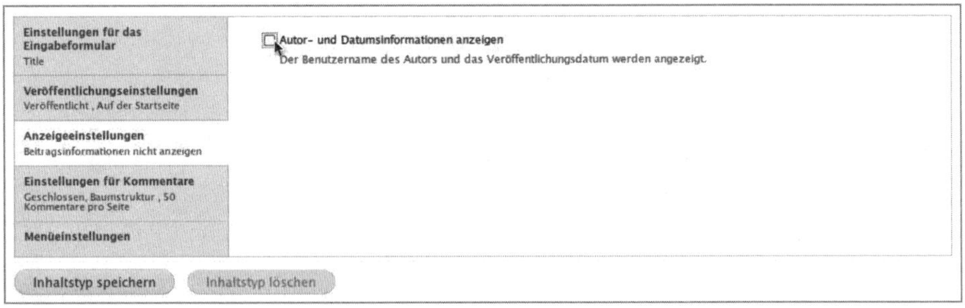

Bild 3.7: Autor- und Datumsanzeige ausschalten

3.3.6 Cache leeren

Damit die Seitenauslieferung beschleunigt wird, setzt Drupal auf das Zwischenspeichern (= Cachen) von Inhalten und Elementen. Dieses Verhalten kann dazu führen, dass von Ihnen durchgeführte Veränderungen nicht sofort angezeigt werden. Den Cache leeren Sie über *Konfiguration -> Leistung -> Gesamten Cache löschen*.

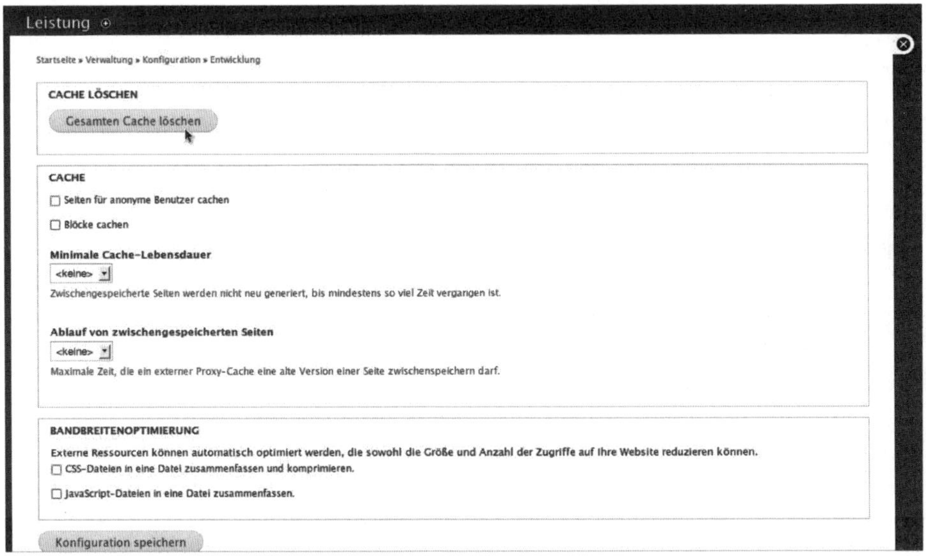

Bild 3.8: Cache-Verwaltungsseite

3.3.7 Seiteneinstellungen

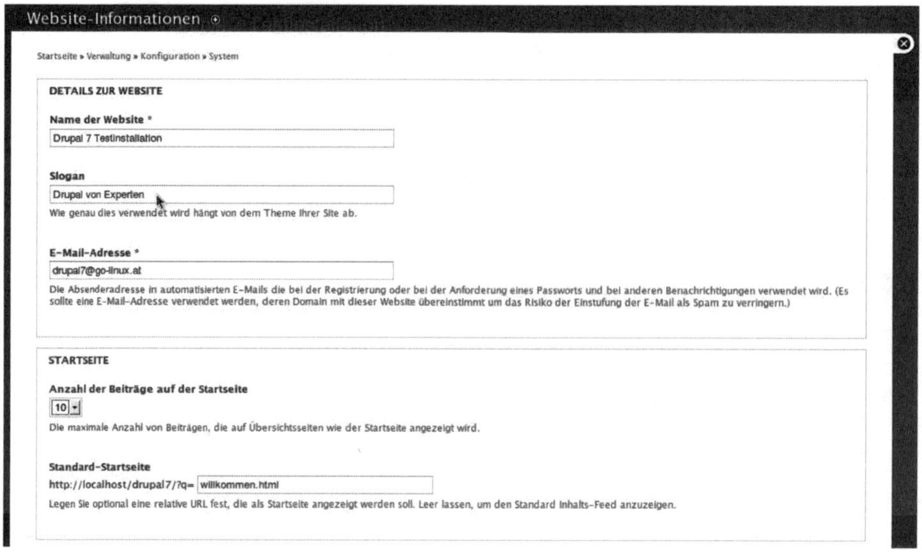

Bild 3.9: Basiseinstellungen für Ihre Website

Der Menüpfad *Konfiguration -> Website-Informationen* öffnet die Eingabemaske für die folgenden Einstellungen:

- *Name der Website:* Titel der Internetseite
- *Slogan:* Untertitel oder Slogan
- E-Mail-Adresse des Administrators
- *Anzahl der Beiträge auf der Startseite:* Werte von 1 bis 30 sind möglich.
- *Standard-Startseite:* Hier legen Sie fest, welcher Inhalt beim Anklicken von Startseite gezeigt wird:
  - *node* für die Standard-Startseite
  - *node/24* für den Inhalt mit der ID 24
  - *willkommen.html* oder jede andere lesbare URL
- *Fehlerseite für 403* (Zugriff verweigert): Tragen Sie die gewünschte Weiterleitungsseite ein.
- *Fehlerseite für 404* (Seite nicht gefunden): Tragen Sie auch hier eine gewünschte Weiterleitungsseite ein.

Alle eingestellten Werte übernehmen Sie durch Anklicken von *Konfiguration speichern*.

3.3.8 Update-Einstellungen

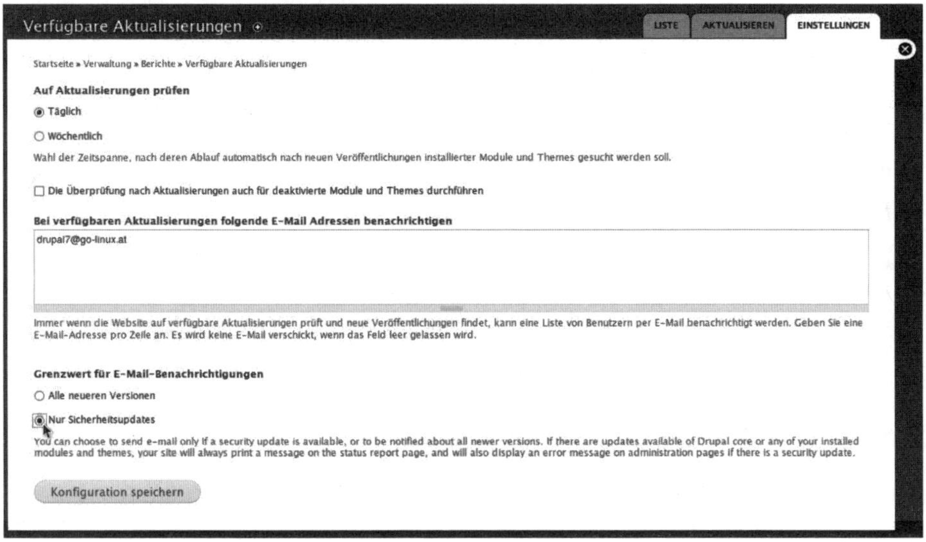

Bild 3.10: Über Sicherheits-Updates informieren lassen

Damit Sie immer informiert werden, wenn es für Drupal oder die von Ihnen eingesetzten Module und Themes Sicherheits-Updates gibt, richten Sie die Update-Benachrichtigung so ein:

1. *Berichte -> Verfügbare Aktualisierungen -> Einstellungen*
2. Lassen Sie das System *Täglich* prüfen.
3. Tragen Sie eine E-Mail-Adresse für Benachrichtigungen ein.
4. Den Grenzwert für Benachrichtigungen setzen Sie auf *Nur Sicherheitsupdates*.
5. Schließen Sie über *Konfiguration speichern* ab.

3.3.9 Datum und Uhrzeit

Die Einstellung dafür finden Sie in *Konfiguration -> Datum und Uhrzeit*.

3.3.10 Weitere Module aus dem Kern

Die folgenden Module aktivieren Sie bei Bedarf über den Hauptmenüpunkt *Module*.

- *Statistics:* Zugriffsstatistiken für Ihre Drupal-Installation
- *Tracker:* zeichnet Aktionen der Benutzer auf

3.4 Verzeichnisse am Webserver

Nach der Grundinstallation erzeugen Sie auf dem Webserver in *sites/all* diese drei Verzeichnisse (falls noch nicht vorhanden):

- *themes:* für zusätzliche Themes,
- *modules:* für zusätzliche Module,
- *libraries:* für Erweiterungen wie zum Beispiel Editoren.

> **Tipp:** Speichern Sie eigene Module, Themes und Erweiterungen immer in *sites/all*, um die Update-Funktionalität der Drupal-Installation zu erhalten.

3.5 Inhalte und Benutzer generieren

Mit dem *Devel*-Modul können Sie:

- Datenbankabfragen anzeigen,
- Beispielinhalte und Benutzer generieren,
- Inhaltsstrukturen anzeigen,
- Performance-Statistiken erstellen.

▣ Lesezeichen

http://drupal.org/project/devel
Download-Adresse für das Devel-Modul

3.5.1 Das Modul installieren und aktivieren

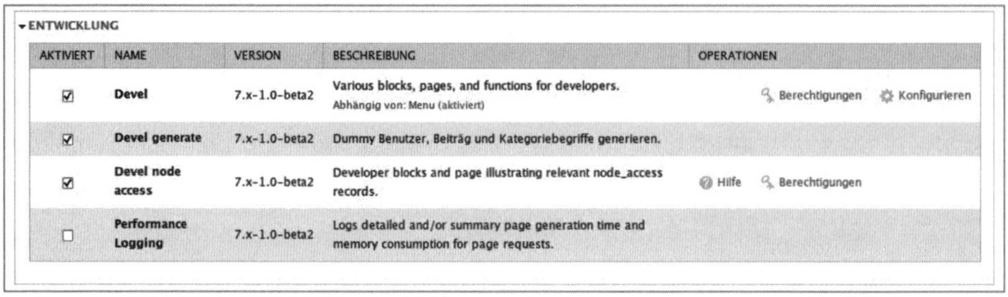

AKTIVIERT	NAME	VERSION	BESCHREIBUNG	OPERATIONEN	
☑	Devel	7.x-1.0-beta2	Various blocks, pages, and functions for developers. Abhängig von: Menu (aktiviert)	Berechtigungen	Konfigurieren
☑	Devel generate	7.x-1.0-beta2	Dummy Benutzer, Beiträge und Kategoriebegriffe generieren.		
☑	Devel node access	7.x-1.0-beta2	Developer blocks and page illustrating relevant node_access records.	Hilfe	Berechtigungen
☐	Performance Logging	7.x-1.0-beta2	Logs detailed and/or summary page generation time and memory consumption for page requests.		

Bild 3.11: Das Devel-Modul aktivieren

1. Laden Sie die Projektdatei von *drupal.org/project/devel* herunter.
2. Öffnen Sie den Menüpunkt *Module -> Neues Modul installieren.*

3. Klicken Sie auf *Durchsuchen*, um den Dialog für *Datei hochladen* zu öffnen.
4. Navigieren Sie im Dateisystem zur heruntergeladenen Datei.
5. Wählen Sie diese mit einem Doppelklick aus.
6. Klicken Sie auf *Installieren*, um die Datei zu entpacken und auf den Server hochzuladen.
7. Aktivieren Sie im Menü *Module* die Einträge *Devel*, *Devel generate* und *Devel node access*.
8. Beenden Sie mit *Konfiguration speichern*.

> **Tipp:** So deinstallieren Sie ein Modul:
>
> 1. Deaktivieren Sie alle Einträge im Modulmenü.
> 2. Klicken Sie auf *Deinstallieren*.
> 3. Wählen Sie das gewünschte Modul aus.
> 4. Starten Sie den Vorgang durch Anklicken von *Deinstallieren*.
> 5. Löschen Sie das dazugehörende Verzeichnis in `sites/all/modules`.

3.5.2 Benutzer generieren

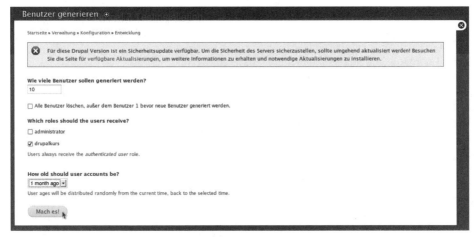

Bild 3.12: Viele Benutzer automatisch anlegen

So erzeugen Sie rasch Beispielbenutzer für Ihre Drupal-Installation:

1. *Konfiguration -> Benutzer generieren*
2. Tragen Sie die gewünschte Anzahl von Benutzern ein.
3. Weisen Sie den neuen Benutzern Rollen zu.

4. Wählen Sie ein maximales Alter für die Benutzerkonten.
5. Klicken Sie auf *Mach es!*

3.5.3 Inhalte generieren

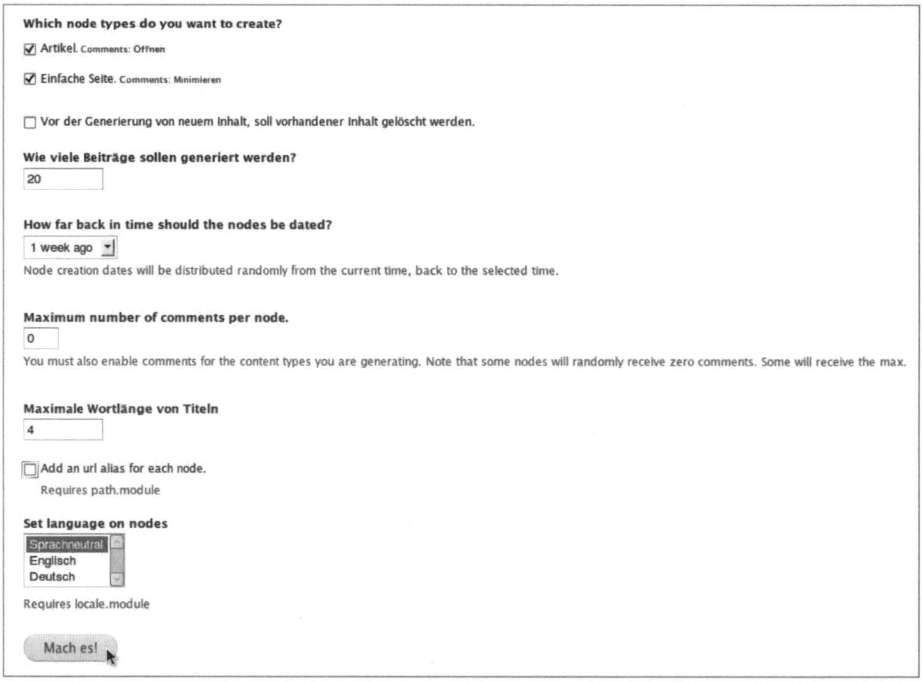

Bild 3.13: Artikel- und Seiteninhalte automatisch erzeugen

Um Beispielinhalte zu erzeugen, gehen Sie so vor:

1. *Konfiguration -> Inhalt generieren*
2. Wählen Sie die gewünschten Inhaltstypen (zu Beginn können Sie zwischen *Artikel* und *Einfache Seite* wählen).
3. Tragen Sie eine Anzahl von Inhalten ein.
4. Legen Sie das maximale Alter für die neuen Inhalte fest.
5. Bestimmen Sie die Anzahl von Kommentaren pro Inhalt.
6. Legen Sie eine Wortlänge für die Titel fest.
7. Klicken Sie auf die gewünschten Sprachen.
8. Starten Sie den Vorgang durch Anklicken von *Mach es!*

3.6 Einen WYSIWYG-Editor für Texte einbinden

In diesem Abschnitt zeige ich Ihnen, wie Sie das Formular für die Inhaltseingabe um den CKEditor erweitern (einen WYSIWYG-Editor; WYSIWYG bedeutet »What You See Is What You Get« – das Editorwerkzeug vermittelt also bereits bei der Eingabe den Eindruck des fertigen Textes). Für alle Benutzer von Textverarbeitungen wie Microsoft Word oder Open Office ist der CKEditor sehr einfach zu bedienen, da er ähnliche Bedienungssymbole und Schaltflächen verwendet.

3.6.1 Das Modul Wysiwyg

Das Drupal-Modul *wysiwyg* ermöglicht die Anbindung von Editoren. Eingesetzt werden können HTML- oder Flash-basierte Editorwerkzeuge sowie Pseudo-Editoren.

Zu den unterstützten Editoren zählen: `CKEditor`, `FCKEditor`, `jWysiwyg`, `markItUp`, `NicEdit`, `openWYSIWYG`, `TinyMCE`, `Whizzywig`, `WYMeditor`, `YUI editor`.

> **Lesezeichen**
>
> www.drupal.org/project/wysiwyg
> Download-Adresse für das Wysiwyg-Modul

3.6.2 Wysiwyg installieren

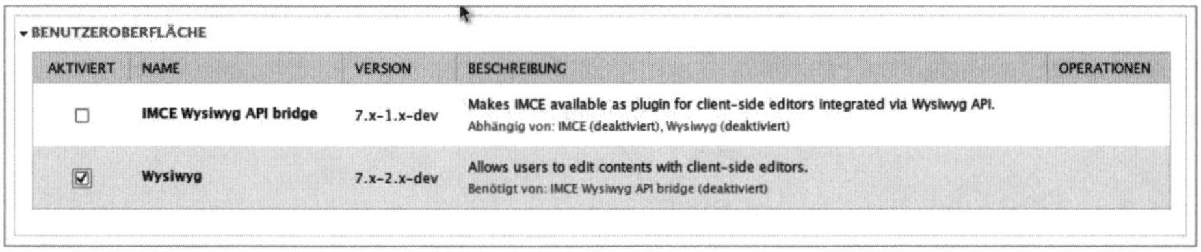

Bild 3.14: Das Modul *Wysiwyg* einschalten

Bevor Sie einen Editor einrichten können, muss das Modul *wysiwyg* am Server vorhanden und aktiviert sein:

1. Laden Sie die Projektdatei von *drupal.org/project/wysiwyg*.
2. Gehen Sie vor wie in Kapitel 3.5.1 (Punkt 2. bis 6.) beschrieben.
3. Aktivieren Sie das Modul *Wysiwyg*.
4. Übernehmen Sie die Einstellung durch einen Klick auf *Konfiguration speichern*.

3.6.3 CKEditor

Ich habe mich für den CKEditor entschieden, da ich schon seit einigen Jahren gute Erfahrungen mit seinem Vorgänger, dem FCKeditor, gemacht habe.

Der CKEditor ...

- ist ein Texteditor,
- stellt WYSIWYG-Funktionen zur Verfügung,
- ist die Weiterentwicklung beziehungsweise der Nachfolger vom FCKeditor,
- hat keinen integrierten Dateimanager.

Lesezeichen

www.ckeditor.com/download
Download-Adresse für den CKEditor

3.6.4 Den Editor installieren

1. Laden Sie die Datei im Format `tar.gz` oder `zip` von *www.ckeditor.com/download* auf Ihren Computer.
2. Entpacken Sie die Datei.
3. Übertragen Sie das lokale Verzeichnis *ckeditor* ins Verzeichnis *sites/all/libraries* am Server.

Achtung: Um zu vermeiden, dass der Editor von Drupal nicht erkannt wird, ist etwas Handarbeit nötig. Wenn Sie die von der CKEditor-Website komprimierte Datei entpacken, enthält sie in der Regel ein Verzeichnis mit dem Namen *ckeditor_3.5.1*. In diesem Ordner ist wiederum ein Verzeichnis namens *ckeditor* enthalten. Übertragen Sie dieses – und nur dieses – in das Verzeichnis *sites/all/libraries* Ihres Webservers.

3.6.5 Den CKEditor aktivieren

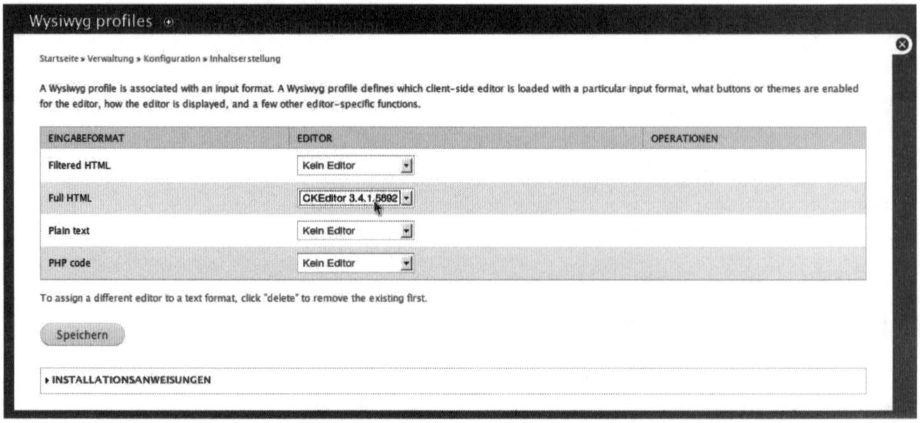

Bild 3.15: Den Editor für Full HTML einschalten

Nach der erfolgreichen Installation wird der Editor mit Eingabeformaten verbunden. Dazu gehen Sie so vor:

1. *Konfiguration -> Wysiwyg profiles*
2. Weisen Sie dem Format *Full HTML* den *CKEditor* zu.
3. Klicken Sie auf *Speichern*, um die Einstellung zu übernehmen.

3.6.6 Klappt die Anbindung?

Nach diesen Schritten kommt der große Moment. Überprüfen Sie, ob Editorsymbole angezeigt werden: Klicken Sie auf *Inhalt hinzufügen -> Artikel*. Die Eingabemaske sollte ähnlich aussehen wie in der Abbildung.

Bild 3.16: Die Editorsymbole werden angezeigt

> **Tipp:** Wenn Sie keine Editorsymbole sehen, dann überprüfen Sie, ob als Eingabeformat *Full HTML* ausgewählt ist.

3.7 Ein Dateimanager für Bilder

Nach der Einrichtung des Editors ergänzen Sie diesen nun um einen Dateimanager mit dem Modul IMCE. IMCE ist ein Dateimanager für Bilder, der Funktionen wie das Hochladen und Löschen von Bildern bietet. Darüber hinaus erlaubt er auch das Erzeugen von Vorschaubildern und Größen- und Zugriffsbeschränkungen für hochgeladene Bilder.

Zusätzlich zu IMCE benötigen Sie das Modul IMCE WYSIWYG Bridge, das IMCE mit einem WYSIWYG-Editor wie CKEditor, FCKeditor und TinyMCE verbindet.

▣ Lesezeichen

http://drupal.org/project/imce
Download-Adresse für das Modul IMCE.

http://drupal.org/project/imce_wysiwyg
Download-Adresse für das Modul IMCE WYSIWYG Bridge.

3.7.1 Module installieren

Die beiden benötigten Module installieren Sie folgendermaßen:

1. Laden Sie die Projektdateien von *drupal.org/project/imce* und *drupal.org/project/imce_wysiwyg* auf Ihren Computer. Achten Sie darauf, dass Sie bei `imce_wysiwyg` eine Version auswählen, die mit Drupal 7 kompatibel ist. Zum Zeitpunkt der Drucklegung dieses Buches war mit der Version *7.x-1.x-dev* lediglich eine Vorabversion verfügbar. Die stabile Variante *6.x-1.1* arbeitet leider nur mit Drupal 6 zusammen.

2. Folgen Sie den Punkten 2. bis 6. aus Kapitel 3.5.1.

3. Aktivieren Sie die beiden Module *IMCE Wysiwyg API bridge* und *IMCE*.

4. Beenden Sie durch Anklicken von *Konfiguration speichern*.

3.7.2 IMCE konfigurieren

Für den Dateimanager gibt es Benutzerprofile, die Sie mit Rollen so verbinden:

1. *Verwalten -> IMCE*

2. Weisen Sie der Gruppe *administrator* das Profil *User-1* für *öffentliche Dateien* zu.

3. Übernehmen Sie die Einstellungen durch Anklicken von *Konfiguration speichern*.

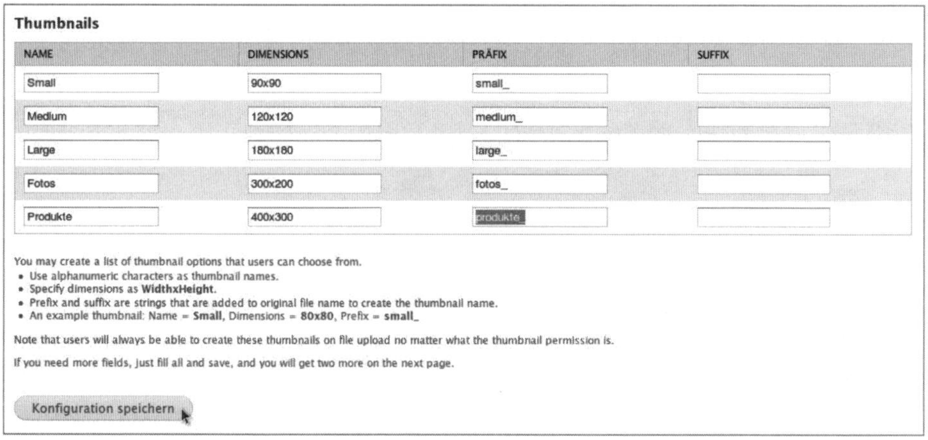

Bild 3.17: Vorschaubildgrößen konfigurieren

Nach der Zuweisung der Benutzerprofile bearbeiten Sie Detaileinstellungen des Profils so:

1. *User-1 Bearbeiten*

2. Bestimmen Sie Werte für Dateigrößen, Dateiformate, Verzeichnis- und Benutzerquota, Bilddimensionen und Vorschaubildgrößen.

3. Speichern Sie Ihre Einstellungen durch Anklicken von *Konfiguration speichern*.

3.7.3 Dateimanager und Editor verbinden

Jetzt haben Sie es fast schon geschafft. Im letzten Schritt müssen Dateimanager und Editor folgendermaßen verbunden werden:

1. *Konfiguration -> Wysiwyg-Profiles*

2. *Full HTML Bearbeiten.*

3. Aktivieren Sie die Aktion *IMCE* (und alle anderen gewünschten Symbole) im Bereich *Schaltflächen und Plugins*.

4. Übernehmen Sie die Einstellungen durch Anklicken von *Speichern*.

3.7.4 Klappt die Anbindung?

Wenn Sie über *Inhalt hinzufügen -> Artikel* beginnen und im Texteditor die Bild-Schaltfläche anklicken, dann öffnet sich ein Dialogfenster (siehe Abbildung) mit der Schaltfläche *Server durchsuchen*.

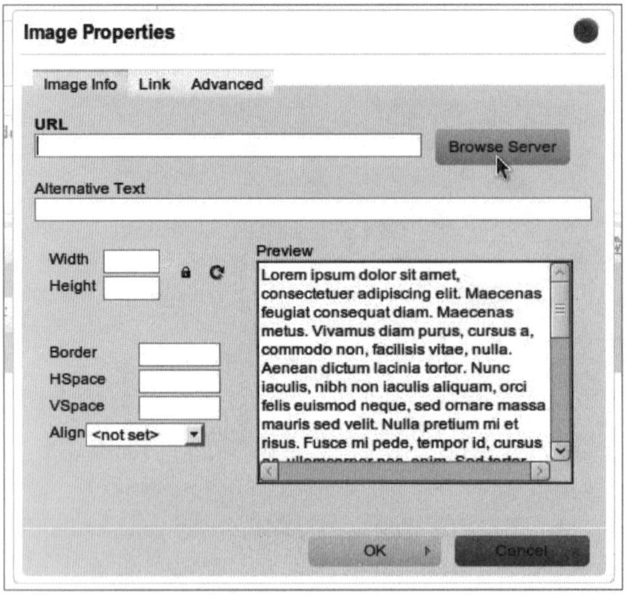

Bild 3.18: Die Schaltfläche *Server durchsuchen* (hier *Browser Server*) wird angezeigt

> Tipp: Hochgeladene Dateien werden über *Mein Konto -> Dateimanager* verwaltet.

Damit ist die Grundeinrichtung abgeschlossen: Für die Erfassung von Inhalten steht Ihnen nun ein leistungsfähiger Texteditor mit angebundenem Dateimanager zur Verfügung.

4 Benutzer und Berechtigungen

Das Berechtigungssystem in Drupal beruht auf einer simplen Grundlage: In Drupal werden Benutzer in sogenannte Rollen gruppiert. Berechtigungen im System werden über die Zuweisung zu einer Rolle vergeben.

In diesem Kapitel lesen Sie ...
- wie eine Rolle namens *drupalkurs* erzeugt wird,
- wie ein Benutzer namens *drupalkurs* angelegt wird,
- wie Benutzerberechtigungen erstellt werden,
- wie Sie Benutzerprofile erweitern.

4.1 Rollen

Nach einer Drupal-Installation sind bereits drei Rollen im System vorhanden:
- *Gast:* anonymer, nicht angemeldeter Benutzer,
- *Authentifizierter Benutzer:* alle eingeloggten Benutzer,
- *Administrator:* der »Super-User« (user-1) im System. Zu dieser Rolle gehört der Anwender, der bei der Installation von Drupal angelegt wurde.

4.1.1 Eine Rolle anlegen

Um am praktischen Beispiel darzustellen, wie das Rechtesystem im Detail funktioniert, legen wir hier eine Benutzerrolle an. Der Rollenname lautet *drupalkurs* – wir nehmen an, dass es hier um die Teilnehmer an einem Kurs zum Thema Drupal geht.

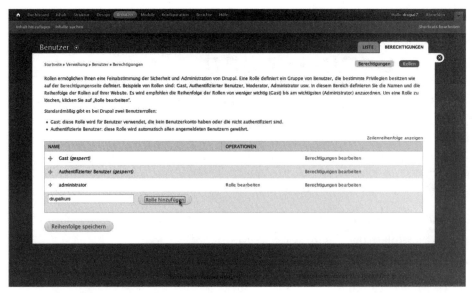

Bild 4.1: Die Rolle namens *drupalkurs* erstellen

1. Beginnen Sie mit *Benutzer -> Berechtigungen -> Rollen*.
2. Tragen Sie den gewünschten Rollennamen wie zum Beispiel *drupalkurs* ein.
3. Klicken Sie auf *Rolle hinzufügen*.

> **Tipp:** So löschen Sie eine Rolle:
>
> 1. *Benutzer -> Berechtigungen -> Rolle*
>
> 2. Gewünschte Rolle *Bearbeiten*.
>
> 3. Die Schaltfläche *Rolle löschen* anklicken und die Sicherheitsabfrage bestätigen.

4.1.2 Berechtigungen für eine Rolle festlegen

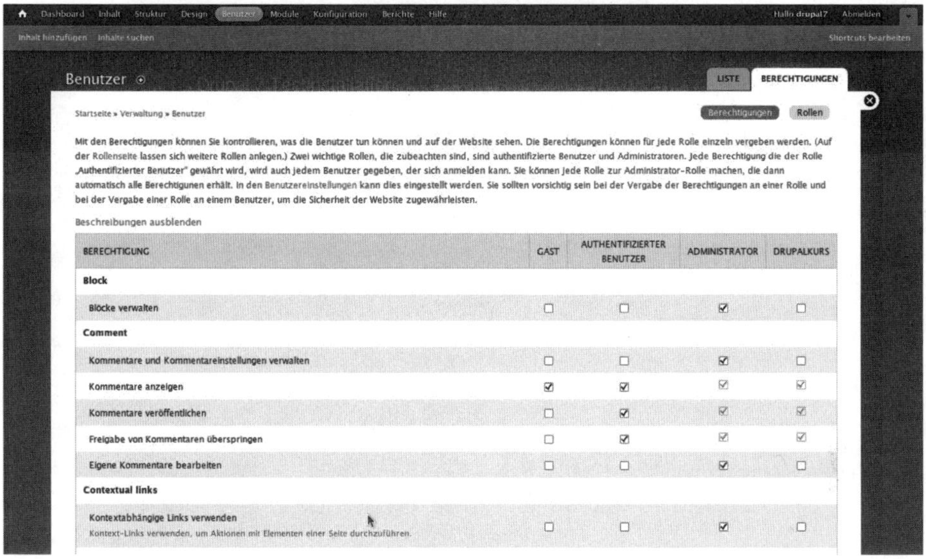

Bild 4.2: Hier vergeben Sie Berechtigungen

Detaileinstellungen für Berechtigungen nehmen Sie über den Menüpfad *Benutzer -> Berechtigungen* vor. Wenn Sie Drupal ganz frisch installiert haben, finden Sie in der Tabelle der *Berechtigungen* die Rolle *Drupalkurs* ganz rechts am Rand. Durch Setzen der Häkchen können Sie der Rolle die jeweiligen Berechtigungen außerordentlich fein zuordnen.

4.2 Benutzer

4.2.1 Einen Benutzer anlegen

Nachdem wir nun die Rolle *drupalkurs* erzeugt und ihr diverse Berechtigungen zugeordnet haben, fügen wir Drupal noch einen Benutzer hinzu, der das entsprechende Benutzerprofil erhält. Der Einfachheit halber nennen wir den neuen Benutzer ebenfalls *drupalkurs*.

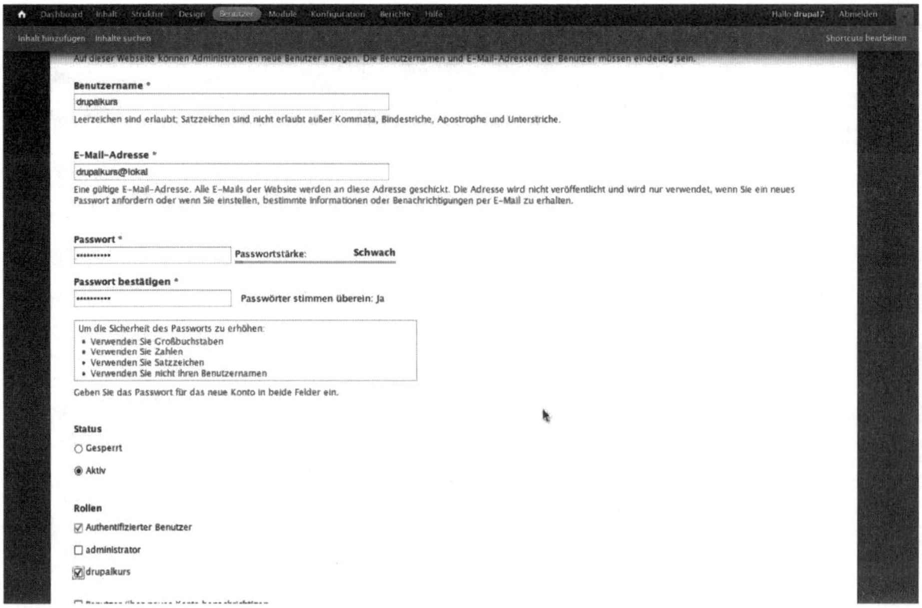

Bild 4.3: Der Benutzer namens *drupalkurs* wird angelegt

Den neuen Benutzer *drupalkurs* legen Sie mit diesen Schritten an:

1. *Benutzer -> Benutzer hinzufügen*
2. Füllen Sie die Felder *Benutzername*, *E-Mail-Adresse*, *Passwort* und *Passwort bestätigen* aus.
3. Weisen Sie dem Benutzer Rollen zu.
4. Klicken Sie auf *Registrieren*.

> **Tipp:** Den Benutzer *drupalkurs* löschen Sie so:
>
> 1. *Benutzer*
> 2. Gewünschten Benutzer *Bearbeiten*.
> 3. *Benutzer löschen* anklicken und die Sicherheitsabfrage bestätigen.

4.3 Profilbilder

Vorgegebene Benutzerprofile können sehr einfach mit Profilbildern und Kontaktinformationen erweitert werden.

4.3.1 Profilbilder erlauben

Um Profilbilder einsetzen zu können, muss die entsprechende Funktion zunächst freigeschaltet werden.

Bild 4.4: Benutzerbilder einschalten

So schalten Sie die Funktion *Profilbilder* ein:

1. *Konfiguration -> Kontoeinstellungen*
2. Klicken Sie auf die Option *Benutzerbilder aktivieren*.
3. Nehmen Sie Detaileinstellungen für Profilbilder vor: *Standard-Benutzerbild, Anzeigestil für das Bild, Abmessungen für hochgeladene Bilder, Dateigröße für Bilder.*
4. Übernehmen Sie die Einstellungen durch Anklicken von *Konfiguration speichern*.

4.3.2 Profilbilder einfügen

Jeder angemeldete Benutzer kann über *Mein Konto -> Bearbeiten* sein Benutzerbild hochladen.

Bild 4.5: Ein Benutzerbild hochladen

4.4 Benutzerprofile erweitern

Neben der Verwendung von Profilbildern können wir die Anwenderprofile noch mit einigen weiteren Funktionen ergänzen. Dazu zählt zum Beispiel, dass wir Benutzern erlauben, ihre Kontaktdaten in ihr Profil einzutragen.

4.4.1 Kontaktfelder anlegen

Bild 4.6: Neue Felder zum Profil hinzufügen

In unserem Beispiel erweitern wir das Benutzerprofil um das Feld *E-Mailadresse*:

1. Öffnen Sie die Verwaltungsseite für Felder: *Konfiguration -> Kontoeinstellungen -> Felder verwalten.*

2. Tragen Sie im Abschnitt *Neues Feld hinzufügen* eine Bezeichnung wie zum Beispiel *E-Mailadresse* ein.

3. Ergänzen Sie den vorgegebenen Wert `field_` um die Feldbezeichnung wie zum Beispiel *emailadresse*.
4. Wählen Sie als *Feldtyp* aus der Liste *Text*.
5. Weisen Sie als *Steuerelement* den Wert *Textfeld* zu.
6. Klicken Sie auf *Speichern*.

Folgen Sie der Schritt-für-Schritt-Anleitung, um weitere Felder ins Benutzerprofil einzufügen. Denkbar wären zum Beispiel Telefonnummer, Twitter-Account-Name, Postadresse oder Ähnliches.

4.4.2 Kontaktinformationen eintragen

Angemeldete Benutzer können über *Mein Konto -> Bearbeiten* die eigenen Kontaktdaten eintragen.

4.5 Benachrichtigung über neue Benutzer

Wenn Sie eine Internetseite betreiben, bei der sich neue Benutzer registrieren können, dann sollten Sie Drupal so konfigurieren, dass Sie über neue Registrierungen informiert werden. Dafür benötigen Sie das Kern-Modul *Trigger*. Aktivieren Sie es, indem Sie im *Module*-Menü hinunterscrollen, das Trigger-Kästchen mit einem Haken versehen und die Konfiguration speichern. Danach gehen Sie so vor:

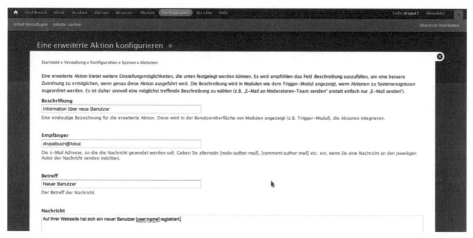

Bild 4.7: Eine neue Aktion wird erstellt

1. *Konfiguration -> Aktionen*
2. Wählen Sie das Ereignis *E-Mail senden ... Erstellen*.

3. Füllen Sie die Formularfelder aus:
   Beschriftung: Information über neue Benutzer,
   Empfänger: Ihre E-Mail-Adresse,
   Betreff: Neuer Benutzer,
   Nachricht: Der Benutzer [user:name] wurde angelegt.

4. Übernehmen Sie die Werte durch Anklicken von *Speichern*.

Diese Aktion wird im nächsten Schritt mit einem Systemereignis verbunden:

1. *Struktur -> Trigger -> Benutzer*

2. Weisen Sie die Aktion *Information über neue Benutzer* dem Ereignis *Nach dem Erstellen eines neuen Benutzerkontos* zu.

In Zukunft erhalten Sie immer dann, wenn sich ein Benutzer registriert, eine Benachrichtigung per E-Mail.

5 Inhalte erstellen

Auf einer Website geht es um Inhalte, vor allem um Texte und Bilder. Das ist auch logisch – der Sinn eines Internetauftritts ist es ja gerade, sich mitzuteilen. Drupal kennt unterschiedliche Inhaltstypen und Präsentationsformen und bietet seinen Benutzern damit eine sehr große Flexibilität.

In diesem Kapitel lesen Sie ...
- wie Sie einfache Inhalte (Artikel und Seiten) erstellen,
- wie Sie Inhalte in Buchform veröffentlichen,
- wie Sie ein Blog einrichten,
- wie Sie Kommentare ermöglichen und verwalten,
- wie Sie Foren einrichten,
- wie Sie Ihre Seite mit Umfragen ausstatten.

5.1 Inhaltstypen

In Drupal werden Seiteninhalte mithilfe von Inhaltstypen eingepflegt. Der Drupal-Kern enthält vier Inhaltstypen:

- *Artikel* (article): für Nachrichten, Pressemeldungen, Produktvorstellungen etc.
- *Einfache Seite* (page): Dieser Inhaltstyp ist für statische Informationen – die sich selten ändern – gedacht.
- *Blog* (blog): Blogs für Seitenbenutzer. Dieser Typ wird bei Bedarf über *Module -> Blog* aktiviert.
- *Buch* (book): Zusammenhängende Inhalte mit Einleitungsseite und Inhaltsverzeichnis. Zu einem Buch können alle Inhaltstypen (Artikel, Seite, Blog) hinzugefügt werden. Dieser Inhaltstyp kann bei Bedarf über *Module -> Buch* eingeschaltet werden.

> Tipp: Wie Sie eigene Inhaltstypen erzeugen, lesen Sie im nächsten Kapitel.

5.2 Einen Artikel erstellen

Beginnen Sie über *Inhalt hinzufügen* -> *Artikel*. Daraufhin öffnet sich sofort die Eingabemaske von Drupal.

5.2.1 Eingabemaske

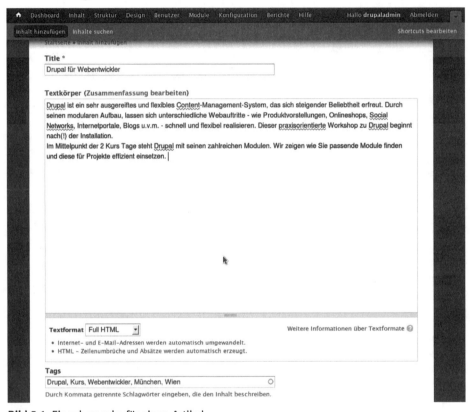

Bild 5.1: Eingabemaske für einen Artikel

Titel

Tragen Sie beispielsweise `Drupal für Webentwickler` ein.

Tags

Diese beschreiben den Inhalt in Stichworten wie etwa `Drupal, Kurs, Webentwickler, München, Wien`.

> **Tipp:** Wie Sie die Inhaltstypen *Einfache Seite*, *Blog* und *Buch* um dieses Eingabefeld erweitern, erfahren Sie im nächsten Kapitel.

Textkörper

Hier erfassen Sie den Inhalt. Ob HTML-Tags erlaubt sind, bestimmen Sie durch die Auswahl des Textformats.

Textformat

Drupal kennt drei Textformate: Filtered HTML, Full HTML und Plain Text.

Filtered HTML

- wandelt URLs und E-Mail-Adressen automatisch um,
- erlaubte HTML-Tags sind: `<a>`, `<em>`, `<strong>`, `<cite>`, `<blockquote>`, `<code>`, `<ul>`, `<ol>`, `<dl>`, `<dt>` und `<dd>`,
- Zeilenumbrüche und Absätze werden automatisch erzeugt.

Full HTML

- Alle HTML-Tags sind erlaubt.
- entspricht ansonsten Filtered HTML.

Plain Text

- Es sind keine HTML-Tags erlaubt.
- entspricht ansonsten sonst Filtered HTML.

> **Tipp:** Die Detaileinstellungen für die Eingabeformate befinden sich in *Konfiguration -> Inhaltserstellung*.

Bild

Wenn Sie im Artikel ein Bild platzieren möchten, dann laden Sie es über die Schaltflächen *Durchsuchen* und *Upload* hoch.

> **Tipp:** Zugelassene Dateiformate, Bild- und Dateigrößen legen Sie hier fest: *Struktur -> Inhaltstypen -> Inhaltstyp auswählen -> Felder bearbeiten -> Bild -> Bearbeiten*

5.2.2 Menüeinstellungen

Damit der neue Artikel direkt aus dem Hauptmenü geöffnet werden kann, aktivieren Sie die Option *Menüpunkt erstellen*.

Bild 5.2: Einen Hauptmenüpunkt erstellen

Linktitel des Menüpunkts

Zum Beispiel: `Drupal-Kurs`.

Beschreibung

Die Beschreibung wird eingeblendet, wenn sich ein Benutzer mit der Maus über dem Menüpunkt befindet.

Zum Beispiel: `Kurs für Webentwickler in München und Wien`.

Übergeordneter Menüpunkt

Zurzeit steht der Eintrag `Hauptmenü` zur Verfügung.

> **Tipp:** Wie eigene Menüs erzeugt und verwaltet werden, erfahren Sie in Kapitel 10.

Gewichtung

Die Gewichtung legt die Reihenfolge der Menüpunkte fest. Menüpunkte mit niederen Werten werden vor Menüpunkten mit hohen Zahlen angezeigt. Über *Struktur -> Menüs* kann die Reihenfolge der Einträge aber jederzeit geändert werden.

Inhaltsverzeichnis

Darunter versteht man die Zuordnung zu einem Buch. Mehr dazu lesen Sie weiter hinten in diesem Kapitel.

Versionsinformation

Der Drupal-Kern bietet eine einfache Form der Versionsverwaltung. Mit dem Aktivieren der Option *Neue Version erzeugen* erstellen Sie eine neue Fassung für einen bereits bestehenden Inhalt. Eventuell vorhandene Fassungen bleiben unverändert im System und werden nicht überschrieben. Über dieses Register kann zwischen unterschiedlichen Versionen gewechselt werden.

URL-Alias-Einstellungen

In die Eingabezeile geben Sie einen gut lesbaren Pfad für den Artikel wie etwa `drupal-kurs-webentwickler.html` **ein.**

> Tipp: Wenn diese Einstellungsseite bei Ihnen nicht vorhanden ist, dann lesen Sie in Abschnitt 12.3, wie Sie die Voraussetzungen für URL-Aliase schaffen.

Einstellungen für Kommentare

In diesem Register befinden sich zwei Optionen:

- *Öffnen*: Benutzer, die berechtigt sind, Kommentare zu schreiben, dürfen den Artikel kommentieren.
- *Geschlossen*: Für diesen Artikel sind Kommentare nicht erlaubt.

Informationen zum Autor

An dieser Stelle können die Werte für den Autor und den Erstellungszeitpunkt geändert werden.

Veröffentlichungseinstellungen

Schalten Sie die gewünschten Optionen ein oder aus:

- *Veröffentlicht*: Wenn Sie die Option aktivieren, dann wird der Artikel angezeigt.
- *Auf der Startseite*: Mit dieser Option blenden Sie Artikel auf Ihrer Startseite ein.
- *Oben in Listen*: Damit markierte Artikel werden bei Listendarstellung immer oben gezeigt.

Bild 5.3: Der erste Artikel mit Bild, Text und Tags

Klicken Sie auf *Speichern*, um den Inhalt und die Einstellungen zu übernehmen.

5.3 Blog (blog page)

Bevor Sie auf einer Drupal-Seite bloggen können, müssen Sie das Modul *Blog* aktivieren. Öffnen Sie dazu einfach das Menü *Module*, aktivieren Sie den Eintrag *Blog* in der Liste, und speichern Sie die Konfiguration.

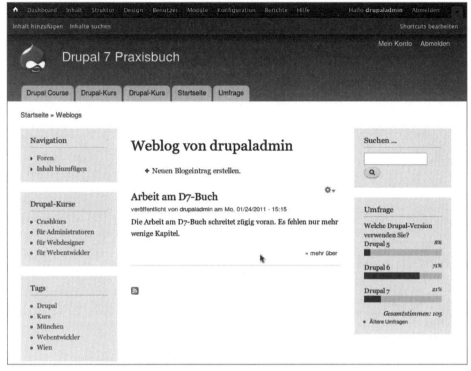

Bild 5.4: Ein Weblog unter Drupal 7

5.3.1 Blogeinträge erstellen

Neue Blogeinträge erstellen Sie über *Inhalt hinzufügen -> Blogeintrag*.

5.3.2 Was ist das Besondere am Inhaltstyp Blog?

Es gibt zwei Punkte, die den Inhaltstyp Blog von den anderen Typen Artikel, Seite und Buch unterscheiden:

- Ein Bloginhalt enthält immer die Verlinkung zum gesamten Blog des Benutzers.
- Angemeldete Benutzer können durch Anklicken von *Neuen Blogeintrag erstellen* sofort weitere Beiträge hinzufügen.

Bild 5.5: Mehrere Blogs in der Übersicht

Blogs können über URLs angesteuert werden:

- *http://IhreDomain/blog:* zeigt alle verfügbaren Blogeinträge,
- *http://IhreDomain/blog/1:* zeigt den Blog des Drupal-Admins, dieser hat die Benutzer-ID 1,
- *http://IhreDomain/blog/kdeutsch:* zeigt den Blog des Benutzers *kdeutsch*.

5.3.3 Blogeinträge als Block

Die *neuesten Blogeinträge* zeigen Sie durch den gleichnamigen Block in einer Theme-Region an.

Tipp: Den Umgang mit Blöcken lernen Sie in Kapitel 10.

5.4 Buch (book)

Unter einem Buch versteht der Drupal-Benutzer Inhalte zu einem gemeinsamen Thema, die aus einer Einleitung und untergeordneten Kapiteln bestehen, wie zum Beispiel Kursangebote, Reisen, Handbücher, Anleitungen, Vertriebspartner oder Ähnliches. Jeder vorhandene Inhaltstyp kann einem Buch als Kapitel zugeordnet werden. Kapitel können wiederum in Unterkapitel eingeteilt werden.

> **Drupal-Kurse in München**
>
> [Ansicht] [Bearbeiten] [Gliederung]
>
> veröffentlicht von drupaladmin am Mo, 01/24/2011 - 14:50
>
> Unsere Drupal-Profis bieten ab sofort in München 1-3 tägige Kurse zu Drupal an.
>
> - Drupal for Webdevelopers
> - Drupal für Webentwickler
> - Drupal für Webentwickler
> - Welche Drupal-Version verwenden Sie?
>
> Drupal for Webdevelopers ›
>
> Untergeordnete Seite hinzufügen   Druckversion

Bild 5.6: Ein Buch mit einigen Kapiteln

Wenn Sie Buchstrukturen verwenden möchten, dann aktivieren Sie das Kern-Modul *Book*. Wie schon beim Modul *Blog* geschieht das über das *Module*-Menü. Versehen Sie einfach den Eintrag *Book* mit einem Haken, und speichern Sie die Konfiguration.

5.4.1 Ein Buch erstellen

Die Einleitungsseite für das Buch erstellen Sie über *Inhalt hinzufügen -> Buchseite* (es klappt auch jeder andere Inhaltstyp!). Entscheidend ist, dass Sie auf das Register *Inhaltsverzeichnis* umschalten und aus der *Buch*-Liste den Eintrag *<Ein neues Buch erstellen>* auswählen.

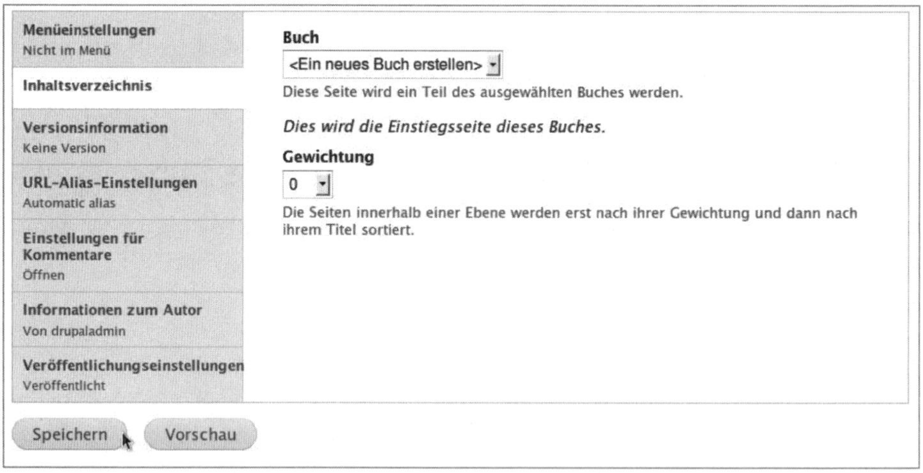

Bild 5.7: Ein neues Buch wird angelegt

5.4.2 Kapitel erstellen

Neue Kapitel werden wie jeder andere Inhalt erzeugt. Die Zuordnung zu einem Buch geschieht über das Register *Inhaltsverzeichnis* und die Auswahl des gewünschten Buches.

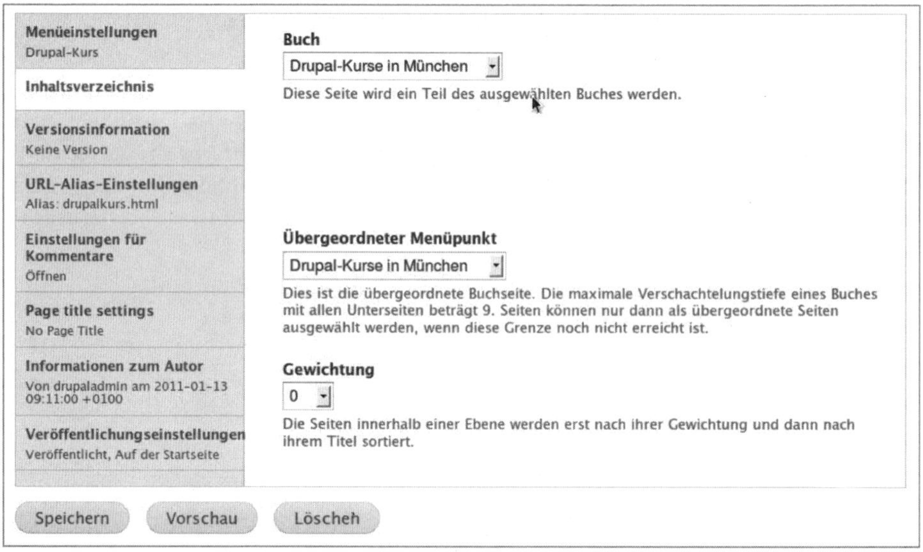

Bild 5.8: Ein Kapitel wird erstellt

5.4.3 Kapitel umsortieren

Buchkapitel werden automatisch alphabetisch sortiert. Die Reihenfolge der Kapitel kann jederzeit nachträglich geändert werden:

1. Klicken Sie auf das Register *Gliederung -> ein gesamtes Buch umsortieren*.
2. Wählen Sie das gewünschte Buch aus, und fahren Sie über *Reihenfolge und Titel bearbeiten* fort.

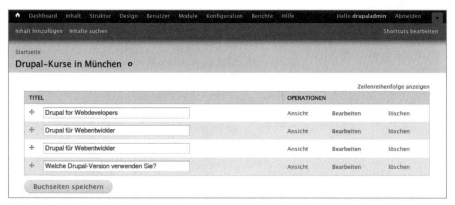

Bild 5.9: Reihenfolge und Titel bearbeiten

3. In der Bildschirmmaske wird die Reihenfolge über Drag and Drop verändert. Hier können Sie auch Kapiteltitel überschreiben.
4. Klicken Sie am Ende auf *Buchseiten speichern*, um alle Änderungen zu übernehmen.

5.4.4 Buchnavigation als Block

Mit dem Buchmodul erhalten Sie den Block *Buch-Navigation*, der Inhaltsverzeichnisse in Seitenregionen einblenden kann. Ich verwende bei diesem Block meist die Einstellung *Den Block nur auf Buchseiten anzeigen*.

Tipp: Mit Blöcken und ihren Möglichkeiten beschäftigt sich Kapitel 10 ausführlich.

5.5 Kommentare

Das zum Drupal-Kern gehörende Kommentar-Modul aktivieren Sie über *Module -> Comment*.

5.5.1 Globale Einstellungen

Detaileinstellungen für Kommentare nehmen Sie für jeden Inhaltstyp über *Struktur -> Inhaltstypen -> gewünschten Typ auswählen -> Bearbeiten* vor.

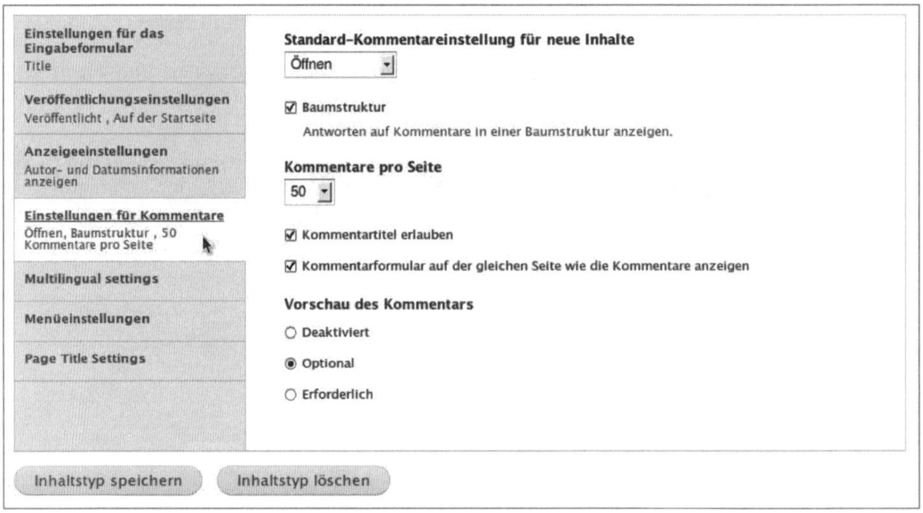

Bild 5.10: Kommentareinstellungen für Inhaltstypen

5.5.2 Einstellungen pro Inhalt

Wenn Sie mit Inhaltstypen arbeiten, für die die Kommentarfunktion aktiviert ist, dann finden Sie in der Erfassungsmaske das Register *Einstellungen für Kommentare*. Hier wird die Kommentarmöglichkeit für diesen Inhalt eingeschaltet (Option: *Öffnen*) oder abgeschaltet (Option: *Geschlossen*).

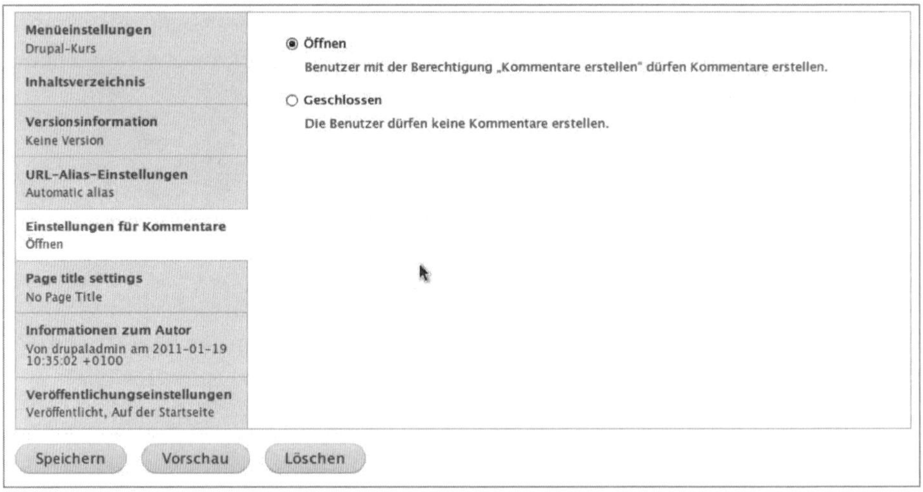

Bild 5.11: Kommentare für einen bestimmten Inhalt ein- oder ausschalten

5.5.3 Berechtigungen anpassen

Wer Kommentare verfassen darf, legen Sie über *Benutzer -> Berechtigungen* fest. Die Einstellungen sind feinstufig. Für jede Benutzergruppe können die folgenden Optionen ein- beziehungsweise ausgeschaltet werden:

- *Kommentare anzeigen:* eigene und fremde Kommentare lesen,
- *Kommentare veröffentlichen:* Inhalte kommentieren,
- *Freigabe von Kommentaren überspringen:* Kommentare werden sofort veröffentlicht und müssen nicht von einem Administrator freigeschaltet werden,
- *Eigene Kommentare bearbeiten:* ermöglicht einem Benutzer, seine eigenen Kommentare zu bearbeiten.

In der Praxis haben sich bei mir folgende Kombinationen bewährt:

- für anonyme Benutzer (= *Gast*): *Kommentare anzeigen, Kommentare veröffentlichen*. Wenn Sie sich dafür entscheiden, dann sollten Sie entweder einen Filter einrichten oder eine automatische Benachrichtigung bei neuen Kommentaren an einen Administrator versenden. Wie Sie vorgehen können, lesen Sie etwas weiter hinten in diesem Kapitel.
- für registrierte Benutzer (= *Authentifizierte Benutzer*): *Kommentare anzeigen, Kommentare veröffentlichen, Eigene Kommentare bearbeiten.*
- für registrierte Benutzer, die zum Verwaltungsteam gehören: *Kommentare anzeigen, Kommentare veröffentlichen, Eigene Kommentare bearbeiten, Freigabe von Kommentaren überspringen.*

BERECHTIGUNG	GAST	AUTHENTIFIZIERTER BENUTZER	ADMINISTRATOR
Comment			
Kommentare und Kommentareinstellungen verwalten	☐	☐	☑
Kommentare anzeigen	☑	☑	☑
Kommentare veröffentlichen	☐	☑	☑
Freigabe von Kommentaren überspringen	☐	☑	☑
Eigene Kommentare bearbeiten	☐	☐	☑

Bild 5.12: Wer darf Kommentare verfassen?

5.5.4 Kommentare filtern

Mitunter ist es notwendig, Kommentare zu filtern. Das ist zum Beispiel der Fall, wenn Benutzer die Kommentarfunktion Ihrer Website dazu benutzen, jugendgefährdendes oder rassistisches Gedankengut zu verbreiten, oder beleidigend werden. Bevor Sie Kommentare filtern können, muss das Kern-Modul *Trigger* aktiviert werden (*Module -> Trigger*). Den Inhaltsfilter erstellen Sie so:

1. Schalten Sie auf Aktions-Verwaltungsseite: *Konfiguration -> Aktionen*.
2. Wählen Sie aus der Liste *eine erweiterte Aktion erstellen* den Eintrag *Veröffentlichung von Kommentaren mit bestimmten Schlüsselwörtern zurückziehen* ...

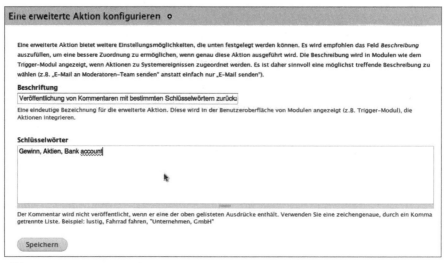

Bild 5.13: Kommentare mit bestimmten Wörtern ausfiltern

3. Klicken Sie auf *Erstellen*.
4. In die nächste Bildschirmmaske tragen Sie alle Begriffe ein, die Sie ausfiltern möchten, wie zum Beispiel `Gewinn`, `Aktien`, `Bank account` etc.
5. Klicken Sie auf *Speichern*.
6. Schalten Sie auf die Trigger-Seite um: *Struktur -> Trigger -> Kommentar*.

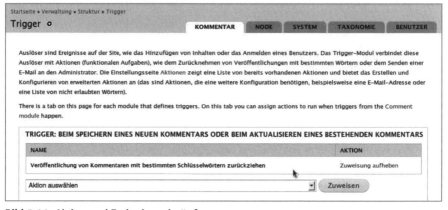

Bild 5.14: Aktion und Ereignis verknüpfen

7. Weisen Sie die Aktion *Veröffentlichung von Kommentaren mit bestimmten Schlüsselwörtern zurückziehen ...* dem Ereignis *beim Speichern eines neuen Kommentars oder beim aktualisieren eines bestehenden Kommentars* zu.

5.5.5 Benachrichtigung bei neuen Kommentaren

Für eine Benachrichtigung über neue Kommentare gehen Sie ähnlich vor, wie im Abschnitt vorher beschrieben:

1. Beginnen Sie auf der Aktions-Verwaltungsseite: *Konfiguration -> Aktionen.*
2. Wählen Sie aus der Liste *eine erweiterte Aktion erstellen* den Eintrag *E-Mail senden ...*
3. Klicken Sie auf *Erstellen.*
4. Füllen Sie im nächsten Formular die Felder *Empfänger, Betreff* und *Nachricht* aus. Ein Beispiel sehen Sie in der Abbildung.

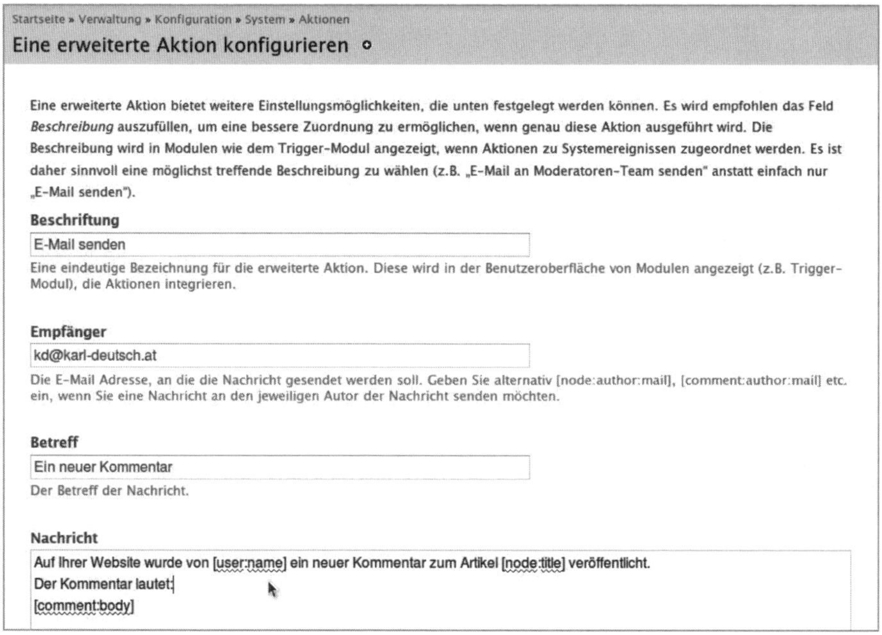

Bild 5.15: E-Mail-Einstellungen

5. Klicken Sie auf *Speichern.*
6. Schalten Sie auf die Trigger-Verwaltungsseite (*Struktur -> Trigger -> Kommentar*) um.
7. Weisen Sie dem Ereignis *beim speichern eines neuen Kommentars oder beim aktualisieren eines bestehenden Kommentars* die Aktion *E-Mail senden* zu.

5.5.6 Neueste Kommentare als Block

Mit der Aktivierung des Kommentarmoduls wird auch ein Block angelegt, der die zehn (das ist die Standardeinstellung) neuesten Kommentare in einer Region einblenden kann. Wo der Block angezeigt werden soll, legen Sie über *Struktur -> Blöcke* fest. Dort finden Sie auch die Konfiguration für diesen Block.

> **Tipp:** Viele Informationen zur Handhabung von Blöcken finden Sie in Kapitel 10.

5.5.7 Kommentare verwalten

Die zentrale Verwaltungskonsole für Kommentare befindet sich in *Inhalt -> Kommentare*. An dieser Stelle bekommen Sie eine Liste aller eingesendeten Kommentare. Über den *Bearbeiten*-Link können Kommentare bearbeitet und gelöscht werden.

5.6 Foren

Diskussionsforen sind in Drupal recht rasch erstellt. Da der Drupal-Kern die Foren-Funktion enthält, schalten Sie diese wie gewohnt frei: *Module -> Forum*.

5.6.1 Foren anlegen und strukturieren

So erzeugen Sie ein neues Forum mit der Bezeichnung *Drupal: Struktur -> Foren -> Forum anlegen -> Drupal -> Speichern*.

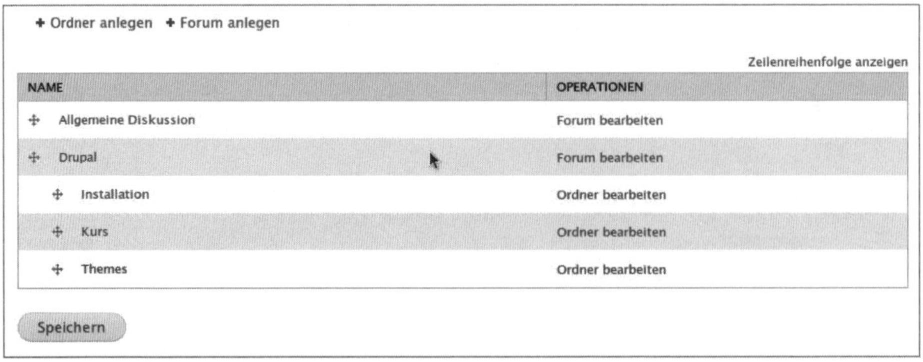

Bild 5.16: Foren und Ordner anlegen

5.6.2 Forenbeiträge veröffentlichen

Ein Forumsbeitrag ist ein Inhaltstyp und kann über *Inhalt hinzufügen -> Forenthema* angelegt werden. Eine weitere Möglichkeit ist die folgende:

1. Klicken Sie auf *Foren* im Navigationsmenü.

2. Wählen Sie das gewünschte Forum aus.
3. Klicken Sie auf *Neues Forenthema hinzufügen*.
4. Geben Sie den Beitrag ein.
5. Schließen Sie die Erfassung durch Anklicken von *Speichern* ab.

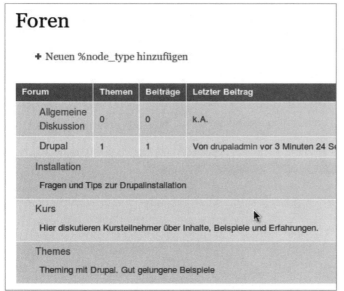

Bild 5.17: Die Forenübersicht

5.6.3 Diskussionsbeiträge auf der Webseite

Das Modul *Forum* stellt zwei Blöcke bereit:

- Aktive Forenthemen: In der Standardeinstellung zeigt dieser Block die fünf Themen, die am häufigsten diskutiert werden.
- Neue Forenthemen: Dieser Block listet die fünf (Standardeinstellung) neuesten Beiträge auf.

Diese Blöcke können Sie über die Blockverwaltung (*Struktur -> Blöcke*) aktivieren und vorhandenen Regionen zuweisen.

5.7 Umfragen

Um die Interaktion mit den Benutzern zu vertiefen, greifen Webseitenbetreiber gern auf Umfragen zurück. Sie können solche Umfragen zum Beispiel benutzen, um sich von Ihren Usern Anregungen zu holen, wie Sie Ihre Website verbessern können. Ein Modul für einfache Umfragen ist im Drupal-Kern enthalten, aber nach der Installation noch nicht aktiviert. Das holen Sie über *Module -> Poll* nach.

Bild 5.18: Welche Drupal-Version ...? Eine Umfrage auf der Startseite

5.7.1 Eine Umfrage erstellen

Umfragen sind Inhaltstypen und werden über den Menüpfad *Inhalt hinzufügen -> Umfrage* erstellt.

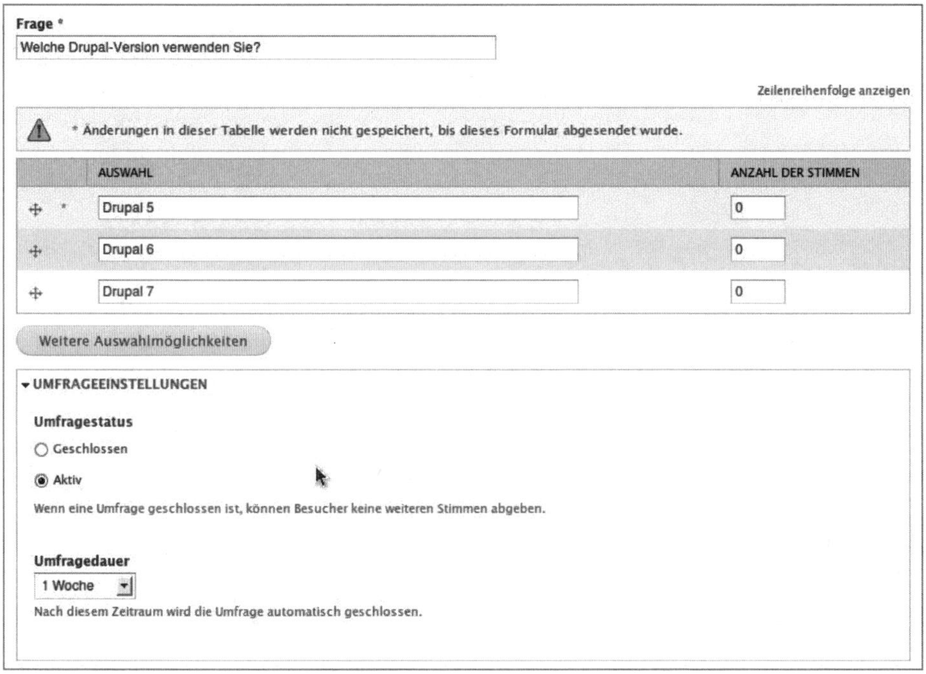

Bild 5.19: Die Erfassungsmaske für eine Umfrage

Frage
Hier geben Sie die Frage ein, die Ihre Besucher beantworten sollen, zum Beispiel `Welche Drupal-Version verwenden Sie?`

Auswahl der Antworten
Hier können Sie die Alternativen wie etwa `Drupal 5`, `Drupal 6` und `Drupal 7` anlegen.

Umfrageeinstellungen
1. Setzen Sie den *Umfragestatus* auf *Aktiv*.
2. Als *Umfragedauer* wählen Sie den für Sie passenden Wert wie zum Beispiel *1 Woche*.
3. Im unteren Bereich der Eingabemaske finden Sie alle Möglichkeiten vor, die Sie bereits am Anfang des Kapitels über den Inhaltstyp *Artikel* kennengelernt haben.
4. Klicken Sie auf *Speichern*, um die Umfrage zu erstellen.

Bild 5.20: Klicken Sie auf die passende Antwort

Die neueste Umfrage kann über das Block-Menü (*Struktur -> Blöcke*) in einer Seitenregion gezeigt werden.

Umfragen auswerten – Detailergebnisse

Klicken Sie auf *Bearbeiten* in der rechten oberen Ecke der Umfrage, um zu den Detailergebnissen zu gelangen. Im Register *Bearbeiten* sehen Sie die absoluten Stimmenzahlen.

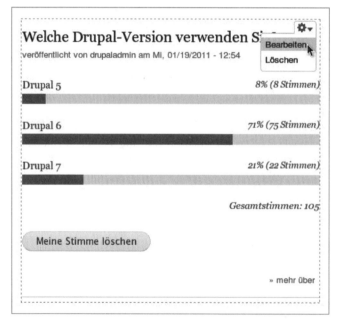

Bild 5.21: Zu den Detailergebnissen

Im Register *Stimmen* werden IP-Adressen, Benutzernamen und Zeitstempel aufgezeichnet.

Bild 5.22: IP-Adressen, Benutzernamen und Zeitstempel

Tipp: Wenn Ihnen der Funktionsumfang des Kern-Moduls für Umfragen nicht genügt, dann schauen Sie im Internet nach, ob es die erweiterten Module advpoll (Advanced Poll) und decisions bereits für Drupal 7 gibt. Zum Zeitpunkt der Drucklegung dieses Buchs war das noch nicht der Fall.

▣ Lesezeichen

http://drupal.org/project/advpoll
Seite des Drupal-Projekts zum Modul Advanced Poll

http://drupal.org/project/decisions
Seite des Drupal-Projekts zum Modul Decisions

6 Inhalte verwalten

Inhalte auf einer Website sind kein Selbstzweck. Wenn Sie über Ihre Seiten Texte und Informationen verbreiten, dann sollten Sie auch darüber nachdenken, wie die Benutzer diese Informationen weiterverwenden und verarbeiten können. Denken Sie daran, wie oft Sie sich darüber geärgert haben, dass Sie einen Artikel einer Internetseite ausdrucken wollten und nur einen unbrauchbaren Ausdruck erhalten haben, weil die Seite nicht in der Lage war, ihre Inhalte in einer für Drucker geeigneten Form darzubieten. Darüber hinaus kann es eine gute Idee sein, wenn Benutzer Ihre Artikel als PDF-Datei herunterladen können.

Aber das ist nur eine Seite. Vielleicht verwenden Sie Drupal ja als Online-Redaktionssystem und möchten Meldungen publizieren, die einer Sperrfrist unterliegen. Dann ist es nützlich, Artikel zeitgesteuert zu veröffentlichen – das heißt, die Meldung wird zum Beispiel abends ins System eingestellt, sie geht aber erst am Morgen danach online, wenn die Sperrfrist verstrichen ist. Zuletzt sollten Sie sich überlegen, wie Sie Ihre Inhalte über Social Bookmarks weiterverbreiten und welche Möglichkeiten es gibt, Ihre Texte sinnvoll zu strukturieren.

In diesem Kapitel lesen Sie ...
- wie Sie Inhalte mit einer Druck-, E-Mail- und PDF-Funktion ausstatten,
- wie Sie Zugriffsmöglichkeiten auf Inhalte einschränken,
- wie Sie Inhalte zeitgesteuert publizieren,
- wie Sie Links zu Social Bookmarks (Facebook, MySpace etc.) einfügen,
- wie Sie Inhalte durch Vokabulare (= Taxonomie) strukturieren,
- wie Sie das Suche-Modul einbinden,
- wie Sie RSS-Feeds einbinden.

6.1 Drucken, E-Mail und PDF

Mit dem Print-Modul erweitern Sie veröffentlichte Inhalte um drei Möglichkeiten:
- die Website druckerfreundlich formatieren, um sie besser ausdrucken zu können,
- per E-Mail versenden,
- als PDF anzeigen.

🔲 **Lesezeichen**

http://drupal.org/project/print
Download-Adresse des Print-Moduls

Bild 6.1: Icons für Druck, E-Mail und PDF

6.1.1 Installation

1. Laden Sie das Modul von *drupal.org/project/print* auf Ihren Computer.
2. Folgen Sie den Punkten 2. bis 6. aus Kapitel 3.5.1.
3. Aktivieren Sie die Module *PDF version, Printer-friendly pages* und *Send by e-mail*.
4. Beenden Sie durch Anklicken von *Konfiguration speichern*.

Für die PDF-Umwandlung benötigen Sie von der Internetseite *sourceforge.net/projects/tcpdf* das Paket *tcpdf_xx.zip*.

🔲 **Lesezeichen**

http://sourceforge.net/projects/tcpdf/
Download-Adresse des Moduls für die PDF-Umwandlung

1. Entpacken Sie die Datei nach dem Download.
2. Kopieren Sie das neu entstandene Verzeichnis *tcpdf* ins Print-Modul-Verzeichnis (*sites/all/modules/print*) auf dem Server.

6.1.2 Schaltflächen konfigurieren

Die zentrale Konfigurationsseite für das Modul öffnen Sie über *Konfiguration -> Print* oder *Module -> Printer-friendly pages -> Konfigurieren*. Im Register *WEB PAGE* nehmen Sie Einstellungen für die Druckfunktion vor:

1. Wählen Sie die Platzierung für die Schaltfläche: Am Ende des Inhalts (= *Links area*) und/oder zwischen Überschrift und Inhalt (= *Content corner*).
2. Entscheiden Sie sich für die Anzeige, indem Sie zwischen *Text only*, *Icon only* und *Icon and Text* wählen.
3. Aktivieren Sie die Optionen *Open the printer-friendly version in a new window*, *Send to printer* und *Close window after sending to printer*.
4. Klicken Sie auf *Konfiguration speichern*.
5. Schalten Sie auf die Seite *Text settings* um.
6. Ersetzen Sie – wenn Sie möchten – im Eingabefeld *Link text* den Standardtext *Druckversion* durch einen anderen Text wie zum Beispiel *Drucken*.
7. Klicken Sie auf *Konfiguration speichern*.

Passen Sie auch die Einstellungen in den Registern *E-MAIL* und *PDF* an.

Ganz nützlich ist die Möglichkeit, das eigene Logo in Ausdrucke zu integrieren. Dazu gehen Sie so vor:

1. Schalten Sie ins Register *EINSTELLUNGEN* um.
2. Öffnen Sie den Abschnitt *LOGO OPTIONS*.
3. Laden Sie Ihr Logo hoch.
4. Klicken Sie auf *Konfiguration speichern*.

6.1.3 Schaltflächen aktivieren und deaktivieren

Bei der Modulinstallation wird ein neuer Verwaltungsbereich – das Register *Printer, e-mail and PDF versions* – für Inhalte erzeugt. Auf dieser Seite können Sie die Anzeige der Symbole für einzelne Inhalte aktivieren oder deaktivieren.

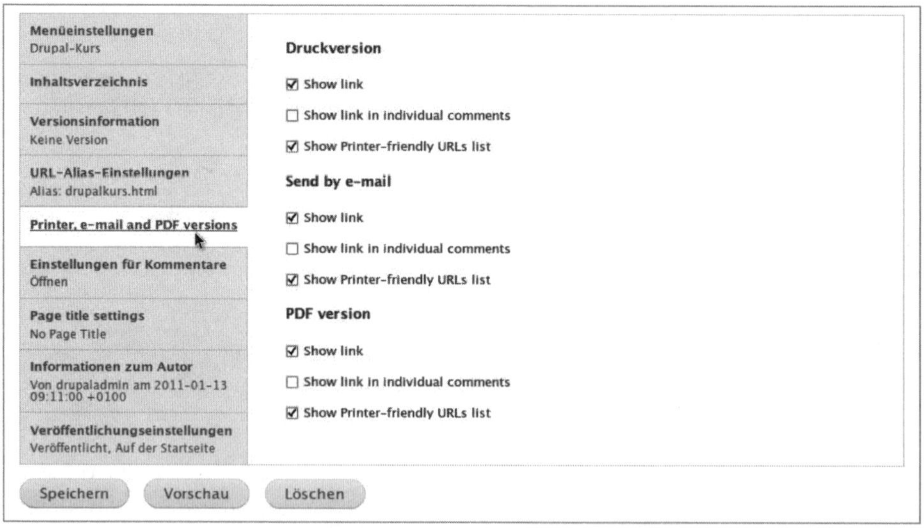

Bild 6.2: Der neue Verwaltungsbereich *Printer, e-mail and PDF versions*

6.2 Zugriffsregeln für Inhalte

Der Drupal-Kern kennt keine Möglichkeit, die Zugriffe auf einzelne Inhalte zu regeln. Sie können zwar Menüs und Blöcke für bestimmte Rollen ein- und ausblenden – Inhalte leider nicht. Wenn Sie eine solche Regelung für Inhalte benötigen, dann setzen Sie das Modul *simple_access* ein.

▣ **Lesezeichen**

http://drupal.org/project/simple_access
Download-Adresse des Moduls *simple_access*

6.2.1 Installation

1. Laden Sie das Modul von *drupal.org/project/simple_access* auf Ihren Computer.
2. Folgen Sie den Punkten 2. bis 6. aus Kapitel 3.5.1.
3. Aktivieren Sie das Modul *Simple Access*.
4. Beenden Sie durch Anklicken von *Konfiguration speichern*.

6.2.2 Gruppen anlegen

Zugriffe auf Inhalte werden über Gruppen geregelt. Diese erstellen Sie so:

1. *Konfiguration -> Simple Access: Groups*
2. Tragen Sie einen Namen für die Gruppe wie zum Beispiel `Mitglieder` ein.

3. Weisen Sie der Gruppe Rollen zu.

4. Klicken Sie auf *Submit*.

6.2.3 Zugriffsregeln zuweisen

Bevor Sie an die Regeldefinition gehen, sollten Sie die Anzeige aller Möglichkeiten aktivieren:

1. *Konfiguration -> Simple Access: Einstellungen*

2. Aktivieren Sie die Optionen *View*, *Edit* und *Delete*.

3. Klicken Sie auf *Konfiguration speichern*.

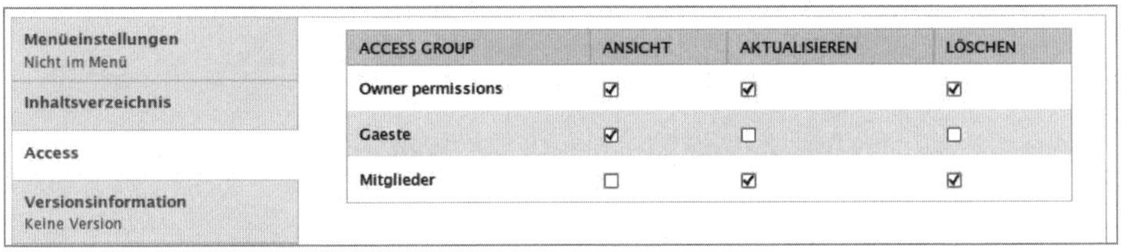

Bild 6.3: Zugriffsregeln festlegen

Im Bearbeitungsmodus von Inhalten befindet sich das neue Register *Access*. Auf dieser Registerseite weisen Sie den Gruppen die Berechtigungen *Ansicht*, *Aktualisieren* und *Löschen* zu.

6.3 Inhalte publizieren

Das Modul *Scheduler* ermöglicht es, Inhalte zeitgesteuert ein- und auszublenden, und benötigt einen laufenden Cron-Prozess.

▣ Lesezeichen
http://drupal.org/project/scheduler
Download-Adresse des Scheduler-Moduls

Tipp: Informationen zu Cron-Prozessen finden Sie in Kapitel 16.

6.3.1 Installation

1. Laden Sie das Modul von der Internetadresse *drupal.org/project/scheduler* auf Ihren Computer.

2. Folgen Sie den Punkten 2. bis 6. aus Kapitel 3.5.1.

3. Aktivieren Sie das Modul *Scheduler*.

4. Beenden Sie durch Anklicken von *Konfiguration speichern*.

6.3.2 Berechtigungen

Weisen Sie nach der Installation dem Administrator Rechte am Modul zu:

1. *Benutzer -> Berechtigungen*

2. Scrollen Sie zum Abschnitt *Scheduler*.

3. Aktivieren Sie die Optionen *schedule (un)publishing of nodes und administer scheduler* für *Administrator*.

4. Klicken Sie auf *Berechtigungen speichern*.

6.3.3 Inhaltstypen anpassen

Verknüpfen Sie Inhaltstypen, die automatisch ein- und ausgeblendet werden sollen, folgendermaßen mit dem Modul:

1. *Struktur -> Inhaltstypen*

2. Wählen Sie den gewünschten Inhaltstyp -> *Bearbeiten*.

3. Schalten Sie ins Register *Scheduler settings* um.

4. Aktivieren Sie die Option *Enable scheduled publishing* im Abschnitt PUBLISHING SETTINGS.

5. Aktivieren Sie die Option *Enable scheduled unpublishing* im Abschnitt UNPUBLISHING SETTINGS.

6. Klicken Sie auf *Inhaltstyp speichern*.

6.3.4 Veröffentlichungszeitpunkt

Nach diesen Vorarbeiten finden Sie im Bearbeitungsmodus von Inhalten das neue Register *Scheduling options*. Dort können Sie Datum und Uhrzeit in den Feldern *Publish on* und *Unpublish on* eintragen. Zu dem Zeitpunkt, der durch *Publish on* definiert ist, wird der Artikel eingeblendet. Der Text verschwindet von der Seite, sobald der Unpublish-Zeitpunkt eintritt. Wichtig ist hier: Das Scheduler-Modul richtet sich nach der Systemzeit des Webservers. Falls die Veröffentlichung eines Artikels exakt zu einem bestimmten Zeitpunkt erfolgen soll, dann ist es sinnvoll zu prüfen, ob die Systemuhr des Servers genau geht. Im Bedarfsfall muss nachjustiert werden.

Menüeinstellungen Drupal-Kurs	**Publish on** 2011-01-31 12:00:00
Inhaltsverzeichnis	Format: 2011-01-28 10:32:33. Leave blank to disable scheduled publishing.
Access	**Unpublish on**
Versionsinformation Keine Version	2011-03-14 12:00:00 Format: 2011-01-28 10:32:33. Leave blank to disable scheduled unpublishing.
Printer, e-mail and PDF versions	
Einstellungen für Kommentare Öffnen	
URL-Alias-Einstellungen Automatic alias	
Page title settings No Page Title	
Scheduling options Scheduled for publishing Scheduled for unpublishing	

Bild 6.4: Publish on und Unpublish on

6.4 Social Bookmarks

Mit dem Modul *service_links* erweitern Sie Inhalte um die Möglichkeit, Direktverlinkungen zu Diensten wie Facebook, Google Bookmark, MySpace, Twitter, Mister Wong etc. herzustellen.

▣ Lesezeichen

http://drupal.org/project/service_links
Download-Adresse des Moduls *service_links*

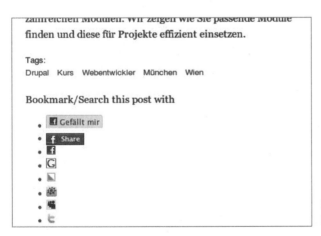

Bild 6.5: Verlinkungen zu Facebook, Google, Twitter etc.

6.4.1 Installation

1. Laden Sie das Modul von *drupal.org/project/service_links* auf Ihren Computer.

2. Folgen Sie den Punkten 2. bis 6. aus Kapitel 3.5.1.

3. Aktivieren Sie die Module *Service links, General Services, German Services* und *Widget Services*.

4. Beenden Sie durch Anklicken von *Konfiguration speichern*.

6.4.2 Einstellungen

Nach der Installation wechseln Sie auf die Einstellungsseite für die Links: *Konfiguration -> Service Links*.

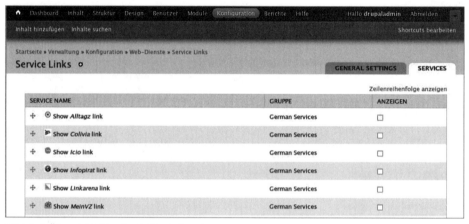

Bild 6.6: Übersicht über installierte Services

1. Aktivieren Sie alle Inhaltstypen, für die Service Links gezeigt werden sollen.

2. Wählen Sie aus den Listen *Servicelinks in den Links* und *Servicelinks in Beiträgen*, wann Links angezeigt werden.

3. In der Liste *Choose a style* klicken Sie den gewünschten Stil *Only Image, Only Text* oder *Image and Text* an.

4. Klicken Sie auf den Eintrag *New Window* in der Liste *Open link in ...*

5. Klicken Sie auf *Konfiguration speichern*.

6. Schalten Sie ins Register *SERVICES* um.

7. Aktivieren Sie alle Services, die Sie verwenden wollen.

8. Klicken Sie auf *Konfiguration speichern*.

Ab sofort werden Social Bookmarks bei veröffentlichen Inhalten angezeigt.

6.5 Inhalte mit einer Taxonomie strukturieren

Unter dem Begriff Taxonomie (Taxonomy) versteht man ein Klassifikationssystem. Eine Taxonomie ermöglicht den Aufbau eines hierarchischen Begriffsystems und das Strukturieren von Inhalten anhand dieses Systems. In Drupal werden hierzu zwei Werkzeuge verwendet, nämlich Vokabulare und Begriffe. Grundsätzlich wird über das *Vokabular* ein Hauptthema definiert, dem über *Begriffe* Unterthemen zugeordnet werden. Zum Vergleich: Das Open-Source-CMS Joomla! verwendete ein ähnliches Verfahren zur Strukturierung der Inhalte. Ein Artikel wurde zwingend einem Bereich (Section) und einer untergeordneten Kategorie (Category) zugeordnet. Einem Bereich konnten dabei mehrere Kategorien zugewiesen werden. In der aktuellen Joomla!-Version 1.6 wird dieses Verfahren aber nicht mehr angewandt, da dieses zweistufige System sehr unflexibel umgesetzt war.

Der Ansatz von Drupal ist flexibler: Ein Inhaltstyp (zum Beispiel ein Artikel) kann mit einem Vokabular und bestimmten Begriffen verknüpft werden, er muss es aber nicht. Es ist zum Beispiel möglich, ein Vokabular namens *Drupal* zu definieren, dem dann Unterbegriffe wie *Installation*, *Inhalteverwaltung*, *Wartung*, *Programmierung*, *Kurs*, *Webentwickler*, *München*, *Wien* zugewiesen werden. Beim Erstellen eines Artikels kann der zuständige Redakteur die Begriffe markieren, die den Artikel kennzeichnen.

6.5.1 Ein Vokabular anlegen

Ein Vokabular in Drupal legen Sie folgendermaßen an:

1. *Struktur -> Taxonomie*
2. *Vokabular hinzufügen.*
3. Tippen Sie einen sinnvollen Namen im Feld *Name* ein.
4. Klicken Sie auf *Speichern.*

6.5.2 Vokabular und Inhaltstyp verknüpfen

Jedem Vokabular entspricht ein Eingabefeld. Diese Eingabefelder können Sie folgendermaßen mit Inhaltstypen verknüpfen:

1. *Struktur -> Inhaltstypen*
2. Wählen Sie den Inhaltstyp, der ein Begriffe-Eingabefeld bekommen soll, -> *Felder verwalten.*
3. Tragen Sie in der Eingabezeile *Neues Feld hinzufügen* eine Beschriftung für das Vokabular ein wie zum Beispiel `Drupal`.
4. Ergänzen Sie den Abschnitt `field_` mit der gewünschten Feldbezeichnung wie zum Beispiel `drupal`.

5. Wählen Sie den Feldtyp *Referenz auf Taxonomy-Begriffe aus der Liste*.
6. In der Liste *Steuerelement* klicken Sie die gewünschte Variante an. Es befinden sich zwei Möglichkeiten in der Liste:

   - *Kontrollkästchen/Auswahlknöpfe*: Beim Arbeiten mit Inhalten können Wörter aus einer Begriffsliste ausgewählt werden. Diese Begriffe müssen Sie über *Struktur -> Taxonomie -> Vokabular auswählen -> Begriffe hinzu*fügen anlegen.
   - *Element für Taxonomy-Begriffe mit Autovervollständigung (Tagging)*: Beim Arbeiten mit Inhalten werden Begriffe in eine Eingabezeile getippt. Wenn die Begriffe bereits vorhanden sind, dann werden sie automatisch vervollständigt beziehungsweise als Auswahl angeboten.

7. Klicken Sie auf *Speichern*.
8. Wählen Sie aus der Liste *Vokabular* das gewünschte Element, zum Beispiel *Drupal*, aus.
9. Klicken Sie auf *Feldeinstellungen speichern*.
10. Wenn Sie möchten, dass immer Begriffe eingegeben werden müssen, dann aktivieren Sie die Option *Pflichtfeld*.
11. Passen Sie die *Anzahl von Werten* an Ihre Anforderungen an.
12. Klicken Sie auf *Einstellungen speichern*.

Tags
☐ Drupal
☐ Kurs
☐ München
☐ Webentwickler
☐ Wien

Durch Kommata getrennte Schlagwörter eingeben, die den Inhalt beschreiben.

Drupal
Webentwickler, Webdesigner, Systemadministratoren

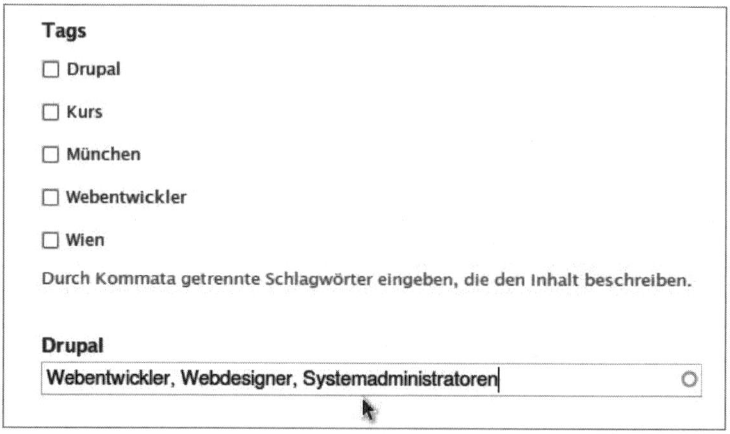

Bild 6.7: Begriffe zuweisen: oben als Liste (Tags) – darunter mit Freetags (Drupal)

Wenn Sie Inhalte erstellen oder bearbeiten, werden die angelegten Vokabularfelder angezeigt.

6.5.3 Begriffe hinzufügen

Begriffe können auf zwei Arten angelegt werden:

- über den Menüpfad *Struktur -> Taxonomie -> Vokabular auswählen -> Begriffe hinzufügen*,
- beim Erstellen oder Bearbeiten von Inhalten.

6.5.4 Begriffe verwalten

Die Verwaltung für Begriffe befindet sich hier: *Struktur -> Taxonomie -> Vokabular auswählen -> Begriffe auflisten.*

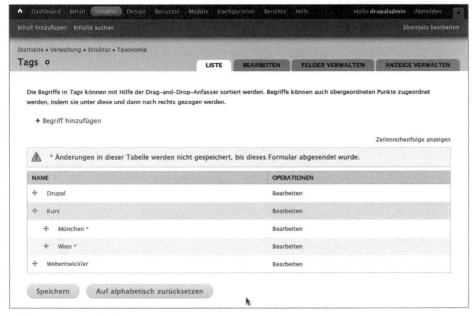

Bild 6.8: Begriffe bearbeiten

Auf der Seite (siehe Abbildung) können Sie:

- die Reihenfolge ändern,
- Gruppierungen verändern,
- neue Begriffe hinzufügen,
- bestehende Begriffe bearbeiten.

6.5.5 Verknüpfte Inhalte zeigen

Inhalte, denen Sie Begriffe zugeordnet haben, zeigen die Begriffe als Tags im unteren Inhaltsbereich an. Wenn Sie einen der Links anklicken, dann werden alle Artikel, die diesen Begriff enthalten, angezeigt.

Bild 6.9: Ein Artikel mit Tags

6.6 Inhalte durchsuchen

Die Suchfunktion (Modul *Search*) ist eine Volltextsuche über den Gesamtinhalt der Webseite. Seiteninhalte werden bei jedem Cron-Lauf (siehe dazu Kapitel 16) indiziert.

Bild 6.10: Erweiterte Suche

6.6.1 Manuell indizieren

Sie können den Index für Webseiteninhalte jederzeit über *Konfiguration -> Sucheinstellungen -> Seite neu indizieren* aufbauen.

6.6.2 Suche als Block

In *Struktur -> Blöcke* befindet sich der Block *Suchformular*, den Sie einer Region zuweisen können.

6.6.3 Suche als Menüpunkt

Das Modul legt im Menü *Navigation* einen deaktivierten Eintrag *Suche* an. Über *Struktur -> Menüs -> Navigation -> Links auflisten -> Suche* können Sie den Eintrag zuerst *aktivieren* und danach über *Bearbeiten* einem Menü zuordnen.

> Tipp: In Kapitel 10 beschäftigen wir uns ausführlich mit Blöcken und Menüs.

6.7 RSS-Feeds

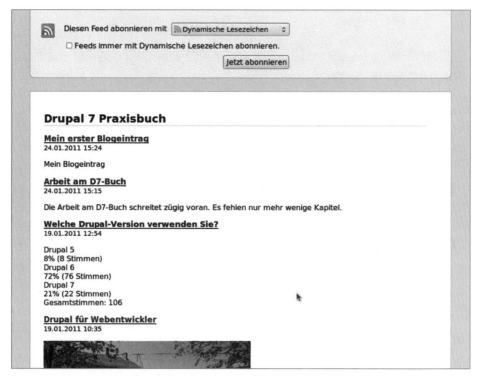

Bild 6.11: Die Startseite als dynamisches Lesezeichen

6.7.1 Eigene RSS-Feeds

In einer Drupal-Installation stellen Bereiche wie Startseite, Blogs oder Vokabulare RSS-Feeds bereit. Das Aussehen dieser dynamischen Lesezeichen stellen Sie in *Konfiguration -> RSS-Feeds* ein. Dabei können Sie das Aussehen folgender Bereiche beeinflussen:

- *Feed-Beschreibung:* Hier könnte eine kurze prägnante Beschreibung Ihrer Webseite stehen.
- *Anzahl der Einträge pro Feed:* Werte von 1 bis 30 sind möglich.
- *Inhalt des Feeds:* Die Liste bietet die Auswahlmöglichkeiten *Nur Titel*, *Titel und Anrisstext* und *Gesamter Text*.

6.7.2 Fremde RSS-Feeds einbinden

Bild 6.12: Übersicht: Feeds und Kategorien

Es ist möglich, fremde Nachrichtenquellen auf Ihrer Drupal-Seite anzuzeigen. Aktivieren Sie zuerst das Modul *Aggregator* (*Module -> Aggregator*). Danach binden Sie den RSS-Feed von zum Beispiel *drupalcenter.de* folgendermaßen ein:

1. *Konfiguration -> Sammlung von Newsfeeds -> Kategorie hinzufügen -> Titel: Drupalnews -> Speichern*
2. Setzen Sie über *Feed hinzufügen* fort.
3. Tragen Sie als Titel `Drupalcenter` ein.
4. Ins Eingabefeld `URL` tippen Sie `http://feeds.feedburner.com/drupalcenter` ein.
5. Wählen Sie aus der Liste das gewünschte *Aktualisierungsintervall* von *Nie* bis *4 Wochen*.
6. Wenn Sie mehr oder weniger als die standardmäßig eingestellten Nachrichten sehen möchten, dann ändern Sie den Wert.
7. Weisen Sie den Feed einer Kategorie zu.
8. Klicken Sie auf *Speichern*.

In der Feed-Übersicht werden Feeds durch Anklicken von *Einträge aktualisieren* sofort auf den neuesten Stand gebracht.

Bild 6.13: Nachrichten von *drupalcenter.de* in einem Block

Im Menü *Struktur -> Blöcke* befindet sich der neue Block *Neueste Einträge des Feeds Drupalcenter*. Diesen Block zeigen Sie – wenn gewünscht – in einer Region des Themes an.

Tipp: Wie Sie Blöcke einsetzen, erfahren Sie in Kapitel 10.

7 Terminkalender

In diesem Kapitel erstellen wir einen Terminkalender. Auf vielen Webseiten werden Informationen zu Veranstaltungen oder Terminen veröffentlicht. Mit reinem HTML wäre das gar nicht möglich. Man müsste dauernd vergangene Termine von Hand löschen und neue einfügen. Mit einem CMS und insbesondere mit Drupal kann man sehr mächtige und komfortable Lösungen erstellen.

Dazu stellen wir uns die Frage, was solch eine Terminverwaltung können sollte, und präzisieren diese Anforderungen an Hand eines Beispiels. Wir stellen uns vor, dass wir eine Website für einen Sportverein erstellen und dort die Trainingstermine für die Jugendmannschaften des Clubs veröffentlichen wollen.

Die Termine – oder Events – sollten ein eigener Inhaltstyp sein. Informationen, die in diesem Inhaltstyp gespeichert werden könnten, sind: Zeitpunkt des Beginns und – bei Bedarf – des Endes, die Art des Termins, der Titel oder eine Kurzbezeichnung und der Ort, wo das Ereignis stattfindet.

Damit das komfortabel und wie gewünscht funktioniert, benötigt man folgende Module:

- Date
- Views
- FullCalendar

7.1 Date

Das Drupal-Modul *Date* stellt ein Zeit-/Datumsfeld bereit, das man für eigene Inhaltstypen verwenden kann. Außerdem bietet es eine Anwendungsschnittstelle für andere Module, um die Daten zu nutzen.

◉ Lesezeichen

http://drupal.org/project/date
Download-Adresse für das Date-Modul

Installiert und aktiviert man das Date-Modul, dann stehen drei neue Felder für Inhaltstypen bereit:

- Datestamp
- Date
- Datetime

Die Felder unterscheiden sich nach den Verfahren, wie die Daten intern gespeichert werden.

Bei *Datestamp* werden die Daten im Unix-Format gespeichert, also als große Integerzahl, die die Sekunden ab einem bestimmten Datum enthält. Für Berechnungen mit Daten bietet sich das an.

Date speichert im ISO-Format.

Datetime speichert im Format der Datenbank, was meist die beste Wahl ist. Wir werden dieses Format für unser Beispiel wählen.

▣ Lesezeichen

http://drupal.org/node/262066
Dokumentation zum Date-Modul.

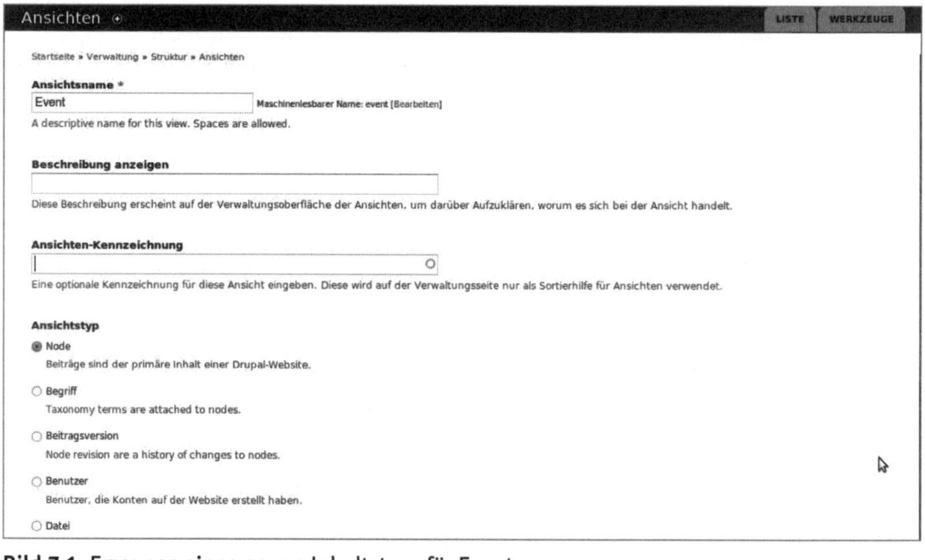

Bild 7.1: Erzeugen eines neuen Inhaltstyps für Events

Wir erzeugen nun einen neuen Inhaltstyp namens *Event*, der Zeitinformationen enthält.

1. Klicken Sie *Struktur -> Inhaltstypen -> Inhaltstyp hinzufügen*.

2. Füllen Sie die Formularfelder aus:
   Name: Event
   Beschreibung: Informationen zu einem Termin oder Ereignis
   Beschriftung des Titelfeldes: Titel

3. Wenn Sie auf *Veröffentlichungseinstellungen* klicken, können Sie das Häkchen bei *Auf der Startseite* wegnehmen.

4. Klicken Sie auf *Anzeigeeinstellungen*, können Sie das Häkchen bei *Autor- und Datumsinformationen anzeigen* wegnehmen.
5. Unter *Einstellungen für Kommentare* können Sie die Kommentare ganz ausblenden, indem Sie das im Listenfeld für die *Standard-Kommentareinstellung für neue Inhalte* auswählen.
6. Klicken Sie *Inhaltstyp speichern*.

Nach dem Speichern können nun die Feldeinstellungen konfiguriert werden. So kann man auswählen, ob man auch einen Zeitpunkt für das Ende angeben möchte.

Um ein neues Feld hinzuzufügen, gehen Sie folgendermaßen vor:

1. Gehen Sie auf das erste Formularfeld unter *Neues Feld hinzufügen*.
2. Bezeichnen Sie das Feld mit `field_zeit`.
3. Wählen Sie *Datetime* als Datentyp.
4. Wählen Sie beim Formularelement ein Textfeld mit Pop-up-Kalender.
5. Klicken Sie auf *Speichern*.

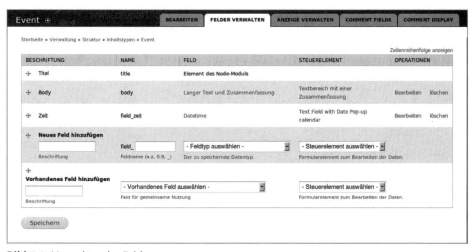

Bild 7.2: Verwalten der Felder

Nun erscheint ein Formular für die Feldeinstellungen. Die Einstellungen in diesem Formular wirken auf der kompletten Drupal-Website – auch bei anderen Inhaltstypen, die das Feld `field_zeit` verwenden.

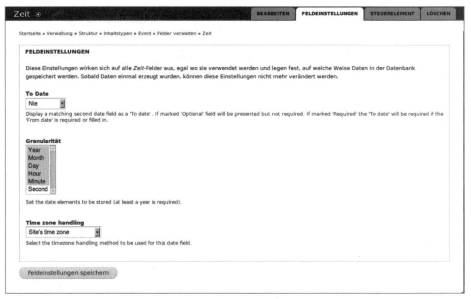

Bild 7.3: Feldeinstellungen

Unser Feld kann nicht nur einen (Beginn-)Zeitpunkt enthalten, sondern auch einen zweiten, der für das Ende steht. Zum Verwalten von Terminen ist es äußerst nützlich, auch ein Ende festlegen zu können, und wir wählen unter *To Date* das Listenelement *Erforderlich* aus.

Unter *Granularität* bestimmt man die Genauigkeit der Terminangabe. Für die meisten Anwendungen wird die Speicherung von Datum (Jahr, Monat, Tag) und der Uhrzeit ohne Sekunden zielführend sein.

Die Einstellung für die Zeitzone kann so belassen werden.

Mit *Feldeinstellungen speichern* kommt man zu einer weiteren Seite. Hier sind die spezifischen Einstellungen für das Zeitfeld zu treffen, die nur für das Zeitelement im Inhaltstyp *Event* Gültigkeit haben.

> **Tipp:** Zu den Einstellungen für die einzelnen Felder kommen Sie auch, wenn Sie in der Übersicht zum Verwalten der Felder auf *Bearbeiten* klicken. Sie können auch direkt auf den *Feldtyp* oder das *Steuerelement* klicken, um zu den jeweiligen Einstellungen zu gelangen.

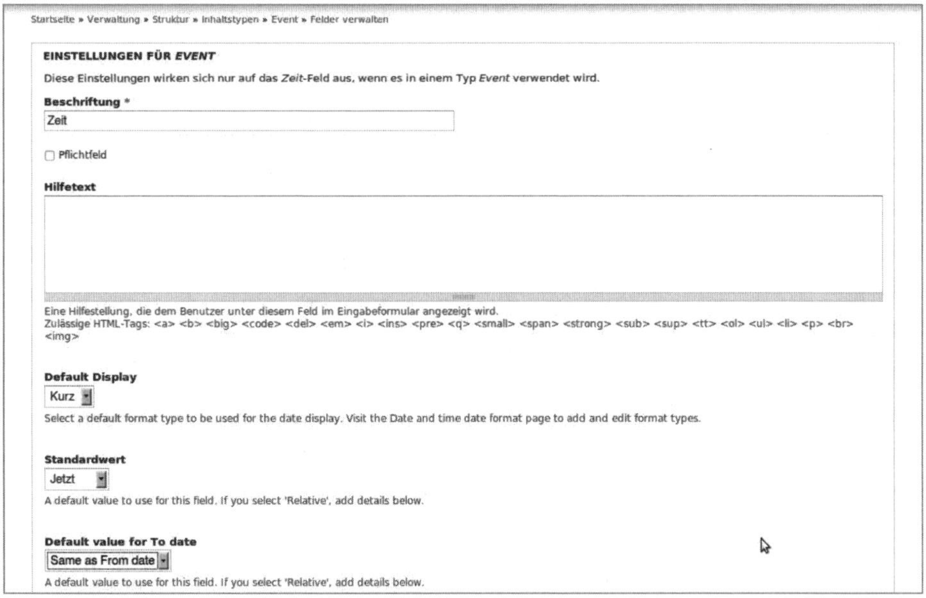

Bild 7.4: Einstellungen für ein Feld im Kontext eines Inhaltstyps

Hier wird festgelegt, wie das Feld Zeit im Inhaltstyp Event behandelt wird. Dasselbe Feld könnte auch in einem anderen Inhaltstypen verwendet werden. Dort könnten die Eigenschaften ganz anders festgelegt werden.

Für den Terminkalender wählen wir:

- die *Standardanzeige: Kurz*
- den *Standardwert: Jetzt*
- den *Standardwert für das To-Datum: Same as from date*

Beim Eingabeformat stellen wir noch ein Format ein, das unserer üblichen Notation entspricht.

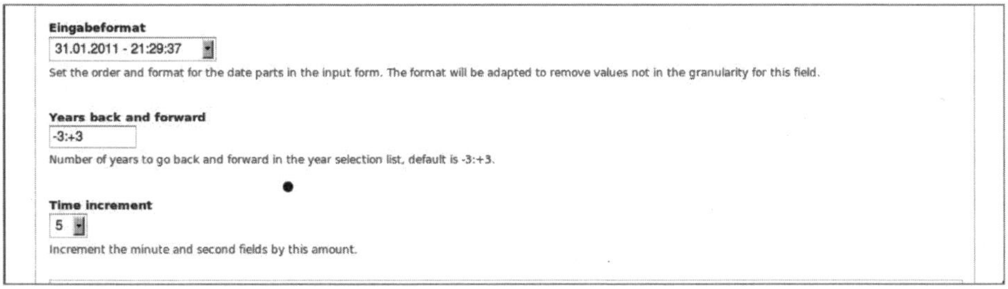

Bild 7.5: Einstellen des Eingabeformats

Bei den weiteren Einstellungen können wir uns an den Vorgaben für die Feldeinstellungen (siehe vorherige Seite) orientieren, und dann speichern wir die Einstellungen.

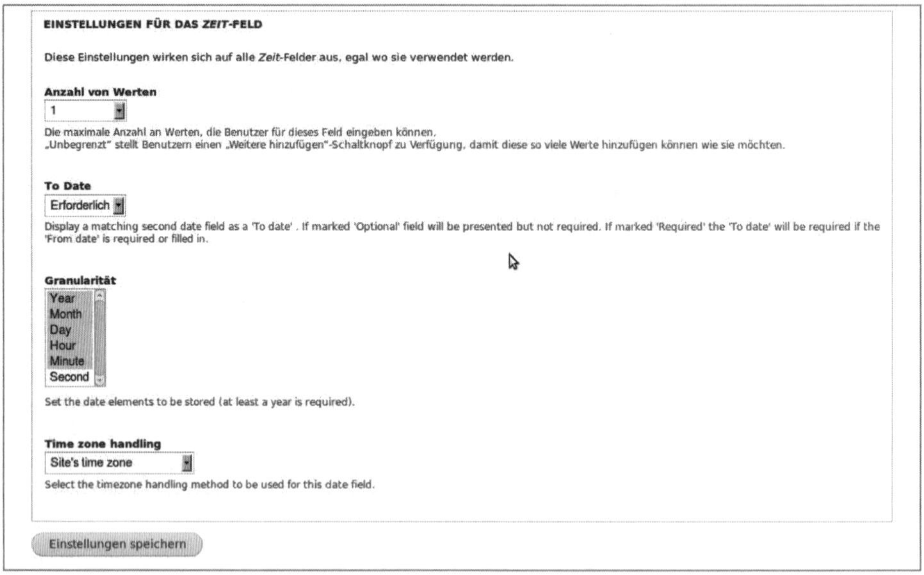

EINSTELLUNGEN FÜR DAS *ZEIT*-FELD

Diese Einstellungen wirken sich auf alle *Zeit*-Felder aus, egal wo sie verwendet werden.

Anzahl von Werten
1

Die maximale Anzahl an Werten, die Benutzer für dieses Feld eingeben können.
„Unbegrenzt" stellt Benutzern einen „Weitere hinzufügen"-Schaltknopf zu Verfügung, damit diese so viele Werte hinzufügen können wie sie möchten.

To Date
Erforderlich

Display a matching second date field as a 'To date'. If marked 'Optional' field will be presented but not required. If marked 'Required' the 'To date' will be required if the 'From date' is required or filled in.

Granularität
Year
Month
Day
Hour
Minute
Second

Set the date elements to be stored (at least a year is required).

Time zone handling
Site's time zone

Select the timezone handling method to be used for this date field.

Einstellungen speichern

Bild 7.6: Einstellungen für das Zeitfeld

Bei einem Termin ist oft auch der Ort wichtig, weshalb wir noch ein Feld für diese Angabe hinzufügen. Da genügt in unserem Fall ein einfaches Textfeld, dessen Maximallänge man noch etwas einschränken kann. Eventuell ist die Vorgabe eines Standardwerts sinnvoll.

Damit ist unser Inhaltstyp zum Speichern der Termine fertig. Natürlich könnten wir noch weitere Informationen speichern, wie etwa Teilnehmer oder verantwortliche Personen, aber für unsere Zwecke ist das nicht notwendig.

Bild 7.7: Die Felder des neuen Inhaltstyps *Event*

Bevor wir damit beginnen, diese Termine übersichtlich darzustellen, sollten ein paar Elemente des neuen Inhaltstyps erstellt werden. Von folgenden Elementen gehen wir in den nächsten Beispielen aus:

TERMIN	INFORMATIONEN	DATUM UND ZEIT	ORT
Pflichtspiel U23	gegen Entenhausen, Tpkt. 2 Std. vor Spielbeginn	11. Februar 2011 - 17:00 - 19:00	Sportplatz
Training U13	Koordinations- und Schusstraining	8. Februar 2011 - 17:00 - 18:00	Trainingsplatz
Training U15	Trainingsspiel	8. Februar 2011 - 18:15 - 19:45	Trainingsplatz
Training U23	Konditionstraining	8. Februar 2011 - 19:00 - 20:30	Traininingsplatz
Trainingsspiel U15	gegen Dufftown, Tpkt. 2 Stunden vor Spiel, gemeinsame Fahrt	12. Februar 2011 - 15:00 - 17:00	Sportplatz Dufftown

Bild 7.8: Die Events, mit denen im Folgenden gearbeitet wird

7.2 Ansichten (Views)

Das Modul *Views* (zu Deutsch: Ansichten) ermöglicht das Abfragen von Daten und deren Darstellung.

🞏 Lesezeichen

http://drupal.org/project/views
Download-Adresse für das Views-Modul

Ansichten beruhen auf mehreren Dingen, zuallererst auf gespeicherten Daten der zugrundeliegenden Drupal-Datenbank.

Dann muss eine Abfrage definiert werden: Darin wird festgelegt, welche Daten abgefragt werden sollen. Dazu gehören auch Filter- und Sortierkriterien. Einige Leser werden erkennen, dass das nach einer SQL-Abfrage klingt. Genau das ist es. Beim Erstellen einer Ansicht kann man sich auch den zugehörigen Code zur Abfrage ansehen.

Außerdem wird festgelegt, wie die abgefragten Daten dargestellt werden. All das ermöglicht das Modul *Views*.

7.2.1 Installation

Das Views-Modul benötigt die Chaos Tool Suite (eine Sammlung nützlicher Werkzeuge und Programmierschnittstellen für Entwickler). Daher muss man auch das Modul *CTools* installieren.

▣ Lesezeichen

http://drupal.org/project/ctools
Download-Adresse für die Chaos Tool Suite

Nachdem das *Views*-Modul installiert wurde, findet man unter *Struktur -> Ansichten* die Verwaltungsseite für die Ansichten.

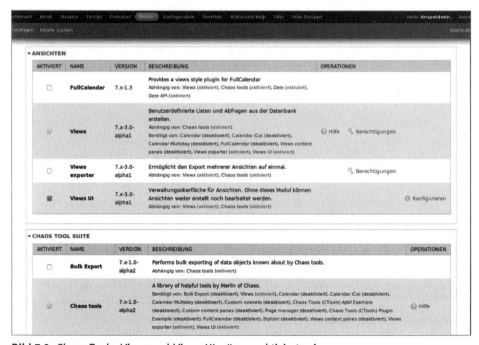

Bild 7.9: *Chaos Tools*, *Views* und *Views UI* müssen aktiviert sein

7.2.2 Arbeiten mit Ansichten

Ist das Modul *Views* einmal installiert, gelangen Sie mit *Struktur –> Ansichten* zur Ansichten-Übersicht.

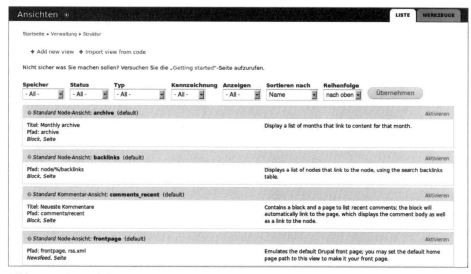

Bild 7.10: Die vordefinierten Ansichten

In der Übersicht sieht man bereits einige vordefinierte Ansichten. Bei näherem Blick darauf erkennt man gleich einige wichtige Eigenschaften. Die meisten Ansichten haben:

- Namen,
- einen Titel, der angezeigt wird, wenn die Ansicht dargestellt wird,
- einen Pfad, dessen Aufruf die Ansicht anzeigt,
- Displaytypen, wodurch festgelegt wird, wo und wie die Ansicht genutzt wird.

Aktivieren wir nun eine Ansicht und rufen den zugehörigen Pfad auf:

1. Klicken Sie auf *Aktivieren* bei der Node-Ansicht *tracker*.
2. Nun ist der Pfad anklickbar, und bei Klick auf denselben sehen Sie die letzten neuen Posts.

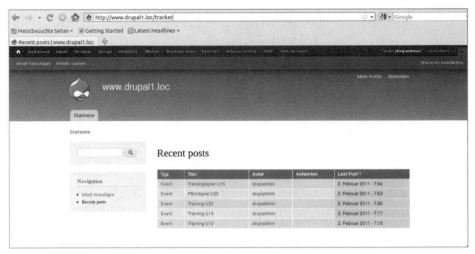

Bild 7.11: Die Anzeige der Ansicht *tracker*

3. Gehen Sie zurück zur Übersicht.

Wir erstellen nun eine Ansicht, die eine tabellarische Übersicht der Termine der U15-Mannschaft erzeugt.

1. Klicken Sie auf *Add new view* und geben Sie für

   - *Ansichtsname:* Übersicht U15
   - *Beschreibung:* die Termine der U15-Mannschaft
   - *Ansichtstyp:* Node

   ein.

2. Sie sehen, dass neben dem Ansichtsnamen der maschinenlesbare Name erzeugt wird. Wegen des Umlautes sollte man nacharbeiten. Klicken Sie auf *Bearbeiten* und ändern sie den Eintrag auf uebersicht_u15.

3. Danach klicken Sie auf *Nächste*.

> **Tipp:** Meistens wird man den Ansichtstyp *Node* verwenden. Wie man aber sieht, kann man mit fast allen Daten im Drupal-System Ansichten generieren wie eben mit den Benutzern, Kommentaren oder Begriffen (Taxonomy).

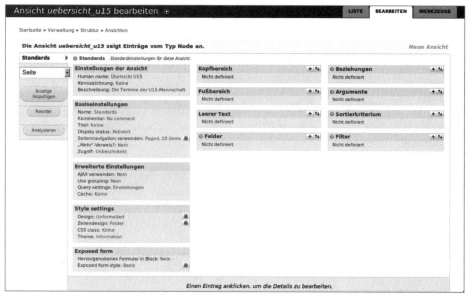

Bild 7.12: Die neue Ansicht

In dieser Übersicht gibt es zahlreiche Einstellungsmöglichkeiten. Eine der wichtigsten sind die Felder, die abgefragt werden.

Um hier Einstellungen vorzunehmen, klicken Sie auf das Pluszeichen im Kasten *Felder*.

Unterhalb der Übersicht erscheint ein Formular, in dem Sie nun Felder hinzufügen können. Damit nicht alle Felder angezeigt werden, kann man Gruppen auswählen, wie zum Beispiel *Node* oder *Benutzer*.

Wählen Sie zuerst die Gruppe *Felder*.

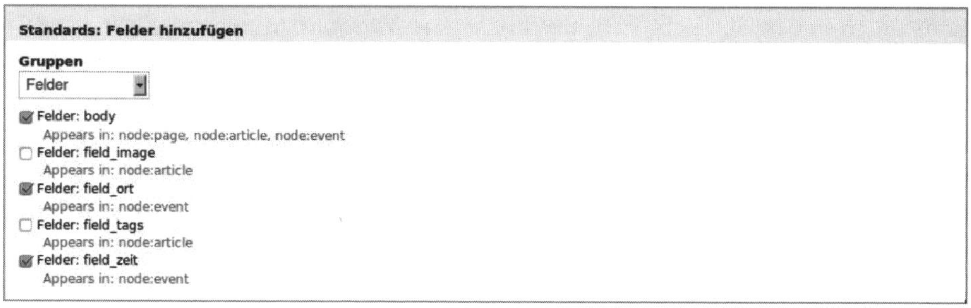

Bild 7.13: Die Felder, die in der Ansicht abgefragt werden

Für unsere Ansicht benötigen wir folgende Felder:

- `body`, das die nähere Beschreibung enthält
- `field_ort`
- `field_zeit`

Klicken Sie auf *Hinzufügen*, werden Konfigurationsseiten für die hinzugefügten Felder angezeigt. Hier geht es vor allem um Formatierungen und Einstellungen, die für Themes nützlich sind. Hier tragen wir für das Feld *body* nur unter dem Punkt *Beschriftung* `Beschreibung` ein und klicken auf *Aktualisieren*. Für das Feld `field_ort` ändern wir die Beschriftung auf `Ort` und für `field_zeit` ändern wir die Beschriftung auf `Datum und Uhrzeit` und wählen unter Format `Mittel` aus.

Außerdem benötigen wir aus der Gruppe *Node* das Feld `Node: Titel`, das die Beschriftung `Termin` bekommt.

Bisher wurde die Ansicht nicht gespeichert und geht verloren, wenn man auf eine andere Seite wechselt. Daher sollten Sie die Ansicht nun speichern.

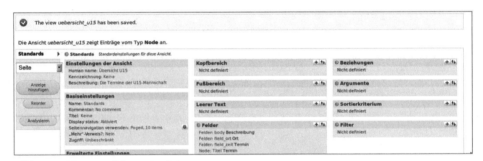

Bild 7.14: Die gespeicherte Ansicht

Ganz unten in der Übersicht steht der Punkt *Live-Vorschau*. Mit einem Klick auf den Button *Vorschau* wird die Abfrage ausgeführt, und die Elemente werden dargestellt. Darunter sieht man auch die zugehörige SQL-Abfrage.

Wir sortieren die Felder noch. Dazu klicken Sie auf die zwei Pfeile neben dem Pluszeichen. Ziehen Sie nun die Felder mithilfe der Kreuze in die gewünschte Reihenfolge und aktualisieren danach die Ansicht.

Bild 7.15: Sortieren der Feldelemente

> **Tipp:** Mithilfe des Symbols ganz rechts kann man die Felder komfortabel löschen.

Damit die Ansicht übersichtlicher wird, ändern wir die Darstellung.

1. Klicken Sie neben Design auf *Unformatiert*.
2. Wählen Sie nun für das Ansichtsdesign *Tabelle*.
3. Klicken Sie auf *Aktualisieren*.
4. Bei den erweiterten Darstellungsoptionen ändern Sie jetzt nichts und klicken einfach noch einmal auf *Aktualisieren*.

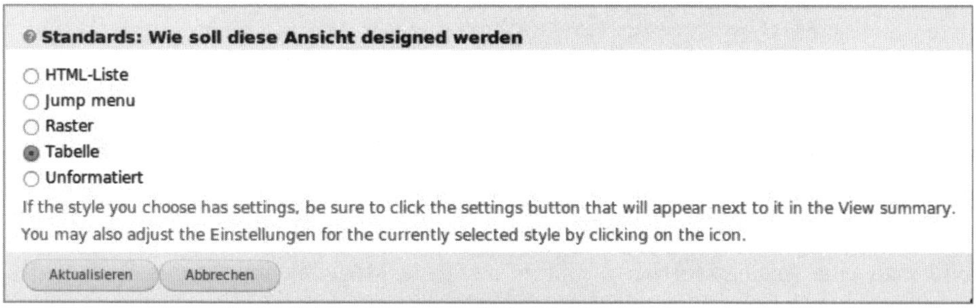

Bild 7.16: Die Ansicht soll als Tabelle dargestellt werden

5. Nun nutzen wir die Filterfunktion, um nur Termine der U15-Mannschaft darzustellen.

   Klicken Sie hierzu auf das Plussymbol neben *Filter*, wählen die Gruppe *Node*, machen Sie bei *Node: Titel* ein Häkchen und klicken auf *Hinzufügen*.

6. Im Operator-Listenfeld wählen wir `Endet mit`, und im Textfeld *Wert* tragen wir U15 ein.

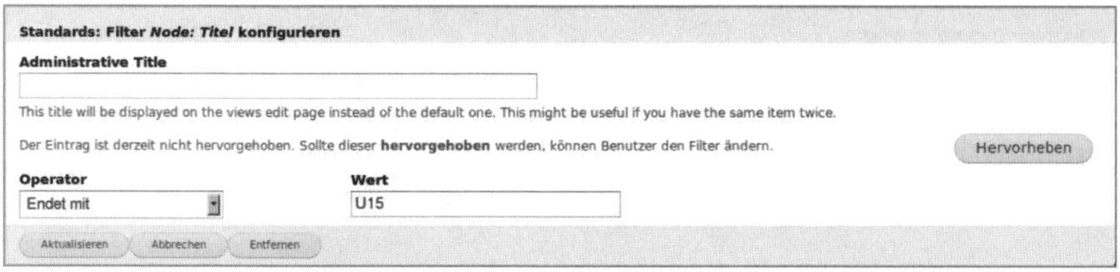

Bild 7.17: Bestimmen der Filterregel

7. Mit einem Klick auf *Aktualisieren* ist der Filter eingerichtet. In der Live-Vorschau sieht man nun, dass nur die Termine der U15 angezeigt werden.

Wir sortieren jetzt noch nach der Beginnzeit.

1. Dazu klicken Sie auf das Pluszeichen neben *Sortierkriterium*.

2. Wählen Sie unter *Sortierkriterium hinzufügen* die Gruppe *Felder* und machen ein Häkchen bei `Felder: field_zeit - value`.

3. Klicken Sie auf *Hinzufügen*.

4. Wählen Sie die Option, dass *aufsteigend* (mit den zeitlich nächsten Terminen weiter oben) sortiert werden soll.

5. Mit *Aktualisieren* wird die Sortierung aktiviert.

Anmerkung: `field_zeit - value2` ist der Zeitpunkt des Endes.

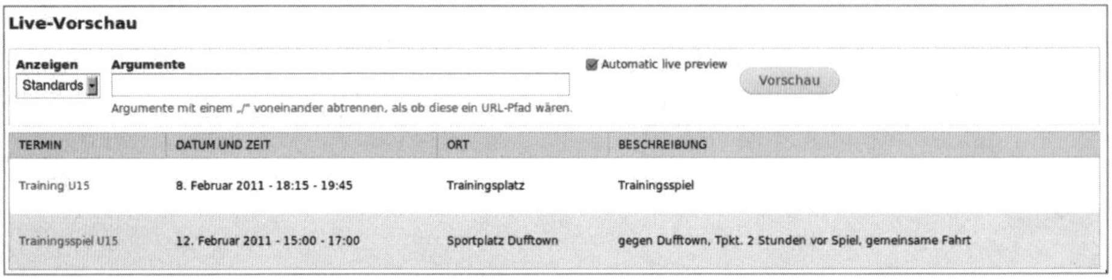

Bild 7.18: So sieht die Ansicht nun in der Vorschau aus

Will man eine Ansicht sortieren, gibt es noch die Möglichkeit, einzelne Spalten der Tabellenansicht sortierbar zu machen. Dazu klickt man auf das kleine Zahnrad neben *Design: Tabelle*.

Unter den Darstellungsoptionen kann man nun anklicken, nach welchen Feldern (Spalten) man sortieren möchte und wonach standardmäßig sortiert wird.

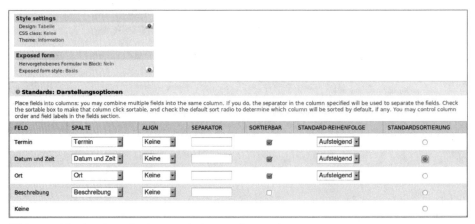

Bild 7.19: Die einzelnen Spalten sortierbar machen

7.3 Anzeigen

Um die Ansicht zu nutzen, definieren wir eine Anzeige. Dazu wählen Sie links oben im Listenfeld *Seite* aus und klicken auf *Anzeige hinzufügen*.

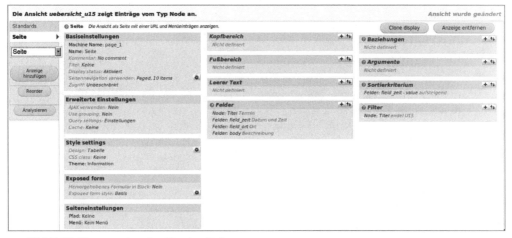

Bild 7.20: Die neue Anzeige für eine Seite

Die neue Anzeige sieht der Ansicht sehr ähnlich. Die meisten Einstellungsmöglichkeiten sind gleich geblieben. Es ist nur fast alles kursiv dargestellt, was bedeutet, dass diese Einstellungen von der Standardansicht übernommen wurden.

Durch Klick auf eine Einstellung kann die geerbte Konfiguration geändert werden.

Klicken Sie beim Filter auf *Node: Titel*, und ändern Sie den Wert auf U13. Klicken Sie auf *Übersteuern*. Damit wird für diese Seite der Wert übernommen, aber nicht für die ganze Ansicht. Dazu müssen Sie *Override* anklicken.

Unter *Seiteneinstellungen* klicken Sie auf *Pfad* und geben u13 ein.

Klicken Sie auf *Menü*, und erstellen Sie einen normalen Menüeintrag mit dem Titel U13- Termin im Menü *Navigation*.

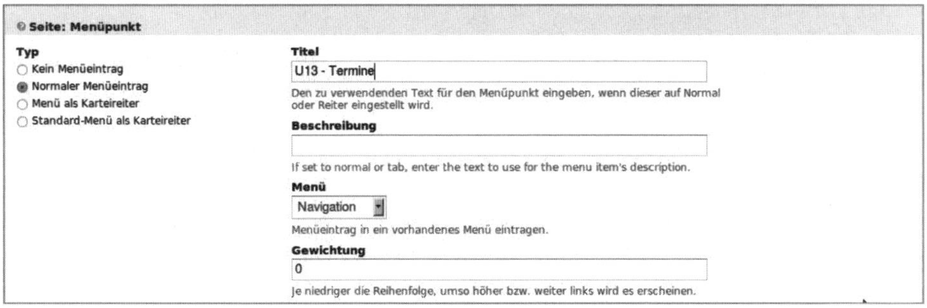

Bild 7.21: So erzeugen Sie den neuen Menüeintrag

Vergessen Sie nicht, auf *Speichern* zu klicken, damit die Änderungen auch erhalten bleiben!

Schließen Sie nun die Ansicht durch Klick auf das Kreuz rechts oben im Administrations-Overlay, und schauen Sie sich das Navigationsmenü an. Sie sehen den neuen Menüeintrag *U-13 Termine* und bekommen durch einen Klick auf den Menüpunkt im Content-Bereich eine Tabelle mit den Terminen angezeigt.

7.4 FullCalendar

Das Modul *FullCalendar* stellt Anzeigen und Plugins bereit, um das FullCalendar-Plugin von Adam Shaw nutzen zu können. FullCalendar ist ein jQuery-Plugin, das einen Kalender bereitstellt. Es kann vielfältig eingesetzt werden und ist unabhängig von Drupal. Um zu funktionieren, benötigt das Plugin das gleichnamige Drupal-Modul. Es ermöglicht die Integration des FullCalendar-Plugins in Drupal.

▣ Lesezeichen

http://arshaw.com/fullcalendar/download/
Download-Adresse des jQuery-Plugins *FullCalendar*

http://drupal.org/project/fullcalendar
Download-Adresse des Drupal-Moduls *fullcalendar*

7.4.1 Installation des Plugins

Zuerst müssen Sie das Plugin auf Ihren Rechner herunterladen und entpacken. Im entpackten Verzeichnis *fullcalendar-x.x.x* befindet sich wiederum ein Verzeichnis namens *fullcalendar* (ohne Versionsnummern).

Kopieren Sie diesen Ordner *fullcalendar* nach *sites/all/libraries* der Drupal-Installation. Sollte das *libraries*-Verzeichnis noch nicht existieren, dann legen Sie es bitte an.

Nun laden Sie noch das FullCalendar-Modul von der Drupal-Webseite herunter und installieren es. Die Adresse lautet wie gesagt *http://drupal.org/project/fullcalendar*.

Gehen Sie nun zu der U15-Ansicht, wählen die Anzeige für die Seite und ändern das Design auf *FullCalendar* und das Zeilendesign auf *Node-FullCalendar*.

Sie schließen diese Änderungen mit *Übersteuern* ab, speichern noch, und dann können Sie bereits den Pfad aufrufen, unter dem nun der Kalender dargestellt wird.

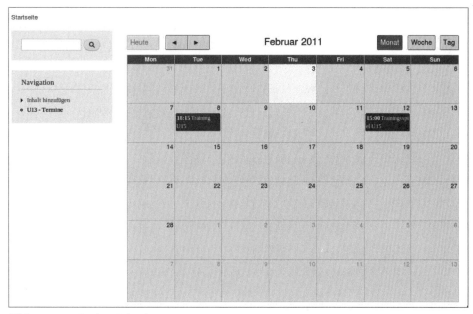

Bild 7.22: Der fertige Kalender

8 Formulare

Wenn Besucher Ihrer Website Kontakt mit Ihnen aufnehmen, dann spielt sich das meistens über Formulare ab. Einfache Kontaktformulare lassen sich bereits mit den Mitteln im Drupal-Kern schnell erstellen. Über das externe Modul *Webform* haben Sie noch mehr Möglichkeiten, komplexere Formulare zu gestalten. Allerdings sollten Sie sich auch bewusst sein, dass Formulare von automatisierten Systemen, sogenannten Bots, dazu genutzt werden können, Ihre Website zu missbrauchen. Daher sollten Sie sich überlegen, ein CAPTCHA (Completely Automated Turing Test to tell Computers and Humans Apart) vorzuschalten. Solche Module sollen sicherstellen, dass nur natürliche Personen die Formularfunktion nutzen, um mit Ihnen in Kontakt zu treten.

In diesem Kapitel lesen Sie ...

- wie Sie Kontaktformulare aktivieren,
- wie Sie ein CAPTCHA-Modul einrichten,
- wie Sie individuelle Formulare erstellen.

8.1 Ein Kontaktformular verwenden

Der Drupal-Kern enthält das *Contact*-Modul. Mit diesem Modul lassen sich einfach und rasch Kontaktformulare erzeugen. Wenn Sie komplexere Formulare benötigen, dann sollten Sie das Modul *Webform* verwenden (dazu lesen Sie mehr in Abschnitt 8.3). Das Contact-Modul muss nach der Installation folgendermaßen aktiviert werden:

- *Module -> Contact auswählen -> Konfiguration speichern*

8.1.1 Ein Formular anlegen

Ein neues Kontaktformular erzeugen Sie folgendermaßen:

1. *Struktur -> Kontaktformular -> Kategorie hinzufügen*
2. Legen Sie eine *Kategorie* (wie z. B. Feedback, Verkauf, Einkauf, Marketing etc.) fest.
3. Tragen Sie die Liste der *Empfänger* ein. Mehrere Empfänger trennen Sie durch ein Komma.
4. Wenn Sie dem Absender eine Rückmeldung beim Versand geben möchten, dann füllen Sie den Eingabebereich *Automatische Antwort* aus.
5. Die Option *Ausgewählt* können Sie auf *Ja* setzen, wenn dieses Formular das einzige ist.
6. Übernehmen Sie die Einstellungen durch Anklicken von *Speichern*.

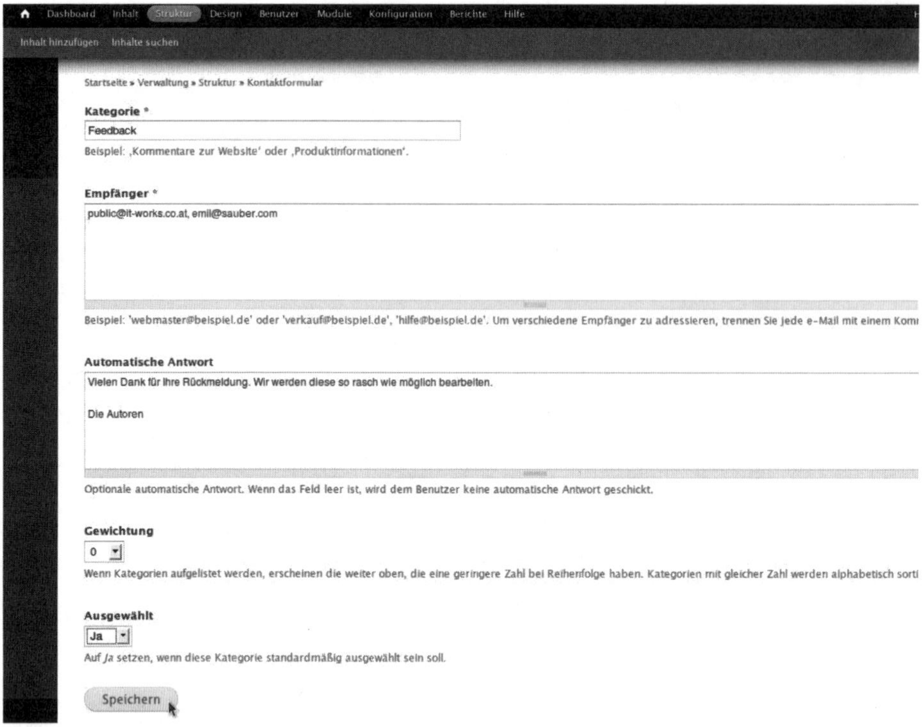

Bild 8.1: Ein Kontaktformular erstellen

8.1.2 Kontaktformular im Menü verlinken

Wenn Sie ein Kontaktformular anlegen, dann wird automatisch ein – nicht aktivierter – Eintrag im Navigationsmenü erzeugt.

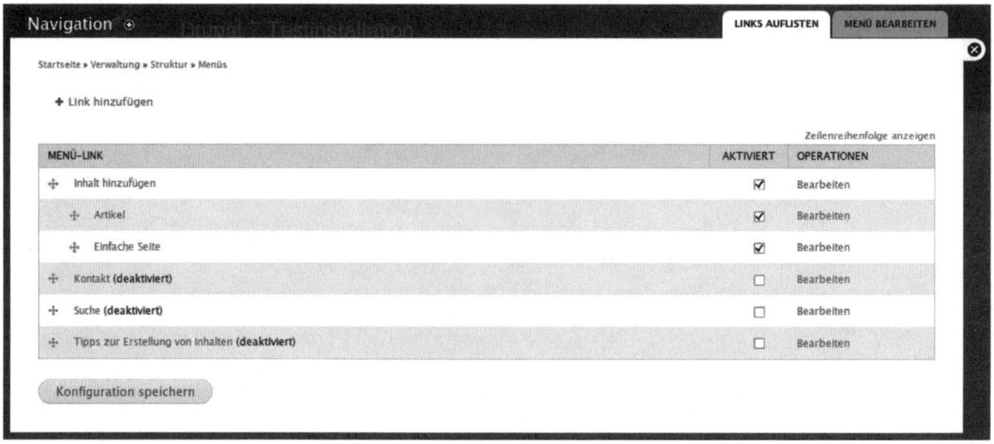

Bild 8.2: Der Menüpunkt *Kontakt*

Diesen Eintrag bringen Sie so ins Hauptmenü:

1. *Struktur -> Menüs*
2. *Navigation -> Links auflisten.*
3. *Kontakt (deaktiviert) -> Bearbeiten.*
4. Tragen Sie den gewünschten *Menütitel* ein.
5. Setzen Sie den Eintrag auf *Aktiviert.*
6. Wählen Sie als *Übergeordneter Link* aus der Liste *Hauptmenü* aus.
7. Übernehmen Sie die Änderungen durch Anklicken von *Speichern -> Konfiguration speichern.*
8. Schließen Sie das Verwaltungsfenster.

Ab sofort haben Sie einen neuen Hauptmenüeintrag *Kontaktformular*. Wenn Sie ihn anklicken, dann öffnet sich ein Formular wie in der Abbildung.

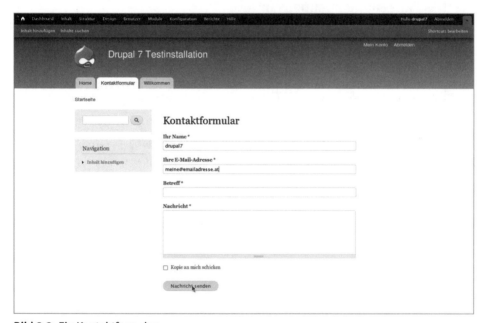

Bild 8.3: Ein Kontaktformular

8.2 CAPTCHA – Spam-Schutz für Formulare

Mit dem CAPTCHA-Modul soll verhindert werden, dass SPAM-Bots Formulare missbrauchen. Das Akronym steht für »Completely Automated Public Turing test to tell Computers and Humans Apart«. Der Test soll also verhindern, dass bestimmte, möglicherweise bösartige Computerprogramme Zugriff auf das System bekommen und dessen Dienste missbrauchen.

▣ Lesezeichen

http://drupal.org/project/captcha
Download-Adresse des CAPTCHA-Moduls

Beginnen Sie mit Einrichtung und Aktivierung des Moduls:

1. Laden Sie das Modul von der Internetadresse *drupal.org/project/captcha* auf Ihren Computer.
2. Folgen Sie den Punkten 2. bis 6. aus Kapitel 3.5.1.
3. Aktivieren Sie die beiden Module *CAPTCHA* und *Image CAPTCHA*.
4. Beenden Sie durch Anklicken von *Konfiguration speichern*.

8.2.1 Einstellungen anpassen

Die Einstellungen für das CAPTCHA-Modul befinden sich in *Konfiguration -> CAPTCHA*. Die folgenden Einstellungen haben sich in der Praxis bewährt:

- *Default challenge type: Image (from module image_captcha)*,
- Aktivieren der Option *Füge CAPTCHA Verwaltungslinks zu Formularen hinzu*,
- Deaktivieren von *Add a description to the CAPTCHA*,
- Wenn die CAPTCHA-Überprüfung die Unterscheidung zwischen Groß- und Kleinschreibung ignorieren darf, dann aktivieren Sie *Case insensitive validation …*,
- Damit jeder Benutzer immer ein CAPTCHA lösen muss, wählen Sie die Option *Füge immer einen Test hinzu*.

Die Grundeinstellungen übernehmen Sie durch Anklicken von *Konfiguration speichern*.

Danach nehmen Sie Detaileinstellungen für das Image CAPTCHA vor.

Bild 8.4: *Bild CAPTCHA*-Einstellungen

1. Schalten Sie ins Register *Bild CAPTCHA*.
2. Erstellen Sie eine Liste von Zeichen, die vorkommen dürfen (*Zeichen, die im Text benutzt werden*).
3. Wählen Sie die *Textlänge*. Möglich sind die Werte 2 bis 10.
4. Machen Sie weiter mit *Schriftartauswahl, Schriftgröße* und *Buchstabenabstand*.
5. Im Bereich *Color and image settings* passen Sie das CAPTCHA an das Design der Website an.
6. Im letzten Abschnitt *Verzerrung und Rauschen* haben Sie die Möglichkeit, die Lesbarkeit der Zeichenkette zu erschweren: *Grad* der Verzerrung, *Bildrauschen* und *Linienrauschen*.
7. Die festgelegten Werte übernehmen Sie durch Anklicken von *Konfiguration speichern*.

Das Modul zeigt sofort, welche Auswirkungen Ihre Einstellungen haben. Wenn Sie damit nicht zufrieden sind, dann ändern Sie die Werte in der Maske, bis das Ergebnis so aussieht, wie Sie es möchten. Wenn das erzeugte Beispiel das gewünschte Aussehen hat, dann schließen Sie das Verwaltungsfenster.

8.2.2 Kontaktformular und CAPTCHA verbinden

Damit ein CAPTCHA im Kontaktformular angezeigt wird, gehen Sie folgendermaßen vor:

1. Öffnen Sie das Kontaktformular aus dem Hauptmenü.
2. Klicken Sie auf den Link *CAPTCHA: Kein Test aktiviert*.
3. *Hier einen CAPTCHA für nicht vertrauenswürdige Benutzer platzieren.*
4. Wählen Sie als `Testtyp` *default*, dann bitte *Speichern*.

Das war's: Ab sofort muss jeder Benutzer vor dem Absenden eines Formulars die CAPTCHA-Aufgabe lösen.

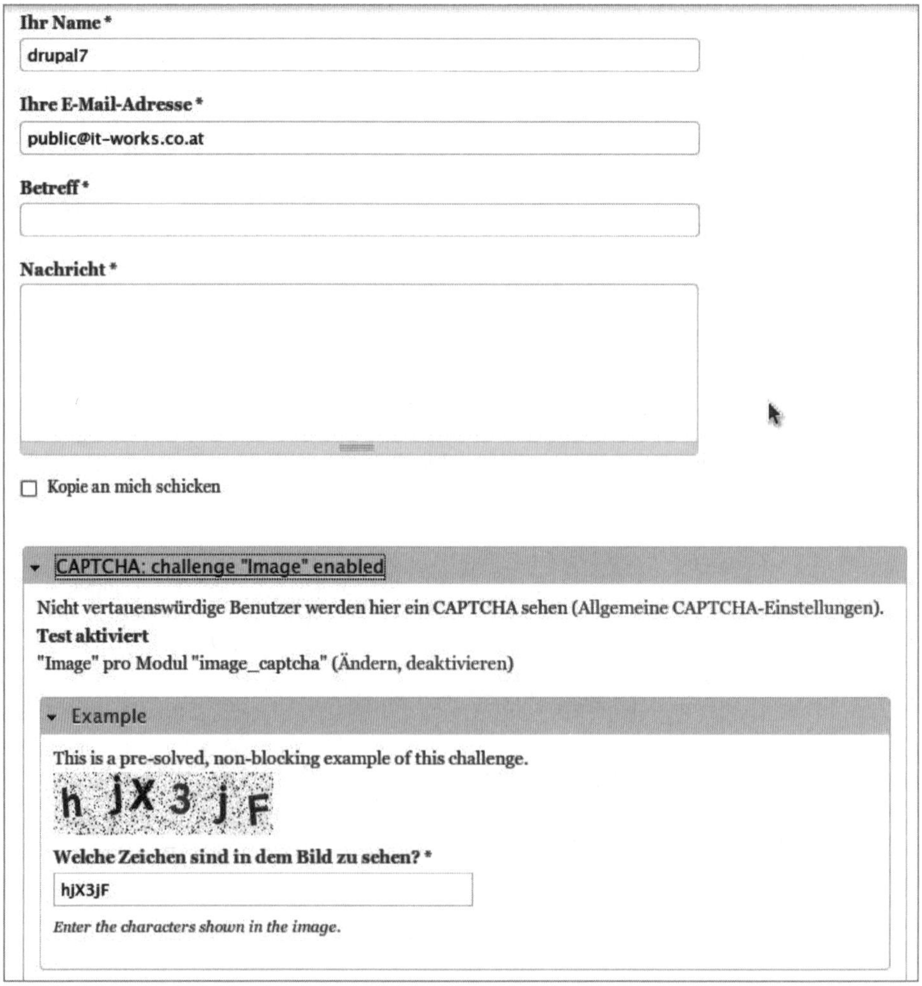

Bild 8.5: Ein CAPTCHA im Kontaktformular

8.3 Individuelle Webformulare gestalten

Das Modul Webform ...

- erstellt einen Inhaltstyp namens *Webformular,*
- ist geeignet für Umfragen, Kontaktanfragen, Bestellungen und Ähnliches,
- ermöglicht mehrseitige Formulare,
- versendet die Eingaben per E-Mail und speichert die Daten in einer Datenbank,
- bietet ein Web-Frontend für die Verwaltung der Ergebnisse,
- ermöglicht einfache statistische Auswertungen.

▣ Lesezeichen
http://drupal.org/project/webform
Download-Adresse des Webform-Moduls

8.3.1 Installation und Aktivierung

Das Webform-Modul installieren Sie folgendermaßen:

1. Laden Sie die Dateien von *drupal.org/project/webform* auf Ihren Computer.
2. Folgen Sie den Punkten 2. bis 6. aus Kapitel 3.5.1.
3. Aktivieren Sie das Modul *Webform.*
4. Beenden Sie durch Anklicken von *Konfiguration speichern.*

8.3.2 Grundeinstellungen

Die Grundeinstellungen für Webformulare befinden sich in *Konfiguration -> Webform settings.* Hier legen Sie Absender, Betreff und Versandformat (Text oder HTML) fest. Durch Anklicken von *Konfiguration speichern* übernehmen Sie die eingetragenen Werte.

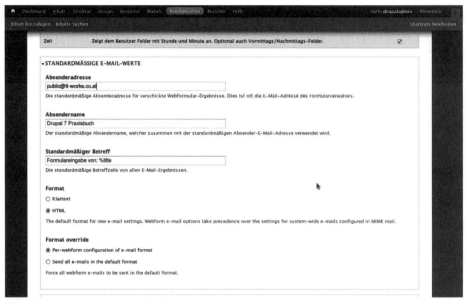

Bild 8.6: Basiseinstellungen für Webformulare

8.3.3 Ein Formular erstellen

Anhand eines minimalen Anfrageformulars möchte ich Ihnen grundlegende Techniken im Umgang mit Webformularen zeigen.

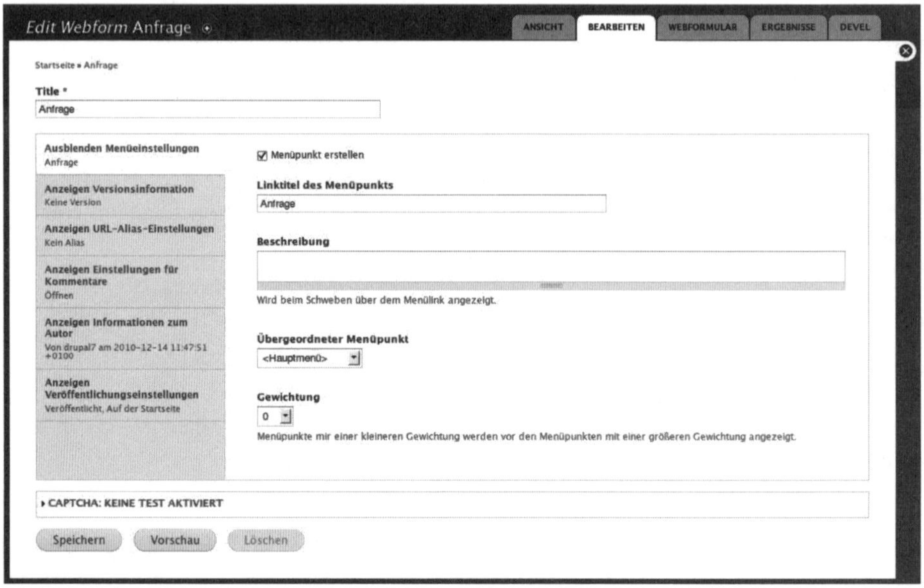

Bild 8.7: Basisinformationen

Das Formular wird so angelegt:

1. *Inhalt hinzufügen -> Webform*
2. Tragen Sie den Titel für das Formular ein, und aktivieren Sie die Option *Menüpunkt erstellen.*
3. Schalten Sie auf die Seite *Anzeigen URL-Alias-Einstellungen* um.
4. Tragen Sie den gewünschten Alias wie zum Beispiel `anfrage.html` ein.
5. Klicken Sie auf die Schaltfläche *Speichern.*

Im nächsten Schritt fügen Sie dem Formular Komponenten hinzu. Das Beispielformular bekommt folgende Felder:

- Name: Textfeld, erforderlich (hier bitte einen Haken setzen), Maximallänge und Breite 40,
- E-Mail-Adresse: Textfeld, erforderlich, Maximallänge und Breite 40,
- Ich interessiere mich für ...: Select Options, erforderlich, mit den Optionen Linux|Linux, Apache|Apache, Postfix|Postfix, als Auswahlliste,
- Kontakt: Fieldset, zusammenklappbar, standardmäßig zusammengeklappt.

So sieht die Komponentenübersicht jetzt aus:

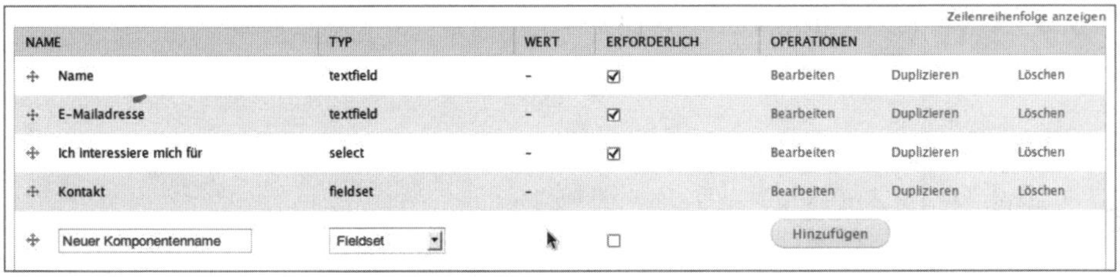

Zeilenreihenfolge anzeigen

NAME	TYP	WERT	ERFORDERLICH	OPERATIONEN		
Name	textfield	-	☑	Bearbeiten	Duplizieren	Löschen
E-Mailadresse	textfield	-	☑	Bearbeiten	Duplizieren	Löschen
Ich interessiere mich für	select	-	☑	Bearbeiten	Duplizieren	Löschen
Kontakt	fieldset	-		Bearbeiten	Duplizieren	Löschen
Neuer Komponentenname	Fieldset		☐	Hinzufügen		

Bild 8.8: Angelegte Komponenten

Ändern Sie die Reihenfolge so, dass *Kontakt* ganz oben steht und die Felder *Name* und *E-Mailadresse* dem Kontakt zugeordnet (eingerückt!) werden. Klicken Sie auf die Schaltfläche *Speichern.* Das Ergebnis sollte aussehen wie in der folgenden Abbildung:

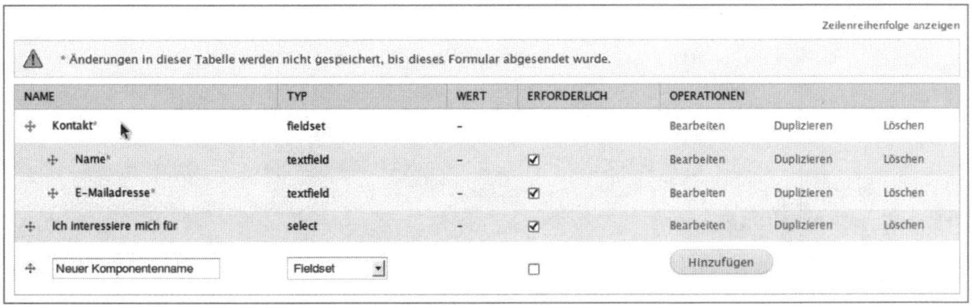

Zeilenreihenfolge anzeigen

* Änderungen in dieser Tabelle werden nicht gespeichert, bis dieses Formular abgesendet wurde.

NAME	TYP	WERT	ERFORDERLICH	OPERATIONEN		
Kontakt*	fieldset	-		Bearbeiten	Duplizieren	Löschen
Name*	textfield	-	☑	Bearbeiten	Duplizieren	Löschen
E-Mailadresse*	textfield	-	☑	Bearbeiten	Duplizieren	Löschen
Ich interessiere mich für	select	-	☑	Bearbeiten	Duplizieren	Löschen
Neuer Komponentenname	Fieldset		☐	Hinzufügen		

Bild 8.9: Komponenten mit neuer Zuordnung

Im folgenden Schritt definieren Sie, an welche E-Mail-Adressen die Ergebnisse versandt werden:

1. Schalten Sie dazu in das Register *E-Mails*.
2. Tragen Sie Ihre E-Mail-Adresse ein -> *Hinzufügen*.
3. Sie gelangen auf eine Einstellungsseite für den E-Mail-Versand: Betreff, Absender, Inhalt, Werte.
4. Durch Anklicken von *Save E-mail settings* übernehmen Sie die Werte.
5. Wiederholen Sie den Vorgang für alle E-Mail-Adressen, an die das Formular versendet werden soll.

Jetzt haben Sie es bald geschafft. Es fehlt nur noch das Register *Form settings*. Auf dieser Seite legen Sie fest:

- Bestätigungstext
- Umleitung auf eine Bestätigungsseite
- Versendeeinschränkungen: Anzahl von Formularen, die ein Benutzer versenden kann, sowie Zugriffsbeschränkungen auf Benutzerbasis

8.3.4 CAPTCHA und Formular verbinden

Die Verbindung zwischen CAPTCHA und Formular wird folgendermaßen hergestellt:

1. Öffnen Sie das Anfrageformular aus dem Hauptmenü.
2. Klicken Sie auf den Link *CAPTCHA: Kein Test aktiviert*.
3. *Hier einen CAPTCHA für nicht vertrauenswürdige Benutzer platzieren*.
4. Wählen Sie als `Testtyp` *default* und dann bitte *Speichern*.

8.3.5 Formular testen

Das Anfrageformular ist jetzt vollständig und kann auf folgende Weise getestet werden:

1. Klicken Sie auf den Link im Hauptmenü.
2. Füllen Sie die Felder aus.
3. Klicken Sie auf die Schaltfläche *Speichern*.

> **Tipp:** Die Beschriftung der *Speichern*-Schaltfläche passen Sie in *Form settings -> Erweiterte Einstellungen* an

Bild 8.10: Ausgefüllte Formulare in einer Übersicht

Zu den Resultaten gelangen Sie über den Formularlink -> *Ergebnisse*.

9 Bilder, Galerien und Videos

In diesem Kapitel lesen Sie ...
- wie Sie Bilder in Drupal einbinden,
- wie Sie Bildstile nutzen,
- wie Sie Slideshows mit Colorbox erstellen,
- wie Sie eine Bildergalerie anlegen,
- wie Sie Mediendateien einbinden,
- wie Sie eine Mediagalerie erzeugen.

9.1 Bilder in Drupal

Unter Drupal 7 wird die Nutzung von Bildern viel komfortabler als bisher. Musste man in den Vorgängerversionen noch zahlreiche Module installieren, um sinnvoll mit Bildern arbeiten zu können, bringt Drupal diese in der aktuellen Version schon in der Standardinstallation mit.

9.1.1 Das Image-Feld

Schon beim Erstellen eines Artikels steht ein Feld für Bilder zur Verfügung.

Um einen Artikel mit Bild einzufügen, wählen Sie:

Inhalt → Inhalt hinzufügen → Artikel

Nun sehen Sie die vertraute Ansicht zum Editieren eines Artikels. Geben Sie einen beliebigen Titel und Text ein.

Etwas weiter unten stehen dann die Überschrift *Bild* und ein Formularelement, das den Bild-Upload ermöglicht.

Bild 9.1: Bild-Upload leicht gemacht

Durch einen Klick auf *Durchsuchen* erhalten Sie ein Dialogfenster, mit dessen Hilfe Sie eine Grafikdatei auswählen können. Danach laden Sie die gewählte Datei mittels *Upload*-Button hoch.

Nun sehen Sie schon ein kleines Vorschaubild.

Bild 9.2: Vorschau und Eingabemöglichkeit für Alternativtext

Außerdem sollten Sie nun einen Alternativtext eingeben. Im Sinne eines barrierefreien Internet erleichtern Sie damit den Zugriff für Benutzer mit Sehschwächen oder technischen Einschränkungen (zum Beispiel einer Textkonsole). Außerdem können Suchmaschinenroboter die Bildinformation besser klassifizieren, und nicht zuletzt ist die Information nützlich, falls das Bild einmal wider Erwarten nicht geladen werden kann.

Speichern Sie nun den Artikel, und Sie erhalten eine Ansicht des Artikels mit Bild.

Sie erkennen sofort, dass das Bild nicht mehr in seiner ursprünglichen Größe vorliegt. Es wurde automatisch in seiner Größe angepasst. Dieses Verhalten und den Umgang mit Bildern unter Drupal allgemein sehen wir uns näher an.

9.1.2 Das Image-Feld konfigurieren

1. Klicken Sie auf *Struktur-> Inhaltstypen*.
2. Beim Inhaltstyp *Artikel* klicken Sie auf *Felder verwalten*.
3. Klicken Sie jetzt beim Feld *Image* auf *Bearbeiten*.

Sie können nun die Einstellungen für das Image-Feld bearbeiten. Die ersten Formularfelder beziehen sich nur auf das Image-Feld, das zum Inhaltstyp *Artikel* gehört. Wir nehmen ein paar Einstellungen näher unter die Lupe.

Zugelassene Dateiendungen: Hier wird festgelegt, welche Dateitypen zugelassen sind. Zu beachten ist, dass man zwar beliebige Endungen angeben kann, aber nicht alle Dateitypen intern verarbeitet werden können. Vor allem muss ein Browser das Bild ja auch darstellen können.

Dateiverzeichnis: Hier werden die Bilddateien gespeichert. Es ist ein Unterverzeichnis des Ordners *files* im Verzeichnis der jeweiligen Drupal-Seite.

Bildstil-Vorschau: Hier wird die Größe des Vorschaubildes nach dem Hochladen festgelegt. Wir befassen uns später noch näher damit.

Unter dem Punkt *Anzahl von Werten* kann noch angegeben werden, wie viele Bilder an einen Artikel angefügt werden können.

Wählen Sie *Unbegrenzt* aus, dann wird nach jedem hochgeladenen Bild eine neue Bild-Uploadmöglichkeit bereitgestellt.

Klicken Sie *Einstellungen speichern*, um wieder zur Feldübersicht zu kommen.

9.1.3 Bildstile

Bildstile ermöglichen das automatische Bearbeiten von Bildern. Besonders häufig wird die automatische Größenanpassung verwendet.

1. Klicken Sie *Konfiguration -> Bildstile-> Stil hinzufügen*.
2. Geben Sie einen Namen für den neuen Bildstil ein. Ich schlage `colorbox` vor, weil wir uns gleich damit näher beschäftigen werden.
3. Wählen Sie den Effekt *Zoom einstellen* aus, und klicken Sie auf *Hinzufügen*.
4. Geben Sie bei Breite und Höhe 600 ein und klicken auf *Effekt hinzufügen*.
5. Übernehmen Sie die Einstellungen durch Klick auf den Button *Stil aktualisieren*.

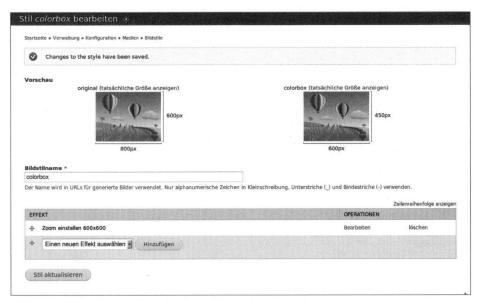

Bild 9.3: Bildstile können hier übersichtlich bearbeitet werden

> **Tipp:** Die Option *Zoom* ist praktisch, wenn Bilder eine bestimmte Größe bekommen sollen, Verzerrungen aber nicht erwünscht sind. Darum wählt man für Breite und Höhe gleiche Werte. Damit wird die längere Seite auf den angegebenen Wert getrimmt, und die kürzere Seite wird proportional angepasst – unabhängig von Seitenverhältnis und Ausrichtung.

Mögliche Effekte der Bildstile

Die Effekte, die bei den Bildstilen angewendet werden können, ermöglichen effizientes Arbeiten. Ein paar Worte zu den Effekten:

Zuschneiden: Damit schneiden Sie das Bild auf eine bestimmte Größe zu. Ist das ursprüngliche Bild größer, werden Bereiche vom Rand einfach abgeschnitten. Mit dem Anker kann man festlegen, auf welcher Seite das Bild abgeschnitten wird und welche Seite unangetastet bleibt.

Entsättigen: Das Bild wird in ein Graustufenbild umgewandelt. Fügen Sie den Effekt einfach einmal hinzu, und Sie sehen in der Vorschau sofort die Auswirkungen.

Größe ändern: Die Bildhöhe und -breite wird auf den Pixel genau angegeben und das Bild in diese Größe umgewandelt. Auf Proportionen wird keine Rücksicht genommen.

Drehen: Das Bild wird den Angaben entsprechend gedreht. Das kann man zum Beispiel nutzen, wenn man Artikel mit Bildern im Quer- und Hochformat verwendet und diese Felder entsprechenden Bildstilen zuordnet.

Skalieren und Zuschneiden: Damit kann man sehr gut quadratische Thumbnails erstellen. Das Bild wird entsprechend der kurzen Seite skaliert, wobei aber die Proportionen beibehalten werden. Die längere Seite wird dann einfach auf dieselbe Länge wie die kürzere zugeschnitten.

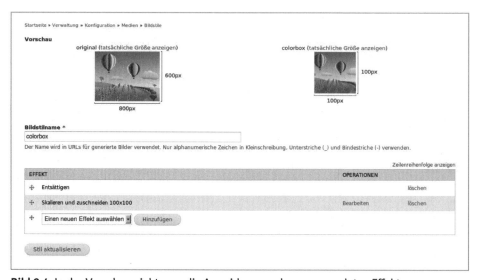

Bild 9.4: In der Vorschau sieht man die Auswirkungen der angewendeten Effekte

Sehen wir uns nun kurz die Anzeige des Inhaltstyps *Artikel* an.

1. Wählen Sie dazu *Struktur->Inhaltstypen*, und klicken Sie *Anzeige verwalten*.
2. Beim Feld *Image* sehen Sie das Format *Bild* eingestellt und daneben den Bildstil.
3. Klicken Sie nun auf das Zahnradsymbol daneben.

4. Sie könnten jetzt einen Bildstil für die Darstellung auswählen – oder die Anzeige des Originalbildes einstellen. Wir lassen das vorerst so.
5. Darunter steht der Punkt *Bild verlinken mit*. Wählen Sie *Datei* aus, so wird das Bild mit der Originalbilddatei verlinkt.
6. Klicken Sie auf *Aktualisieren*.
7. *Speichern* Sie die Änderungen.

Bild 9.5: Die Anzeigeeinstellungen für den Inhaltstyp *Artikel*

> Tipp: Wollen Sie die Einstellungen für die Anzeige eines Inhaltstyps auf der Frontseite vornehmen, dann klicken Sie auf der Seite *Anzeige verwalten* auf den Button *Anrisstext*, den Sie rechts oben finden.

Sehen wir uns das Ergebnis der Einstellungen an:

1. Wenn Sie jetzt auf die Startseite wechseln, sehen Sie ein kleines Vorschaubild, das mit dem Artikel verlinkt ist. (Wer bei den Anzeigeeinstellungen für den Artikel auf den Button *Anrisstext* geklickt hat, konnte die zugehörigen Einstellungen bereits sehen.)
2. Klicken Sie auf das Vorschaubild, und der Artikel wird angezeigt. Nun wird das Bild, gemäß den Vorgaben, größer dargestellt.
3. Und da wir die Einstellung für den Link so konfiguriert haben, dass er auf die Originaldatei zeigt, führt uns ein weiterer Klick auf die Originaldatei.

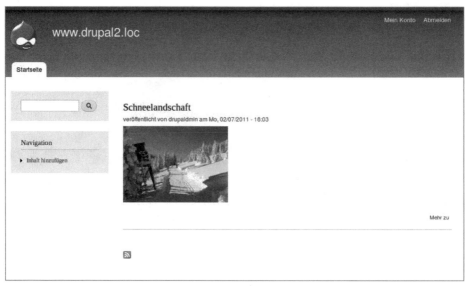

Bild 9.6: Die Darstellung auf der Startseite

Mit dem Wissen um Bildstile und der Möglichkeit, Bilder beliebigen Inhaltstypen zuordnen zu können, lassen sich schon viele Aufgabenstellungen erfüllen.

Für besondere Lösungen, die in der Drupal-Basisinstallation nicht unterstützt werden, kann man auf externe Module zurückgreifen. Einige davon sehen wir uns jetzt näher an.

9.2   Colorbox – Slideshows mit Drupal

Colorbox ist eines von zahlreichen jQuery-Plugins, die die Darstellung von Bildern erweitern. Wir installieren dieses Plugin und das zugehörige Drupal-Modul, um Fotos ansprechend zu präsentieren.

▣ Lesezeichen

http://colorpowered.com/colorbox/
Download-Adresse für das Colorbox-Plugin

http://drupal.org/project/colorbox
Download-Adresse für das Drupal-Modul Colorbox

1. Laden Sie zunächst das Plugin herunter (*http://colorpowered.com/colorbox/*).
2. Entpacken Sie es und kopieren den Ordner *colorbox* nach *sites/all/libraries*. Sollte es den Ordner noch nicht geben, erstellen Sie ihn bitte.

3. Um das Plugin nutzen zu können, benötigen wir noch das Drupal-Modul *colorbox* (*http://drupal.org/project/colorbox*). Installieren und aktivieren Sie es im Modul-Admin-Bereich.
4. Klicken Sie nun auf *Konfigurieren*, um die Einstellungen einzusehen.

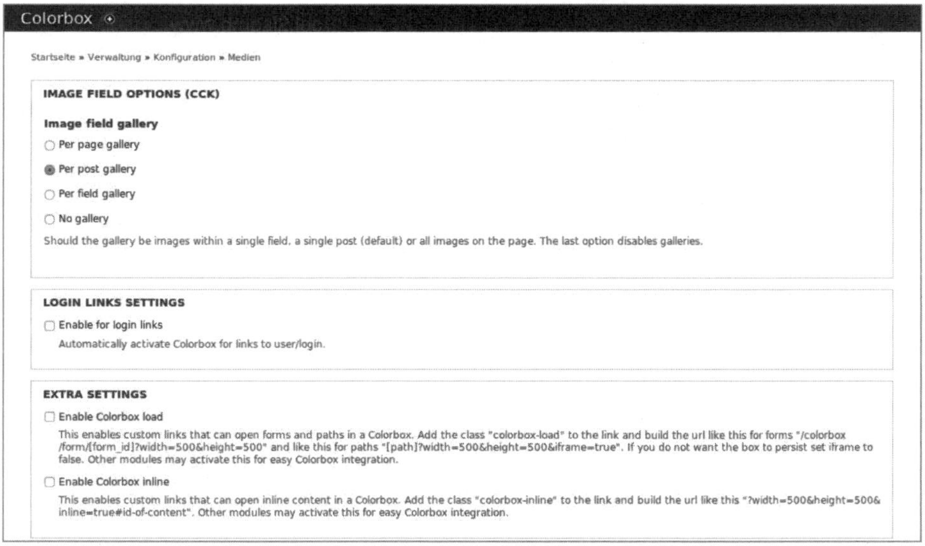

Bild 9.7: Die Colorbox-Einstellungen

5. Wir lassen die Einstellung für die Auswahl *Image field gallery* auf *per post gallery*, was oft am sinnvollsten ist. Später werden wir auch noch andere Einstellungen nutzen.
6. Die *Extra Settings* werden für die Integration von Colorbox in anderen Modulen benötigt. Die lassen wir deaktiviert.
7. In *Styles and Options* wählen wir unter Optionen *Benutzerdefiniert*, um weitere Konfigurationsmöglichkeiten einzublenden.

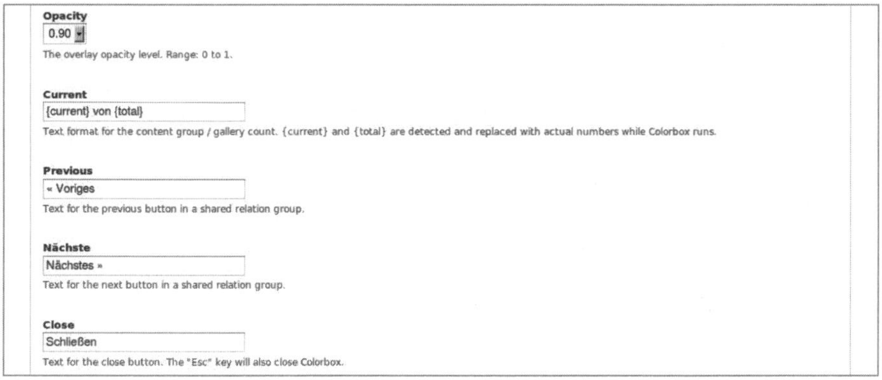

Bild 9.8: Beschriftung für die Navigation

8. Mit *transition type* beziehungsweise *speed* können Sie die Art und die Dauer des Bildübergangs definieren, und *Opacity* legt fest, wie stark der Hintergrund abgedunkelt wird, wenn ein Bild angezeigt wird.

9. Das Feld *Current* enthält zwei Variablen, die die Nummer des aktuell angezeigten Bildes {current} beziehungsweise die Gesamtzahl der Bilder {total} enthalten. Hier kann man aus dem ‚of' zwischen den beiden Variablen ein ‚von' machen.

10. *Previous, Next* und *Close* können wir auch übersetzen (siehe Bild 9.8).

11. *Max. width* and *max. height* ermöglichen ein Skalieren oder Festlegen auf eine bestimmte Größe. Wir belassen aber die Einstellung, dass die Datei in 100% der Größe des Bildstils dargestellt wird.

12. Schalten Sie die Slideshow ein, so erhalten Sie weitere Einstellungsmöglichkeiten dazu. Diese sind selbsterklärend.

13. Die *erweiterten Einstellungen* sind ebenfalls selbsterklärend und können auch so bestehen bleiben.

14. *Konfiguration speichern*.

Colorbox ist jetzt fertig konfiguriert, und wir wollen das Modul nun auch nutzen.

1. Öffnen Sie *Struktur->Inhaltstypen*.
2. Klicken Sie bei *Artikel* auf *Anzeige verwalten*.
3. Wählen Sie unter Format das Listenelement *Colorbox*.
4. Klicken Sie rechts auf das Konfigurations-Icon.
5. Für *Node image style* wählen wir nun *thumbnail* und für *Colorbox image style* die Einstellung *colorbox*.
6. Nun klicken Sie auf *Aktualisieren* und danach auf *Speichern*.

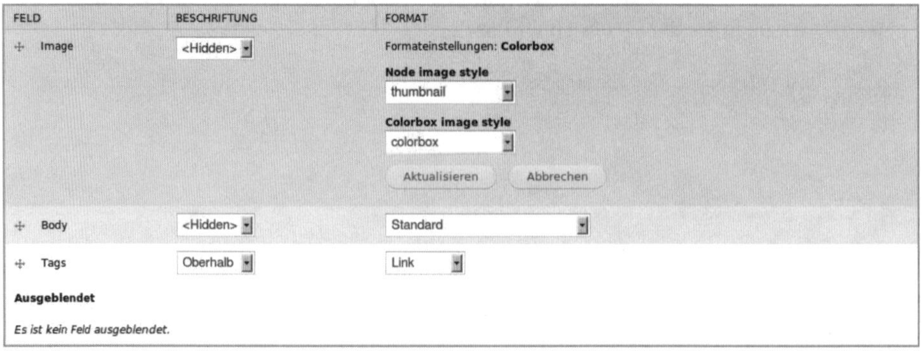

Bild 9.9: Bildstile für die Colorbox festlegen

Erstellen wir nun einen neuen Artikel mit einigen Fotos:

1. Klicken Sie *Inhalt->Inhalt hinzufügen->Artikel*.
2. Fügen Sie einige Bilder hinzu. (Sollten Sie nicht mehrere Bilder hochladen können, müssen Sie das eventuell noch entsprechend einstellen. Mehr dazu unter Abschnitt 9.1.2)
3. *Speichern* Sie.

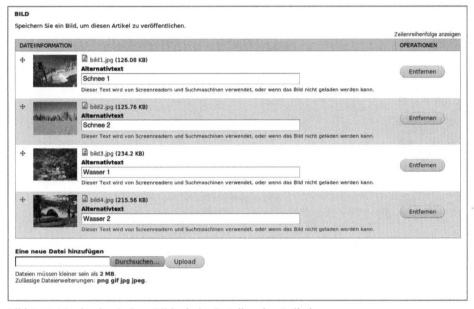

Bild 9.10: Vier hochgeladene Bilder beim Erstellen des Artikels

Bild 9.11: Anzeige des Artikels

Klicken Sie auf eines der Bilder, und die Colorbox entfaltet ihre Wirkung.

Wenn Sie die Slideshow aktiviert haben, dann wird der Pfeil rechts unten neben dem X angezeigt, und Sie können sie starten.

Bild 9.12: Colorbox in Action

9.2.1 Das Insert-Modul verwenden

Die Anzeige der vier eingefügten Bilder (siehe Bild 9.11) ist noch nicht sehr flexibel, und darum machen wir uns das *Insert*-Modul zunutze.

▣ Lesezeichen

http://drupal.org/project/insert
Download-Adresse des Insert-Moduls

Installieren und aktivieren Sie das Modul *Insert*.

Und da Insert und Colorbox schön miteinander harmonieren, werden wir die beiden jetzt zusammenarbeiten lassen.

1. Wählen Sie *Konfiguration->Colorbox*.
2. In der Sektion *Insert Module Settings* könnten wir den Bildstil anpassen. Wir belassen diesmal aber die Standardeinstellung *Keine(Originalbild)*.
3. Außerdem wollen wir auch eine *image gallery* haben, womit gemeint ist, dass die Bilder in der Colorbox weitergeklickt werden können. Wir belassen hier auch gleich die eingestellte Option.
4. Klicken Sie *Konfiguration speichern*.

Nun bearbeiten wir wieder den Inhaltstyp *Artikel*.

1. Wählen Sie *Struktur->Inhaltstypen->Felder verwalten*.
2. *Bearbeiten* Sie das Feld *Image*.
3. Scrollen Sie etwas hinunter, bis Sie zur Sektion *Insert* gelangen. Mit einem Klick auf *Insert* erhalten Sie die Einstellmöglichkeiten.
4. Als Einfügestile wählen wir diejenigen, die Colorbox verwenden. Aktivieren Sie außerdem *Enable insert button*.

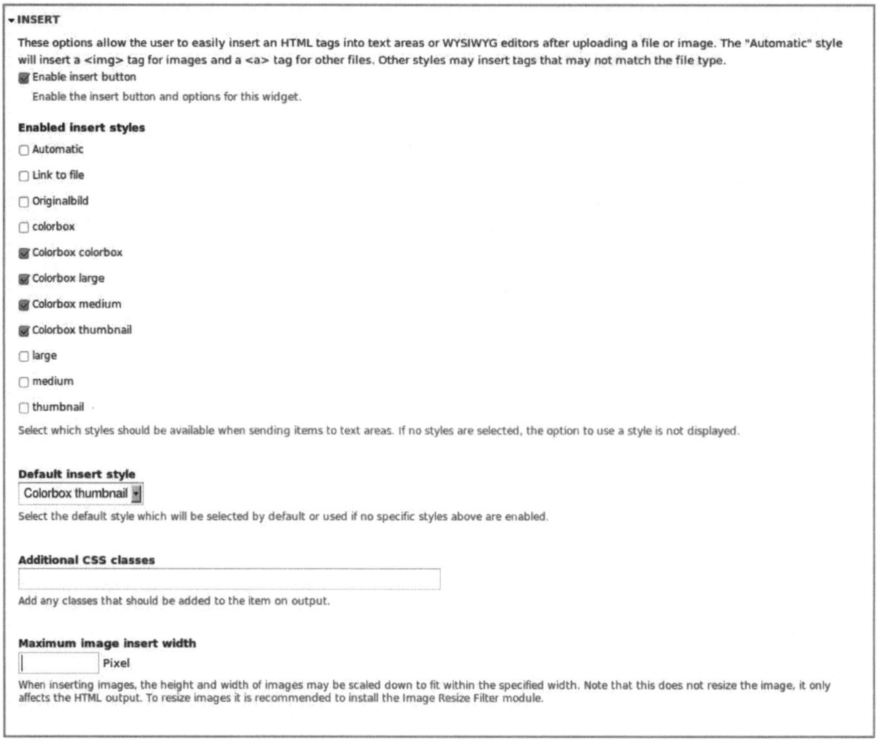

Bild 9.13: Die Einstellungen für *Insert*

5. Klicken Sie noch auf den Reiter *Anzeige verwalten*.
6. Wählen Sie für Image das Format <Hidden>, was bedeutet, dass es nicht angezeigt wird. Wir wollen es ja selbst an einer beliebigen Stelle einfügen.
7. *Speichern* Sie die Änderung.

9.2 Colorbox – Slideshows mit Drupal

Bild 9.14: Noch ist das Bild ausgeblendet.

Öffnen Sie nun wieder den Artikel mit den Bildern, den wir vorhin erstellt haben. Jetzt sollten keine Bilder angezeigt werden, da wir das so konfiguriert haben.

1. Klicken Sie auf *Bearbeiten*.
2. Positionieren Sie den Cursor im Textkörper.
3. Scrollen Sie zu den Bildern.
4. Sie können nun einen der vorhin aktivierten Bildstile auswählen und das Foto mit *Insert* an der Cursorposition im Text einfügen.

Bild 9.15: Durch Klick auf *Insert* wird der Link eingefügt

5. Sie sehen nun den HTML-Code, der im Textkörper an der aktuellen Cursorposition eingefügt wurde.
6. Ist als Textformat Filtered HTML ausgewählt, dann ist der img-Tag nicht zugelassen, und das Bild wird nicht angezeigt. Ändern Sie daher das Textformat auf Full HTML.
7. Wiederholen Sie diese Schritte für die anderen Bilder.
8. *Speichern* Sie.

Nun konnten wir die Bilder ganz genau positionieren, und sie werden schön dargestellt. Mit den Bildstilen können wir bei Bedarf die Größe ändern. Und da wir jene genommen haben, die Colorbox-integriert sind, öffnet sich bei Klick auf eines der Bilder das Colorbox-Overlay.

Curabitur imperdiet tempus lacus, id condimentum augue eleifend sit amet. Quisque mollis libero id arcu tincidunt placerat. Vestibulum pretium, lectus ac accumsan elementum, quam ipsum hendrerit nisl, ac blandit nunc purus a augue. Mauris rutrum luctus nunc. Phasellus at orci sed nunc mattis varius eu eu libero. Quisque urna nisi, tristique at pretium rutrum, egestas sed massa. Nullam tincidunt quam quis felis pharetra convallis.

Vivamus risus lacus, tincidunt sed vestibulum eget, ultricies et augue. Maecenas vel sapien mi. Ut eget magna quam. Integer nec purus at ante aliquet pulvinar. Vestibulum id dui vitae mi laoreet mollis. Integer ante massa, tempus at viverra ut, dictum id mi. Pellentesque egestas sodales tortor. Donec volutpat feugiat libero, et consectetur libero adipiscing vitae. Integer ligula nibh, tincidunt a dapibus vel, sollicitudin vitae felis. Nunc vel venenatis arcu. Integer sed augue nisl. Nam cursus blandit arcu ut sodales. Suspendisse auctor dolor nec velit condimentum nec auctor nibh luctus. Phasellus vel orci sem, vitae interdum arcu. Fusce eget eleifend ligula. Morbi rhoncus rutrum urna, sed hendrerit nisl pulvinar eget. Quisque dignissim libero sit amet est egestas pulvinar.

Bild 9.16: Der Artikel mit den eingefügten Bildern

9.3 Bildergalerie – selbst gemacht

Einer der Erfolgsgründe von Drupal ist das gute Zusammenspiel der zahlreichen Module. Wir nutzen einige davon, um eine ansprechende Bildergalerie zu erstellen. Dazu verwenden wir Drupals Image-Feld, die Bildstile und Taxonomy. Außerdem benötigen wir die Module *Views* und *Colorbox*.

9.3.1 Bildergalerie – Schitt für Schritt

Mithilfe des Taxonomy-Moduls können wir die Fotos mit Schlagworten ausstatten (taggen) und schlagwortabhängige Galerien erstellen.

Sollten Sie Views (und die benötigten Chaos-Tools) noch nicht installiert haben, holen Sie das nun nach (siehe Kapitel 7).

Erstellen Sie ein neues Taxonomy-Vokabular:

1. Wählen Sie *Struktur -> Taxonomy -> Vokabular hinzufügen*.
2. Geben Sie einen passenden Namen (zum Beispiel Fotogalerie) ein, und klicken Sie auf *Speichern*.
3. Klicken Sie beim neu erstellten Vokabular auf *Begriffe hinzufügen*.
4. Geben Sie unter *Name* einen Begriff ein. Ich habe Landschaft eingegeben.
5. *Speichern* Sie.
6. Wiederholen Sie die Punkte 4 und 5, und erstellen Sie einige Begriffe, nach denen Fotos klassifiziert werden können. (Ich habe noch die Begriffe Schnee und Wasser erstellt.)
7. Wenn Sie fertig sind, klicken Sie auf den Reiter *Liste*.

Bild 9.17: Das erstellte Vokabular mit der Begriffsliste

Erstellen Sie nun einen neuen Inhaltstyp namens *Foto*:

1. *Struktur->Inhaltstypen->Inhaltstyp hinzufügen*
2. Geben Sie beim Namen Foto ein und speichern Sie.
3. Klicken Sie auf *Felder verwalten*.
4. Für das neue Feld vergeben Sie eine Beschriftung (Foto), Namen (field_foto), einen Datentyp (Bild) und ein Steuerelement (Bild).
5. Klicken Sie auf *Speichern* und dann noch einmal auf *Feldeinstellungen speichern*.

6. Auch auf der folgenden Seite (*Einstellungen für Foto*) ändern wir nichts und klicken auf *Einstellungen speichern*.

7. Wir fügen ein weiteres Feld hinzu.

8. Für das neue Feld vergeben Sie eine Beschriftung (`Stichworte`), einen Namen (`field_foto_taxonomy`), einen Datentyp (`Referenz auf Taxonomy-Begriffe`) und ein Steuerelement (`Kontrollkästchen/Auswahlknöpfe`)

9. Wählen Sie *Speichern*.

10. Auf der folgenden Seite wählen Sie das Vokabular `Fotogalerie` (beziehungsweise jenes Vokabular, das Sie vorhin erstellt haben).

11. Klicken Sie *Feldeinstellungen speichern*.

12. Auf der folgenden Seite wählen Sie für *Anzahl von Werten* `Unbegrenzt`, kontrollieren, ob das passende Vokabular ausgewählt ist, und speichern auch diese Einstellungen.

13. Klicken Sie zum Abschluss auf *Speichern*.

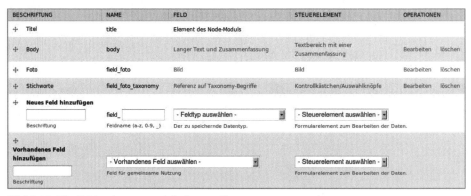

Bild 9.18: Die Felder des neuen Inhaltstyps *Foto*

Nun fügen wir neue Fotos hinzu.

1. Klicken Sie *Inhalt hinzufügen*.

2. Vergeben Sie einen passenden Titel für Ihr Foto.

3. Laden Sie eine Fotodatei hoch.

4. Vergeben Sie passende Schlagworte (Tags).

5. Bei den Veröffentlichungseinstellungen entfernen Sie noch das Häkchen bei *Auf der Startseite*.

6. Klicken Sie auf *Speichern*.

Wiederholen Sie die Punkte 1 bis 6, um weitere Fotoinhalte zu erstellen.

9.3 Bildergalerie – selbst gemacht

> **Tipp:** Wenn Sie auf *Speichern* klicken, sehen Sie das Bild in voller Größe. Dieses Verhalten könnten wir bei den Anzeigeeinstellungen für den Inhaltstyp ändern. Das sei dem Leser als Übung überlassen.

Nun erzeugen wir noch eine passende Ansicht:

1. *Struktur->Ansicht->Add new view.*
2. Ansichtsname: *Galerie.*
3. Ansichtstyp: *Node.*
4. Klicken Sie auf den Button *Nächste.*
5. Fügen Sie ein neues Feld hinzu (Klick auf das Plus-Symbol neben *Felder*).
6. Wählen Sie die Gruppe *Felder* und haken Sie `field_foto` an.
7. Klicken Sie den Button *Hinzufügen.*
8. Löschen Sie den Eintrag beim Textfeld *Beschriftung.*
9. Wichtig sind die Felder ganz unten: Bei *Formatter* wählen Sie *Colorbox.*
10. *Node image style*: `medium`.
11. *Colorbox image style*: `Keine (Originalbild)`.
12. *Aktualisieren* Sie durch Klick auf diesen Button.

Bild 9.19: Die Colorbox-Einstellungen

1. Unter *style settings* klicken Sie bei *Design* auf *Unformatiert* und wählen dann *Raster* aus. Klicken Sie auf *Aktualisieren.*
2. Bei den Einstellungen für das Design *Raster* ändern Sie die Spaltenanzahl auf 3 und aktualisieren sie.
3. Bei den Basiseinstellungen konfigurieren wir den Punkt *Seitennavigation verwenden*: Klicken Sie auf die eingestellte Option (sollte *Paged, 10 items* sein), und wählen Sie *Paged output, full pager.*

4. Aktualisieren Sie, klicken Sie auf das Zahnradsymbol daneben, und geben Sie für die *Einträge pro Seite* die Zahl 6 ein. Somit werden immer sechs Bilder pro Seite dargestellt, und Sie erhalten Navigationsschaltflächen, um seitenweise zu navigieren.

5. In der Vorschau erkennt man schon, wie das Ergebnis später aussehen soll. Es werden aber auch freie Flächen angezeigt. Da scheint noch ein Fehler drinzustecken, da auch Knoten, die kein Feld `field_foto` enthalten, einen freien Bereich erzeugen. Wir helfen uns mit einem Filter:

6. Klicken Sie auf das Plus neben *Filter*. Wählen Sie die Gruppe *Node* und haken Sie *Node: Typ* an.

7. Klicken Sie auf *Hinzufügen*.

8. Der *Operator* `Ist eines von` und ein Häkchen beim *Inhaltstyp* `Foto` garantieren, dass wirklich nur Foto-Nodes dargestellt werden.

9. Klicken Sie auf *Aktualisieren* und dann auf *Speichern*.

Wir erzeugen aus dieser Basisansicht eine neue Seitenansicht:

1. Wählen Sie links oben aus dem Listenfeld *Seite* aus, und klicken Sie auf den Button *Anzeige hinzufügen*.

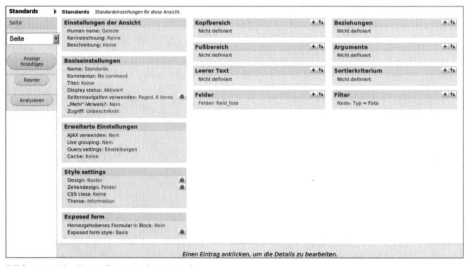

Bild 9.20: Die Einstellungen der Ansicht

2. Geben Sie als Pfad `galerie` ein.

3. Unter *Basiseinstellungen* können Sie noch einen passenden Namen angeben.

4. Speichern Sie die Ansicht.
5. Scrollen Sie hinunter zur Live-Vorschau, und klicken Sie auf *Vorschau*.
6. Durch Klick auf den Pfadnamen in der Vorschau wird die fertige Ansicht mit dem Zugriffspfad geöffnet.
7. Wählen Sie *Konfiguration->Colorbox*, und stellen Sie unter *Image field gallery* `Per page gallery` ein, denn jedes Foto ist ein eigener Node, und man könnte sonst nicht zwischen den Fotos weiterklicken.

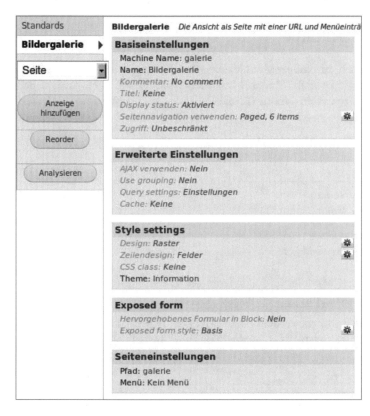

Bild 9.21: Die Änderungen an der neuen Seitenansicht

9.3.2 Weitere Möglichkeiten

Um thematische Galerien zu erstellen, kann der Filter so konfiguriert werden, dass nur Fotos mit bestimmten Stichwörtern dargestellt werden. Dazu muss in der Gruppe *Felder* die Einstellung `field_foto_taxonomy - tid` ausgewählt werden und dann mit dem `Ist gleich mit`-Operator und dem gewünschten Wert festgelegt werden. Die `tid` eines Begriffs erhält man, indem man sich eine Liste der Begriffe eines Vokabulars darstellen lässt und dann auf den gewünschten Begriff klickt. Die Adressleiste des Browser enthält dann einen Link, der mit einer Zahl endet. Genau diese Zahl ist die `tid`.

9.4 Das Media-Modul

In Drupal 6 gab es noch unzählige Module, die der Nutzung von Medieninhalten dienten. Das soll sich mit Drupal 7 ändern. Das Media-Modul soll nach Ansicht der Drupal-Entwickler zum zentralen Modul für die Behandlung von Multimediainhalten werden.

Das Modul *Media* benötigt das Modul *Styles*.

▣ Lesezeichen

http://drupal.org/project/media
Download-Adresse für das Media-Modul

http://drupal.org/project/styles
Download-Adresse für das Styles-Modul

Installieren Sie die beiden Module, und aktivieren Sie alle zugehörigen Module (File Styles, Styles, Styles UI, Media und Media Internet Sources).

Das Media-Modul kann erweitert werden, indem Module für bestimmte Medieninhalte installiert werden. So zum Beispiel für Media: YouTube. Installieren Sie auch gleich dieses Modul.

▣ Lesezeichen

http://drupal.org/project/media_youtube
Download-Adresse für das YouTube-Modul

9.4.1 Das Medien-Feld

Nutzen Sie nun einmal die neue Funktionalität, und erzeugen Sie einen neuen Inhaltstypen, der ein Multimedia-Feld enthält:

1. *Struktur->Inhaltstypen->Inhaltstyp hinzufügen*
2. Benennen Sie den neuen Inhaltstyp (zum Beispiel *Multimediaartikel*)
3. *Speichern und Felder hinzufügen* klicken.
4. In der Zeile *Neues Feld hinzufügen* wählen Sie als Datentyp *Multimedia asset*. Bei Steuerelement wird automatisch *Media file selector* eingestellt.

Bild 9.22: Der neue Datentyp *Multimedia asset*

5. Klicken Sie auf *Speichern*.
6. Im folgenden Fenster wählen Sie *Feldeinstellungen speichern*.
7. Bei den nun angezeigten Einstellungen für den neuen Inhaltstyp machen Sie bei den erlaubten Medientypen auch noch Häkchen bei *Audio* und *Video*. Zudem ändern Sie bei den Einstellungen für das neue Multimedia-Feld die Anzahl von Werten auf 3.
8. *Einstellungen speichern*.
9. *Speichern*.

> **Tipp:** Möglicherweise ist das Limit für die maximale Dateigröße für Uploads zu niedrig eingestellt. Dann erhalten Sie beim Upload eine Fehlermeldung. Wie Sie das Limit anheben, wird hier beschrieben: *http://drupal.org/node/97193*

Erstellen wir nun neuen Inhalt mit dem neuen Inhaltstyp.

1. Wählen Sie *Inhalt hinzufügen*.
2. Wählen Sie als Inhaltstyp den soeben erstellten.

3. Vergeben Sie einen Titel.
4. Klicken Sie weiter unten auf *Select media*.
5. Ein neues Fenster öffnet sich als Overlay, mit dem Sie eine Bilddatei hochladen können. Wie Sie sehen, gibt es zahlreiche zulässige Dateierweiterungen. Die dahinter steckenden Medienformate müssen aber vom System auch unterstützt werden, was derzeit noch nicht immer der Fall ist. Sie können aber schon Bilddateien und MP3-Files hochladen.

Bild 9.23: Das Upload-Fenster des Media-Browsers

6. Laden Sie beispielsweise eine MP3-Datei und ein Bild hoch, indem Sie auf *Select Media* klicken und im Media-Browser die gewünschte Datei hochladen.
7. Da wir YouTube-Videos auch schon nutzen können, wollen wir mit dem dritten Medien-Feld ein solches einbinden: Klicken Sie wieder auf *Select Media*.
8. Im dann erscheinenden Media-Browser wählen Sie oben den Reiter *Web*. Sie sehen jetzt ein Textfeld, in das Sie einen Link für einen unterstützten Webdienst einfügen können. Bei uns ist das derzeit nur YouTube.

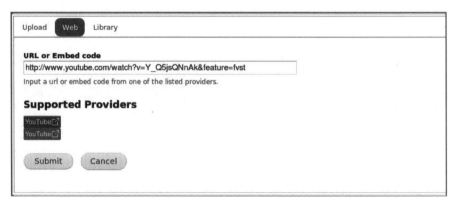

Bild 9.24: Mit einem Link wird ein YouTube-Video eingebunden

9. Kopieren Sie die Adresse eines YouTube-Videos aus der Adressleiste des Browsers, fügen Sie es in das Formularfeld ein, und klicken Sie auf *Submit*.

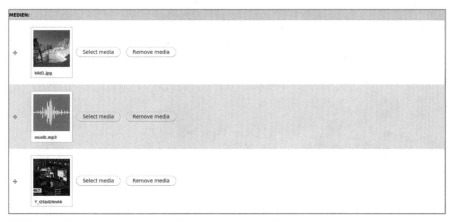

Bild 9.25: Die hochgeladenen beziehungsweise verlinkten Medien

10. *Speichern* Sie.

Sie sehen nun das eingefügte Bild und das Video. Und wenn Sie genau schauen, sehen Sie auch den Link auf die Audiodatei. Durch Klick auf den Link wird, je nachdem, wie Ihr System konfiguriert ist, eine damit verknüpfte Anwendung die Datei abspielen.

Bild 9.26: Die Ansicht des neuen Inhalts

Die eingefügten Medien stehen nun auch in der Medienbibliothek zur Verfügung.

Sehen wir uns das einmal an, indem wir den soeben erstellten Inhalt *bearbeiten*.

1. Im Bereich *Medien* sehen Sie die Mediendateien, die wir soeben eingebunden haben. Klicken Sie neben einem der Vorschaubilder auf *Select Media*.

2. Im Media-Browser wählen Sie jetzt den Reiter *Library*. Nun sehen Sie die Daten, die in der Bibliothek zur Verfügung stehen.

3. Brechen Sie mit *Cancel* ab.

9.4 Das Media-Modul

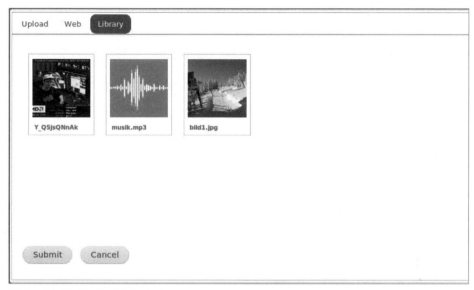

Bild 9.27: Die Medienbibliothek

Die Mediendaten kann man auch komfortabel verwalten:

1. Wählen Sie im Administrationsmenü *Inhalt*.
2. Im dann erscheinenden Overlay wählen Sie den Reiter *Medien*.
3. Sie sehen nun die vorhin eingefügten Daten.

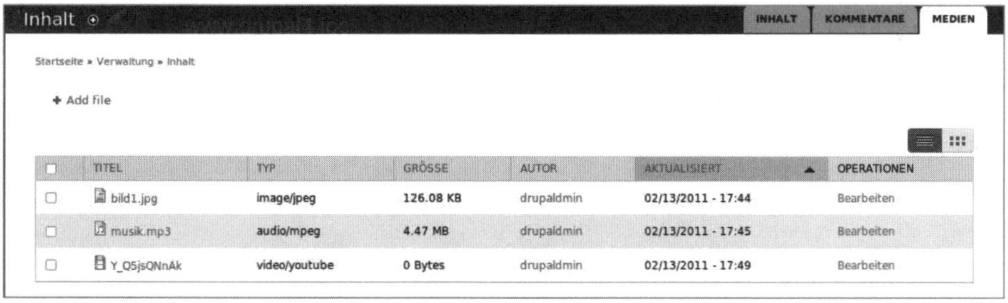

Bild 9.28: Medienverwaltung

Sie könnten auch weitere Media-Dateien einfügen beziehungsweise vorhandene löschen. Sie können aber nur Media-Dateien löschen, die gerade nicht in Verwendung – also nicht in einer Inhalts-Node verlinkt sind.

Tipp: Mit dem WYSIWYG-Modul und einem Rich-Text-Editor wie etwa dem CKEditor können Sie den Media-Browser auch nutzen. Nach Installation des Media-Moduls steht ein neues Icon bereit, das Nutzer des Editors zum Einbinden von Media-Dateien nutzen können.

9.5 Media Gallery

Das Modul *Media Gallery* erlaubt es, Galerien zu erzeugen, die nicht nur Bilder, sondern auch andere Mediendateien enthalten. Sie baut auf dem *Media*-Modul auf. Weitere Medientypen können durch Module wie jenes für YouTube eingebunden werden.

Das Modul *Media Gallery* baut auf die Module *Media* (Installation siehe voriger Abschnitt) und *Multiple Forms* auf.

▣ Lesezeichen

http://drupal.org/project/media_gallery
Download-Adresse für das Modul Media Gallery

http://drupal.org/project/multiform
Download-Adresse für das Modul Multiform (Multiple Forms)

Installieren Sie alle benötigten Module, und aktivieren Sie sie. Sodann steht Ihnen der neue Inhaltstyp *Gallery* zur Verfügung.

Erstellen wir nun eine Gallery:

1. Klicken Sie auf *Inhalt hinzufügen* und wählen dann den Inhaltstyp *Gallery*.
2. Vergeben Sie einen bezeichnenden Titel.
3. Stellen Sie die gewünschte Spalten- und Zeilenzahl für die Galerieansicht ein.
4. Konfigurieren Sie noch, ob das Originalbild herunterladbar sein soll.
5. Klicken Sie auf *Speichern*.

Bild 9.29: Die Einstellungen für die Media Gallery

Nun sehen Sie die Anzeige der Gallery. Es fehlen aber noch die Medien. Diese fügen Sie mit *Add media* hinzu. Durch Klick darauf öffnet sich der bereits bekannte Media Browser, mit dem wir die gewünschten Medien hinzufügen.

Wenn Sie den Reiter *Edit media* auswählen, erhalten Sie eine Liste der Medien und können Beschreibungen eingeben.

Sind Sie als Benutzer mit den notwendigen Editierrechten eingeloggt, dann können Sie auch direkt in der Ansicht Änderungen vornehmen. Mittels Drag and Drop können Sie die einzelnen Elemente umsortieren, und durch Klick auf das Zahnrad rechts oben (wenn man die Maus darüber bewegt) können Sie auch das betreffende Element bearbeiten oder löschen.

Eine Übersicht aller Galerien erhalten Sie durch Aufruf der Übersichtsseite. Zu dieser gelangen Sie mit der Adresse *www.meinedrupaldomain.org/galleries* beziehungsweise per Klick auf den neu erzeugten Menüeintrag *Galleries*.

10 Blöcke und Menüs

Die Flexibilität von Drupal zeigt sich unter anderem darin, dass Bedien- und Inhaltselemente sehr frei auf der Webseite angeordnet werden können. Die Bedien- und Inhaltselemente lassen sich in Form von Blöcken auf den verschiedenen Regionen der Webseitenvorlage platzieren. Das zugrunde liegende Verfahren ist letztlich sehr einfach zu verstehen.

In diesem Kapitel lesen Sie ...
- wie Sie Blöcke einrichten, anzeigen und verwalten,
- wie Sie mit Menüs arbeiten und diese verwalten,
- wie Sie Menüeinträge automatisch erzeugen.

10.1 Blöcke

Blöcke sind Inhalte (Text, Fotos, Menüs und Ähnliches), die in Regionen angezeigt werden. Jedes Theme (also jede Gestaltungsvorlage für Drupal-Websites) hat vordefinierte Regionen. Diese zeigen Sie über *Struktur -> Blöcke -> Block-Regionen* (THEME) *veranschaulichen* an.

Durch Anklicken von *Vorschau der Block-Regionen beenden* schalten Sie in die Blockverwaltung (erreichbar über *Struktur -> Blöcke*) zurück.

> **Tipp:** Änderungen auf der Blockverwaltungsseite werden erst durch Anklicken von *Blöcke speichern* übernommen. Ich habe mir angewöhnt, immer nur jeweils eine Veränderung zu machen und diese dann abzuspeichern. Sonst kann es vorkommen, dass Einstellungen nicht übernommen werden.

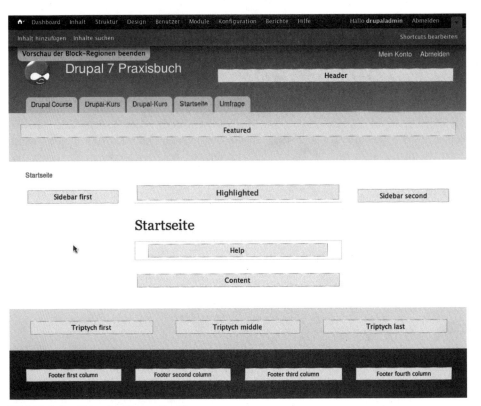

Bild 10.1: Regionen im Theme *Bartik*

10.1.1 Die Blockverwaltungsseite

Im oberen Bereich der Seite finden Sie alle Regionen mit den zugeordneten Blöcken. Darunter (Überschrift: *Deaktiviert*) befinden sich alle Blöcke, die zwar vorhanden, aber keiner Region zugewiesen sind.

Welche Regionen Ihnen zur Verfügung stehen, hängt davon ab, welches Theme Sie als Standard aktiviert haben. Verwenden Sie das mitgelieferte Theme *Bartik*, können Sie aus einer Fülle von Regionen wählen, in denen Sie Ihre Blöcke platzieren können. Falls Sie auf das alternative Theme *Seven* umgeschaltet haben sollten, stehen Ihnen viel weniger Regionen zur Auswahl. Wenn Sie mehrere Themes installiert haben (standardmäßig sind im Drupal-Kern die Themes *Bartik* und *Seven* integriert), dann können Sie rechts oben im Blockverwaltungsmenü durch Klick auf die Karteikartenreiter zwischen den Einstellungen für die betreffenden Themes wechseln.

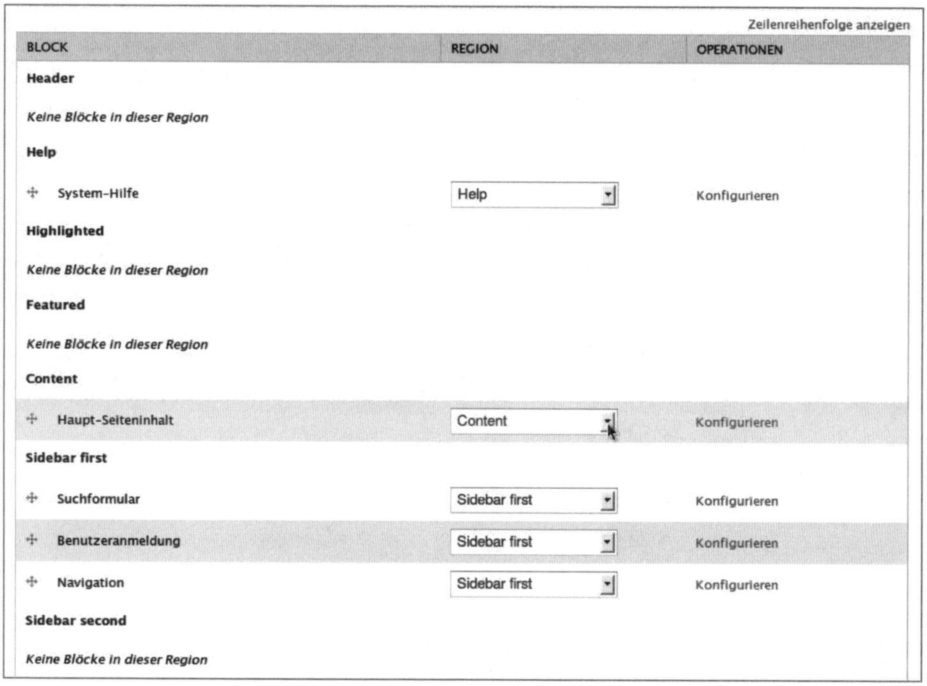

Bild 10.2: Blöcke und ihre Zuordnung zu Regionen

10.1.2 Einen Block aktivieren

Es gibt zwei Möglichkeiten, um den Block *Suchformular* auf der rechten Seite (in der Region *Sidebar second*) anzuzeigen.

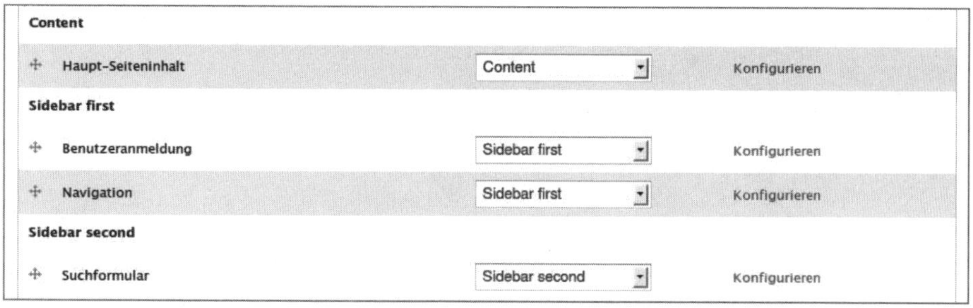

Bild 10.3: Verwaltungsseite: Der Block *Suchformular* in der Region *Sidebar second*

Möglichkeit 1 (Drag and Drop)

1. Ziehen Sie den Block *Suchformular* mit gedrückter Maustaste vom Bereich *Sidebar first* in den Bereich *Sidebar second*.
2. Klicken Sie auf *Blöcke speichern*.

Möglichkeit 2 (Listenauswahl)

1. Öffnen Sie die Regions-Auswahlliste für den Block *Suchformular*.
2. Wählen Sie *Sidebar second*.
3. Klicken Sie auf *Blöcke speichern*.

Bild 10.4: Das Ergebnis: Unser Suchformular wird rechts oben angezeigt

10.1.3 Einen Block konfigurieren

Nachdem Sie den Block einer Region zugewiesen haben, sollten Sie ihn konfigurieren. Dazu klicken Sie auf den Link *Block konfigurieren* rechts in der Blockanzeige oder auf den Link *Konfigurieren* auf der Blockverwaltungsseite.

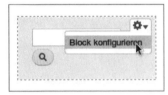

Bild 10.5: Schnellzugriff auf die Blockkonfiguration

Blocktitel

Wenn Sie die Eingabezeile leer lassen, dann wird der Standardtitel verwendet. Ein Eintrag wie zum Beispiel Suchen ... überschreibt den Standardtitel. Mit <none> erreichen Sie, dass der Block ohne Titel gezeigt wird.

Seiten

Hier legen Sie fest, ob der Block auf allen oder nur auf ausgewählten Seiten gezeigt beziehungsweise nicht gezeigt wird. Mögliche Platzhalter sind unter anderem:

- <front>: Auf der Startseite,
- node/34: nur bei Inhalt mit der ID 34,

- *drupalbuch*: bei allen URLs, die die Zeichenkette drupalbuch enthalten.

Inhaltstypen

In diesem Abschnitt können Sie bestimmen, ob der Block bei allen oder nur bei ausgewählten Inhaltstypen gezeigt wird oder nicht.

Rollen

Hier bestimmen Sie, ob der Block für alle oder nur für ausgewählte User gezeigt beziehungsweise nicht gezeigt wird.

Benutzer

Wenn Sie möchten, dass Benutzer Blöcke ein- und ausblenden können, dann wählen Sie eine der beiden *Anpassbar ...*-Optionen aus:

- *Anpassbar, in der Voreinstellung sichtbar*: Der Block wird angezeigt und kann vom Benutzer ausgeblendet werden.
- *Anpassbar, in der Voreinstellung verborgen*: Der Block wird nicht angezeigt, er kann vom Benutzer eingeblendet werden.

Beenden Sie die Konfiguration durch Anklicken von *Block speichern*.

10.1.4 Einen neuen Block erstellen

In diesem Beispiel zeige ich Ihnen, wie Sie einen Block mit Hotline-Informationen erzeugen und diesen Block nur auf bestimmten Seiten anzeigen. Beginnen Sie über *Struktur -> Blöcke -> Block hinzufügen*.

Bild 10.6: Ein Block mit Hotline-Informationen unterhalb des Suchformulars

Blockbeschreibung

Tragen Sie einen sinnvollen Kurztext für den Block wie zum Bespiel `drupalhotline` ein.

Blocktitel

In dieses Eingabefeld kommt die Blocküberschrift wie zum Bespiel `Drupal-Hotline`.

Blockinhalt

An dieser Stelle werden Blocktext und Fotos, Grafiken, Logos und Ähnliches eingegeben.

Regionen-Einstellungen

Wählen Sie beim *Standard-Theme Bartik* als Anzeigeregion *Sidebar second*.

Seiten

Damit die Hotline-Information nur auf der Startseite und nur auf Seiten, die mit Drupal zu tun haben, gezeigt wird, gehen Sie so vor:

1. Wählen Sie die Option *Nur die aufgelisteten Seiten*.
2. Ins Definitionsfeld tragen Sie `<front>` und in die Zeile darunter `*drupal*` ein.

Beenden Sie das Anlegen durch Anklicken von *Block speichern*.

10.1.5 Einen Block deaktivieren

Einen Block können Sie auf zwei Arten ausblenden:

Möglichkeit 1 (Drag and Drop)

1. Ziehen Sie den gewünschten Block mit gedrückter Maustaste aus der Region in den Abschnitt `Deaktiviert`.
2. Klicken Sie auf *Blöcke speichern*.

Möglichkeit 2 (Listenauswahl)

1. Wählen Sie in der Regions-Auswahlliste für den Block `- Keine -`.
2. Klicken Sie auf *Blöcke speichern*.

10.2 Menüs

Bei der Installation werden vier Menüs eingerichtet:

- `Hauptmenü`: Es beinhaltet die Hauptbereiche der Webseite.
- `Management`: Links für administrative Aufgaben.

- `Navigation`: Links für Webseiten-Besucher. Manche Module fügen in dieses Menü automatisch Links ein.
- `User menu`: Links, die zum Benutzerkonto gehören wie *Mein Konto, Abmelden* etc.

10.2.1 Das Hauptmenü anzeigen

Das Hauptmenü ist ein Block. Normalerweise wird die Anzeige des Hauptmenüs über die Blockverwaltung und die vorhandenen Regionen vorgenommen. Es gibt aber Themes (dazu gehört auch das Standard-Theme *Bartik*), die eine feste Position für das Hauptmenü vorgesehen haben. Wenn Sie möchten, dass das Hauptmenü an der vorgesehenen Stelle gezeigt wird (oder eben nicht), dann verwenden Sie dafür die Theme-Konfiguration:

Bild 10.7: Das Hauptmenü über die Theme-Konfiguration ein-/ausblenden

1. *Design -> Bartik 7.0 -> Einstellungen*
2. Aktivieren oder deaktivieren Sie im Abschnitt *Anzeige ein-/ausschalten* die Option *Hauptmenü*.
3. Klicken Sie auf *Konfiguration speichern*.

10.2.2 Hauptmenüpunkte einfügen

Inhalte werden beim Erfassen über das Register *Menüeinstellungen* einem Menü zugeordnet. Natürlich ist es möglich, Menüpunkte später anzulegen. Dazu beginnen Sie mit dem Menüpfad *Struktur -> Menüs -> Hauptmenü -> Link hinzufügen*.

Linktitel des Menüpunkts

Geben Sie eine Kurzbezeichnung für den Link wie zum Bespiel `Drupal-Crashkurs` ein.

Pfad

Entweder ein interner Pfad oder eine URL:

- `node/23`: Artikel mit der ID 23
- `<front>`: Startseite
- `drupalcrashkurs.html`: URL-Alias
- `http://www.karl-deutsch.at`: Externe URL

> **Tipp:** Das Modul *menu_attributes* (*drupal.org/project/menu_attributes*) erweitert die Menükonfiguration um den Bereich *Zielseite*. Damit ist es möglich, externe Links in neuen Browserfenstern zu öffnen.

Beschreibung

Sie können eine Tooltip-Beschreibung für den Menüpunkt eingeben. Die Beschreibung wird gezeigt, wenn sich ein Benutzer mit der Maus über dem Linktitel befindet.

Danach klicken Sie auf *Speichern*.

10.2.3 Hauptmenüpunkte bearbeiten

Die Reihenfolge der Hauptmenüpunkte bearbeiten Sie hier: *Struktur -> Menüs -> Hauptmenü -> Links auflisten*.

In den angezeigten Listen werden die Einträge per Drag and Drop verschoben. Wenn Sie mit dem Ergebnis zufrieden sind, dann übernehmen Sie die Reihenfolge durch Anklicken von *Konfiguration speichern*.

> **Tipp:** In die Detaileinstellungen eines Menüpunkts gelangen Sie durch Anklicken von *Bearbeiten*.

10.2.4 Ein neues Menü erstellen

Für die Erstellung eines neuen Menüs beginnen Sie so: *Struktur -> Menüs -> Menü hinzufügen*.

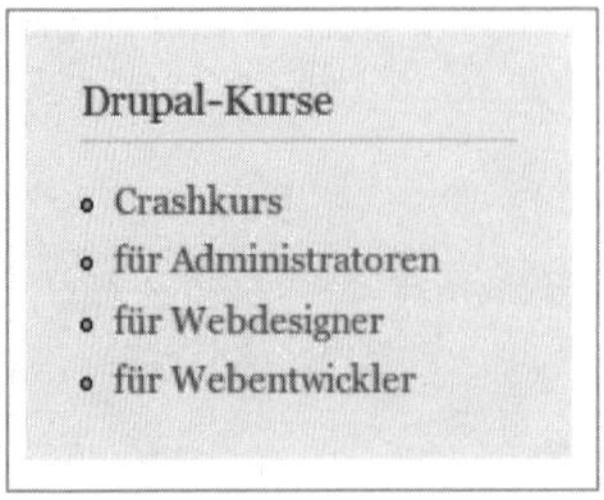

Drupal-Kurse

- Crashkurs
- für Administratoren
- für Webdesigner
- für Webentwickler

Bild 10.8: Ein neues Menü in der Region *Sidebar first*

Titel

In das Eingabefeld kommt eine sinnvolle Kurzbezeichnung wie zum Bespiel `Drupal-Kurse`.

Beschreibung

Wenn Sie eine Seite mit vielen Menüs erstellen, dann geben Sie eine erklärende Beschreibung für das Menü ein. Klicken Sie auf *Speichern*.

10.2.5 Menüpunkte und Reihenfolge

Im nächsten Schritt beginnen Sie durch Anklicken von *Link hinzufügen* damit, das Menü mit Einträgen zu füllen.

Reihenfolge

Wenn Sie mit den Einträgen fertig sind, dann passen Sie in der Liste die Reihenfolge an und klicken danach auf *Konfiguration speichern*.

10.2.6 Das Menü anzeigen

Ein neues Menü wird über die Blockverwaltung (*Struktur -> Blöcke*) einer Region zugewiesen.

10.2.7 Automatische Menüeinträge

Das Modul *taxonomy_menu* ...

- erstellt automatisch Menüeinträge für jedes vorhandene Vokabular,
- und arbeitet mit dem Modul `views` und URL-Aliasen zusammen.

Bild 10.9: Automatisch erzeugte Menüeinträge

🔖 **Lesezeichen**

http://drupal.org/project/taxonomy_menu
Download-Adresse für das Modul *taxonomy_menu*

Modul installieren

Das Modul *Taxonomy_menu* gehört nicht zum Drupal-Kern und muss folgendermaßen installiert werden:

1. Laden Sie das Modul von *drupal.org/project/taxonomy_menu* auf Ihren Computer.
2. Folgen Sie den Punkten 2. bis 6. aus Kapitel 3.5.1.
3. Aktivieren Sie das Modul *Taxonomy Menu*.
4. Beenden Sie durch Anklicken von *Konfiguration speichern*.

Menü anlegen

Nach der Installation muss ein Menü erzeugt werden, das die automatisch generierten Einträge aufnimmt. Die dafür notwendigen Schritte kennen Sie bereits: *Struktur -> Menüs -> Menü hinzufügen*. Als Titel könnten Sie zum Bespiel `Tags` eintragen und danach auf *Speichern* klicken.

Vokabular und Menü verknüpfen

Vokabular und Menü verknüpfen Sie auf folgende Weise:

1. *Struktur -> Taxonomie*
2. Wählen Sie das gewünschte Vokabular -> *Vokabular bearbeiten*.
3. Im Bereich *Menu location* wählen Sie das vorhin erzeugte Menü (*Tags*).
4. Übernehmen Sie die Auswahl durch Anklicken von *Speichern*.

Menü anzeigen

Das neue Menü könnten Sie in der *Sidebar first* anzeigen: *Struktur -> Blöcke ->* dann den Block in die Region ziehen -> *Blöcke speichern*.

11 Mehrsprachige Drupal-Seiten

Drupal bietet von Haus aus die Möglichkeit, mehrsprachige Websites zu erstellen. Dieser Vorteil leuchtet sofort ein, wenn Sie damit rechnen, dass auch fremdsprachige Besucher Ihre Seite frequentieren werden. Umgekehrt können Sie auch die Drupal-Benutzeroberfläche (also das Backend) mehrsprachig gestalten. Das bedeutet, dass auch ein internationales, global verteiltes Team Beiträge an der Website arbeiten kann und sich dabei im Backend zu Hause fühlt.

In diesem Kapitel lesen Sie ...
- wie Sie weitere Sprachen einrichten,
- wie Sie Textketten übersetzen können,
- wie Sie Sprachumschalter installieren und diese um Länderfahnen ergänzen,
- wie Sie mehrsprachige Blöcke und Menüs erzeugen.

11.1 Auswählen der Backend-Standardsprache

Bild 11.1: Englisch als Standardsprache

So legen Sie die Standardsprache für Ihre Oberfläche fest:

1. *Konfiguration -> Sprachen*
2. Aktivieren Sie die Option *Standard* bei der gewünschten Sprache.
3. Klicken Sie auf *Konfiguration speichern*.

11.2 Eine Sprache hinzufügen

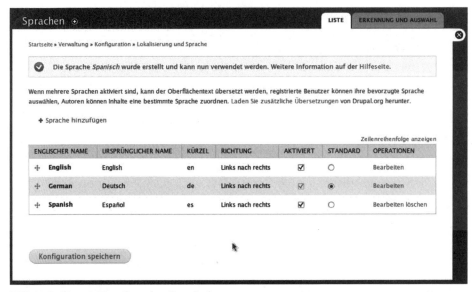

Bild 11.2: Eine weitere Sprache: Spanisch

Sprachen binden Sie über das Konfigurationsmenü ein:

1. *Konfiguration -> Sprachen*
2. *Sprache hinzufügen.*
3. Wählen Sie die gewünschte Sprache (z. B. Spanisch) aus der Liste.
4. Übernehmen Sie die Auswahl durch Anklicken von *Sprache hinzufügen*.

11.3 Die Benutzeroberfläche übersetzen

Übersetzungsdateien liefern Zeichenketten für die Oberfläche. Über *Konfiguration -> Oberfläche übersetzen* gelangen Sie zur Übersicht. Sie zeigt, welche Sprachen installiert sind und welcher Übersetzungsgrad erreicht wurde. In der Abbildung sehen Sie, dass auf meinem System Englisch, Deutsch und Spanisch als Backend-Sprachen angelegt sind. Die Drupal-Oberfläche war bei Drucklegung dieses Buches zu 88 Prozent ins Deutsche übersetzt, allerdings noch nicht ins Spanische.

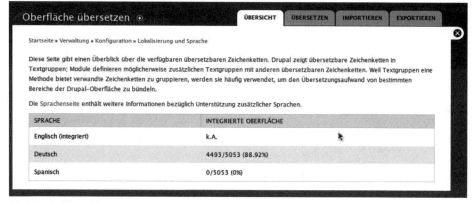

Bild 11.3: Übersicht: Sprachen und übersetzte Zeichenketten

Sie können sich aber selbst helfen und Änderungen an der Übersetzung vornehmen. Dazu möchten wir Ihnen ein Beispiel zeigen. Standardmäßig ist zum Beispiel der englischsprachige Link »Read More« in der deutschen Fassung mit »Mehr zu« übersetzt. Anstelle von »Mehr zu« wollen wir jetzt das Wort »weiter« platzieren.

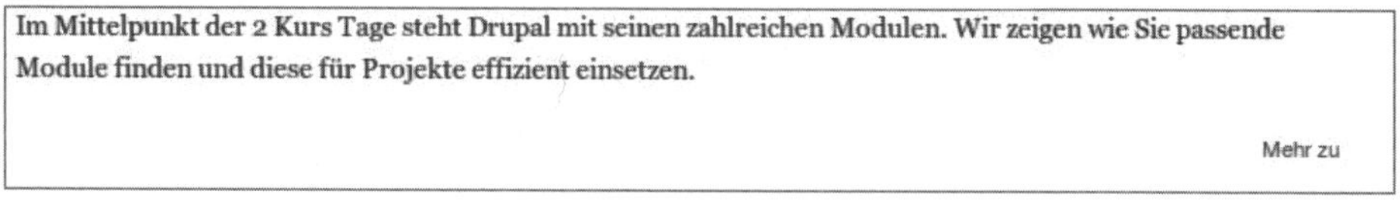

Bild 11.4: vorher: »Mehr zu«

So ändern Sie den Linktext von »Mehr zu« in »weiter«:

1. *Konfiguration -> Oberfläche übersetzen -> Übersetzen*
2. Tippen Sie `Mehr zu` ins Feld *Zeichenkette enthält* ein -> *Filter*.
3. Wählen Sie den Bereich *Read more ... -> Bearbeiten*.
4. Tragen Sie im Abschnitt *Deutsch* die neue Zeichenkette wie etwa `&raquo; weiter ...` ein.
5. Übernehmen Sie die Änderung durch Anklicken von *Übersetzungen speichern*.

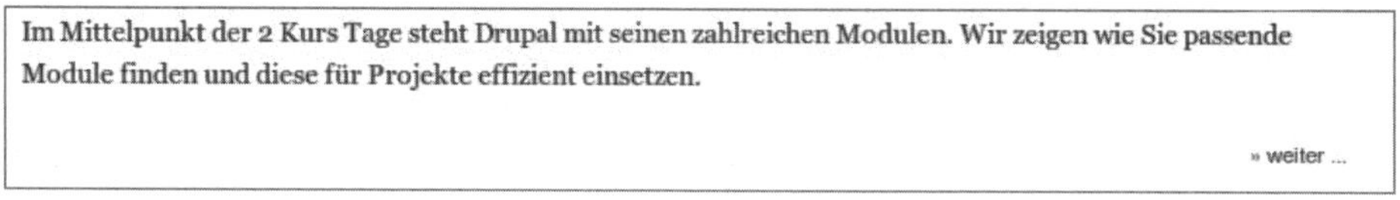

Bild 11.5: nachher: »» weiter ...«

11.4 Mehrsprachige Inhalte vorbereiten

Damit die Inhaltsübersetzung klappt, müssen einige Vorarbeiten erledigt werden. Zuerst aktivieren Sie das Modul *Content translation*:

1. *Module -> Content translation*
2. *Konfiguration speichern.*

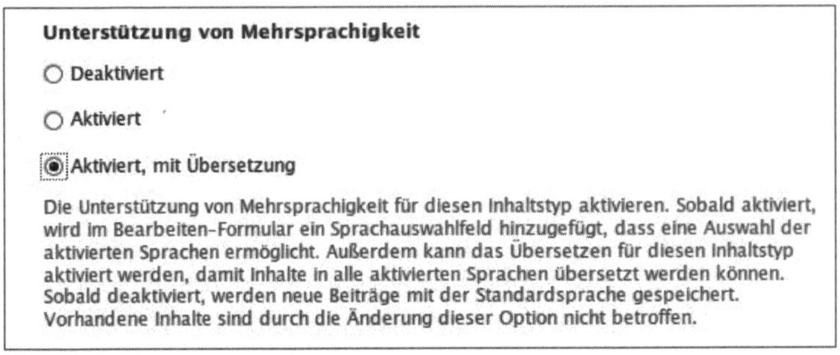

> **Unterstützung von Mehrsprachigkeit**
>
> ○ Deaktiviert
>
> ○ Aktiviert
>
> ◉ Aktiviert, mit Übersetzung
>
> Die Unterstützung von Mehrsprachigkeit für diesen Inhaltstyp aktivieren. Sobald aktiviert, wird im Bearbeiten-Formular ein Sprachauswahlfeld hinzugefügt, dass eine Auswahl der aktivierten Sprachen ermöglicht. Außerdem kann das Übersetzen für diesen Inhaltstyp aktiviert werden, damit Inhalte in alle aktivierten Sprachen übersetzt werden können. Sobald deaktiviert, werden neue Beiträge mit der Standardsprache gespeichert. Vorhandene Inhalte sind durch die Änderung dieser Option nicht betroffen.

Bild 11.6: Mehrsprachigkeit für Artikel einschalten

Danach müssen Sie für jeden Inhaltstyp Mehrsprachigkeit aktivieren:

1. *Struktur -> Inhaltstypen*
2. Wählen Sie den gewünschten Inhaltstyp aus -> *Bearbeiten.*
3. Schalten Sie ins Register *Veröffentlichungseinstellungen* um.
4. Wählen Sie die Option *Aktiviert, mit Übersetzung* aus dem Bereich *Unterstützung von Mehrsprachigkeit.*
5. Klicken Sie auf *Inhaltstyp speichern.*

11.5 Inhalte übersetzen

Nach diesen Vorarbeiten finden Sie im Bearbeitungsmodus für Artikel das neue Register *Übersetzen.*

Bild 11.7: Die neue Schaltfläche *Übersetzen*

Eine englischsprachige Version von einem bereits vorhandenen deutschen Artikel erstellen Sie so:

1. Klicken Sie auf *Übersetzen*.
2. Wählen Sie die gewünschte Sprache -> *Übersetzung hinzufügen*.
3. Tragen Sie `Titel` und `Textkörper` in der neuen Sprache ein – die Übersetzung der einzelnen Inhalte bleibt Ihnen leider nicht erspart.
4. Schließen Sie durch Anklicken von *Speichern* ab.
5. Wechseln Sie auf die Startseite.

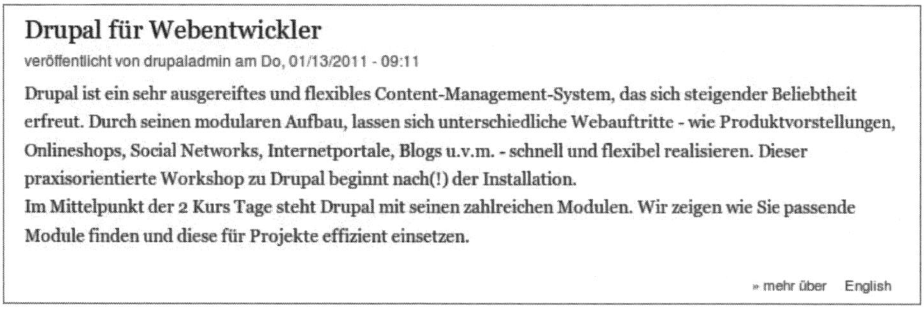

Bild 11.8: Beide Sprachvarianten auf der Startseite

Auf der Startseite befinden sich die Artikel in beiden Sprachen. Am Ende der Artikel befindet sich der Sprachumschalter.

11.6 Länderflaggen einfügen

> Im Mittelpunkt der 2 Kurs Tage steht Drupal mit seinen zahlreichen Modulen. Wir zeigen wie Sie passende Module finden und diese für Projekte effizient einsetzen.
>
> » mehr über 🇬🇧 English

Bild 11.9: Länderflaggen und Text

Die Sprachauswahl wird durch das Modul *Language icons* um Länderflaggen ergänzt.

🔖 Lesezeichen

http://drupal.org/project/languageicons
Download-Adresse für Flaggensymbole

1. Laden Sie das Modul von *drupal.org/project/languageicons* auf Ihren Computer.
2. Folgen Sie den Punkten 2. bis 6. aus Kapitel 3.5.1.
3. Aktivieren Sie das Modul *Language icons*.
4. Beenden Sie durch Anklicken von *Konfiguration speichern*.

> Im Mittelpunkt der 2 Kurs Tage steht Drupal mit seinen zahlreichen Modulen. Wir zeigen wie Sie passende Module finden und diese für Projekte effizient einsetzen.
>
> » mehr über

Bild 11.10: Länderflaggen ohne Text

Wenn Sie Länderflaggen ohne Sprachbezeichnung verwenden möchten, dann legen Sie im Theme-Verzeichnis die Datei *languageicons-place.tpl.php* mit folgendem Inhalt an:

```
<?php print $icon; ?>
```

Leeren Sie danach den Cache von Drupal auf folgende Weise: *Konfiguration -> Leistung -> Gesamten Cache löschen*.

11.7 Mehrsprachige Blöcke und Menüs

Das Modul i18n ...

- ... erweitert den Drupal-Kern im Bereich Mehrsprachigkeit. Das Kürzel »i18n« steht für »Internationalization«, zu Deutsch Internationalisierung. Die auf den ersten Blick etwas merkwürdige Namensgebung des Moduls hängt damit zusammen, dass im englischen Wort »Internationalization« genau 18 Buchstaben zwischen dem I am Anfang und dem N am Ende stehen. Das Kürzel soll also besagen: Ein »i«, dann 18 Buchstaben und dann ein »n«.

- ... unterstützt mehrsprachige Menüs, Vokabulare und Blöcke.

▣ Lesezeichen

http://drupal.org/project/i18n
Download-Adresse für das Internationalisierungs-Modul

Zur Installation gehen Sie so vor:

1. Laden Sie das Modul von *drupal.org/project/i18n* auf Ihren Computer.
2. Folgen Sie den Punkten 2. bis 6. aus Kapitel 3.5.1.
3. Aktivieren Sie im Abschnitt *Multilanguage* die Module *Block languages, Internationalization, Menu translation, Multilangual content*.
4. Beenden Sie durch Anklicken von *Konfiguration speichern*.

11.7.1 Mehrsprachige Blöcke

Bild 11.11: Ein deutschsprachiger Block

Bei der Installation von i18n wird die Blöcke-Verwaltung um Spracherkennung erweitert. Im nachfolgenden Beispiel erzeugen Sie einen Teaser für eine Kursankündigung. Dazu gehen Sie so vor:

1. *Struktur -> Blöcke -> Block hinzufügen*
2. Blockbeschreibung: neuesprodukt
3. Blocktitel: Demnächst ...
4. Tippen Sie den gewünschten Blockinhalt ein wie zum Beispiel Drupal für Webentwickler ab 27. April in München.
5. Wählen Sie eine Region für die Blockanzeige zum Beispiel *Sidebar first*.
6. Schalten Sie ins Register *Sprachen*.

7. Wählen Sie *Deutsch* im Bereich *Show block*.

8. Übernehmen Sie die Einstellungen durch Anklicken von *Block speichern*.

Danach erstellen Sie den englischsprachigen Block so:

1. *Struktur -> Blöcke -> Block hinzufügen*

2. **Blockbeschreibung:** `newproduct`

3. **Blocktitel:** `Coming soon ...`

4. **Blockinhalt, zum Beispiel** `Drupal for Webdevelopers starting at April 27 in Munich.`

5. Wählen Sie dieselbe Region wie für den deutschsprachigen Block.

6. Schalten Sie ins Register *Sprachen*.

7. Wählen Sie alle Sprachen, in denen dieser Block gezeigt werden soll wie zum Beispiel *Englisch, Spanisch* ...

8. Übernehmen Sie die Einstellungen durch Anklicken von *Block speichern*.

Bild 11.12: Der englischsprachige Block

Wenn Sie auf die Startseite wechseln und die Sprache umschalten, dann wird anstelle des deutschsprachigen der englischsprachige Block angezeigt.

11.7.2 Mehrsprachige Hauptmenüs

Das Modul *i18n* steuert die Anzeige von mehrsprachigen Hauptmenüpunkten automatisch. Damit das klappt, müssen diese Schritte beim Erstellen eines Artikels ausgeführt werden:

- Linktitel für das Hauptmenü eintragen.
- Bei der Sprachauswahl nicht *sprachneutral* wählen.

Tipp: Alle Artikel, die *sprachneutral* sind, werden im Hauptmenü aller Sprachen gezeigt.

12 Module für Suchmaschinenoptimierung

In diesem Kapitel lesen Sie ...
- wie Sie Standardseitentitel durch eigene, suchmaschinenfreundlichere Seitentitel ersetzen,
- wie Sie den Apache-Webserver unter Linux (Debian) für suchmaschinenfreundliche URLs konfigurieren,
- wie Sie Seiten-Aliase manuell und automatisch erzeugen.

> **Tipp:** Dieses Kapitel ist keine Einführung in Suchmaschinenoptimierung, sondern ein kleiner Überblick über Module, die mithelfen, eine Drupal-Seite suchmaschinenfreundlicher zu gestalten.

12.1 Seitentitel

Normalerweise wird der Seitentitel (das HTML `<title>`-Tag) aus den Elementen *Titel* (des Inhalts) und *Name der Website* erzeugt.

> **Tipp:** Den Namen der Webseite legen Sie über *Konfiguration -> Website-Informationen* fest.

Wenn Sie dieses Verhalten ändern möchten, um selbst gestaltete Seitentitel zu bekommen, dann benötigen Sie die Module *token* und *page_title*.

▣ Lesezeichen

http://drupal.org/project/token
Download-Adresse des Moduls token

http://drupal.org/project/page_title
Download-Adresse des Moduls page_title

Die beiden Module installieren Sie folgendermaßen:

1. Laden Sie die Module von `drupal.org/project/token` und `drupal.org/project/page_title` auf Ihren Computer.

2. Folgen Sie den Punkten 2. bis 6. aus Kapitel 3.5.1.
3. Aktivieren Sie die Module *Token* und *Page Title*.
4. Beenden Sie durch Anklicken von *Konfiguration speichern*.

12.1.1 Automatisch Seitentitel konfigurieren

PAGE TYPE	TOKEN SCOPE	PATTERN	SHOW FIELD
Standard	Global	[current-page:page-title] | [site:name] This pattern will be used as a *fallback* (ie, when no other pattern is defined)	
Frontpage	Global	[site:name] | [site:slogan] This pattern will be used for the site frontpage	
Pager Suffix	Global	 This pattern will be appended to a page title for any given page with a pager on it	
Comment Reply	Node	 This pattern will be used for comment reply pages, where the reply is directly to a "node"	
Comment Child Reply	Node Kommentar	 This pattern with be used for comment reply pages where the reply is to an existing "comment" (eg a comment thread)	
User Profile	Benutzer	 This pattern will be used for any user profile pages	☐
Content Type – Blogeintrag	Node	 This pattern will be used for all *Blogeintrag* node-type pages	☐
Content			

Bild 12.1: Hier werden Muster für Seitentitel festgelegt

Die Verwaltungsseite für Seitentitel öffnen Sie über *Konfiguration -> Seitentitel*.

Auf der Seite finden Sie die Möglichkeit, für jede Form von Seiteninhalt (Standard, Startseite, Kommentar, Benutzerprofil, Vokabulare, Foren ...) ein Muster für automatisch erzeugte Seitentitel anzulegen. Eine Liste mit verwendbaren Platzhaltern blenden Sie durch Anklicken von *Available Tokens List* ein.

NAME	TOKEN	BESCHREIBUNG
▶ Aktueller Benutzer		Token mit Bezug zum momentan angemeldeten Benutzer.
▼ Beiträge		Token mit Bezug auf einzelne Inhaltselemente oder „Beiträge".
▶ Änderungsdatum	[node:changed]	Das Datum wann dieser Beitrag zuletzt aktualisiert wurde.
Anzahl an Kommentaren	[node:comment-count]	Die Anzahl der Kommentare zu einem Beitrag.
▶ Autor	[node:author]	Der Autor des Beitrags.
▶ Buch	[node:book]	The book page associated with the node.
▶ Erstellungsdatum	[node:created]	Der Zeitpunkt zu dem der Beitrag gespeichert wurde.
Inhalts-ID	[node:nid]	Die eindeutige ID des Inhaltselements oder „Beitrags".
▶ Inhaltstyp	[node:content-type]	The content type of the node.
▶ Menü-Link	[node:menu-link]	The menu link for this node.
Neuer Kommentar-Zähler	[node:comment-count-new]	Die Anzahl der Kommentare zu einem Beitrag seit der Leser ihn zuletzt aufgerufen hat.
Protokollnachricht der Version	[node:log]	The explanation of the most recent changes made to the node.
Revisions-ID	[node:vid]	Die eindeutige ID der neuesten Version des Beitrags.
Sprache	[node:language]	Die Sprache in der der Beitrag geschrieben ist.
Stimmen	[node:poll-votes]	Die Zahl der Stimmen, die bei einer Umfrage abgegeben wurden.
Stimmen für Umfragegewinner	[node:poll-winner-votes]	Die Anzahl der Stimmen, die die Gewinnerantwort der Umfrage erhalten hat.
Textkörper	[node:body]	Der Haupttext dieses Beitrags.
Titel	[node:title]	Der Titel des Beitrags.
▶ Translation source node	[node:source]	The source node for this current node's translation set.
▶ URL	[node:url]	Die URL des Beitrags.
URL bearbeiten	[node:edit-url]	Die URL der Seite zum Bearbeiten des Inhalts.
Umfragedauer	[node:poll-duration]	Der Befragungs-Zeitraum für die Umfrage.
Umfragegewinner prozentual	[node:poll-winner-percent]	Die prozentuale Anzahl an Stimmen, die die Gewinnerantwort der Umfrage erhalten hat.
Umfragesieger	[node:poll-winner]	Die Gewinnerantwort der Umfrage.
Zusammenfassung	[node:summary]	Die Zusammenfassung des Haupttextes dieses Beitrags.

Bild 12.2: Mögliche Platzhalter für Beiträge

So bekommen Sie Ihre Hotline-Telefonnummer in den Seitentitel der Startseite:

1. Scrollen Sie bis zur Eingabezeile *Frontpage*.
2. Tippen Sie einen Text wie `Hotline: Ihre Telefonnummer` am Beginn der Eingabezeile ein.
3. Übernehmen Sie diese Änderung durch Anklicken von *Konfiguration speichern*.

Damit alle Ihre Artikel mit der Kennung *Pressemeldung* versehen werden, gehen Sie so vor:

1. Scrollen Sie bis zum Bereich *Content-Type Artikel*.
2. Erzeugen Sie den Titel mit einer Eingabe wie zum Beispiel `Pressemeldung: [current-page:page-title]`.
3. Aktivieren Sie die Option *Show Field* für diesen Eintrag.
4. Klicken Sie auf *Konfiguration speichern*.

12.1.2 Seitentitel manuell erzeugen

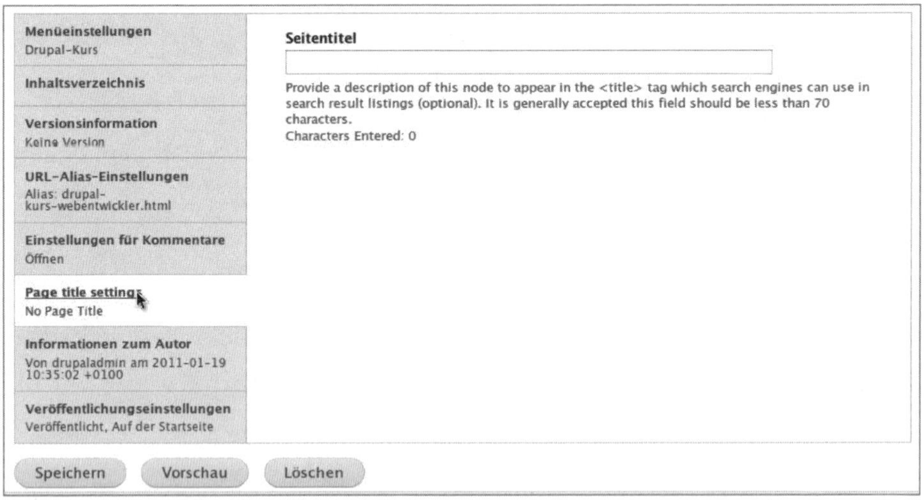

Bild 12.3: Einen individuellen Seitentitel eintragen

Wenn Sie auf der Seitentitel-Verwaltungsseite die Option *Show Field* für Inhaltstypen aktivieren, dann wird das Eingabeformular für diesen Inhaltstyp um das Register *Seitentiteleinstellungen* erweitert. In der bereitgestellten Eingabezeile kann dann ein individueller Seitentitel erzeugt werden.

12.2 Lesbare URLs

Drupal-Standardpfade werden nach diesem Muster zusammengesetzt:

`http://IhreDomain/?q=node/31`

zum Beispiel `http://www.karl-deutsch.at/?q=node/31`

Meist möchte man besser lesbare URLs. Dafür sind zwei Voraussetzungen zu schaffen:

- Konfiguration des Webservers
- Aktivieren der Option für lesbare URLs

12.2.1 Apache-Webserver konfigurieren

Unter Debian bereiten Sie den Apache-Webserver für lesbare URLs mit den folgenden Schritten vor.

Modul rewrite

Schalten Sie als `root` das Modul *rewrite* ein:

```
# a2enmod rewrite
```

Verzeichnis konfigurieren

Ergänzen Sie die Datei */etc/apache2/sites-enabled/000-default* um folgende Zeilen (als Beispielverzeichnis wird *drupal7* verwendet):

```
<Directory /var/www/drupal7/>
RewriteEngine On
RewriteBase /
</Directory>
```

Webserver neu starten

Starten Sie als `root` den Webserver neu.

```
# /etc/init.d/apache2 restart
```

12.2.2 Lesbare URLs aktivieren

Über das Konfigurationsmenü werden lesbare URLs eingeschaltet:

1. *Konfiguration -> Lesbare URLs*
2. Aktivieren Sie die Option *Lesbare URLs aktivieren*.
3. Speichern Sie durch Anklicken von *Konfiguration speichern*.

12.3 Seiten-Aliase

12.3.1 Manuell

Ein Seiten-Alias kann eine lesbare URL wie zum Beispiel http://www.karl-deutsch.at/node/23 so ersetzen: http://www.karl-deutsch.at/web_cms_drupal.html Diese Möglichkeit stellt der Drupal-Kern bereit. Das dazugehörende Modul muss nach der Installation aktiviert werden: *Module -> Path*.

Bild 12.4: Manuelle Seiten-Aliase definieren

Danach finden Sie im Eingabeformular für Inhalte den zusätzlichen Reiter *URL-Alias-Einstellungen* vor.

12.3.2 Automatisch

Bei umfangreichen Webseiten kann die manuelle Erstellung von Seiten-Aliasen sehr aufwendig werden. Hier kommt das Modul *pathauto* ins Spiel, das nicht zum Drupal-Kern gehört.

> **Lesezeichen**
>
> http://drupal.org/project/pathauto
> Download-Adresse des pathauto-Moduls

pathauto ...

- generiert lesbare URLs,
- verwendet dafür einstellbare Muster mit Platzhaltern.

Installation

Das Modul installieren Sie so:

1. Laden Sie das Modul von *drupal.org/project/pathauto* auf Ihren Computer.
2. Folgen Sie den Punkten 2. bis 6. aus Kapitel 3.5.1.
3. Aktivieren Sie das Modul *Pathauto*.
4. Beenden Sie durch Anklicken von *Konfiguration speichern*.

Die Grundkonfiguration befindet sich in den Registern *Patterns* und *Einstellungen* in *Konfiguration -> URL-Aliase*.

Patterns

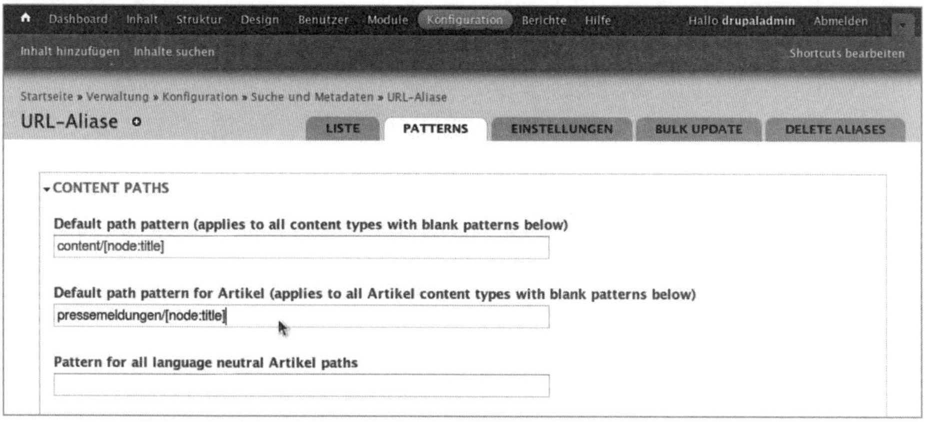

Bild 12.5: Die Registerseite *Patterns*

Hier tragen Sie für alle verfügbaren Inhaltstypen Muster zur Gestaltung der Aliase ein. Diese Muster bestehen aus fixen Zeichenketten und Platzhaltern. Mögliche Platzhalter zeigen Sie durch Anklicken von *REPLACEMENT PATTERNS* an.

Damit sich die Aliase von Artikeln aus der Zeichenkette `pressemeldung` und dem Artikeltitel zusammensetzen, gehen Sie so vor:

1. Scrollen Sie bis zur Zeile *Default path pattern for Artikel ...*
2. Tippen Sie in die Eingabezeile ein: `pressemeldung/[node:title]`.
3. Übernehmen Sie Einstellung durch Anklicken von *Konfiguration speichern*.

Einstellungen

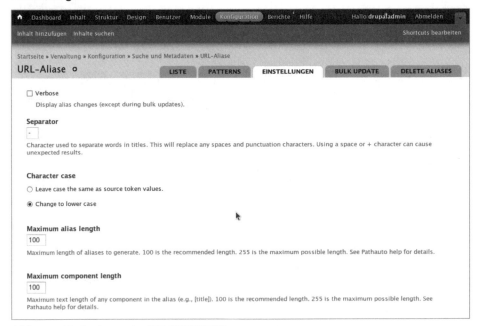

Bild 12.6: Die Registerseite EINSTELLUNGEN

Auf dieser Seite konfigurieren Sie, wie das Modul die vorher festgelegten Muster behandelt und umschreibt. Dazu gehören unter anderem:

- das Zeichen für Worttrenner: *Separator,*
- die maximale Länge der Aliase: *Maximum alias length* und *Maximum component length,*
- die zu entfernenden Zeichenketten wie zum Beispiel der, die, das, von, bei, zu ...: *Strings to Remove,*
- ob Satzzeichen entfernt, ersetzt oder verwendet werden sollen: *Punctuation.*

Ihre Einstellungen übernehmen Sie durch Anklicken von *Konfiguration speichern.*

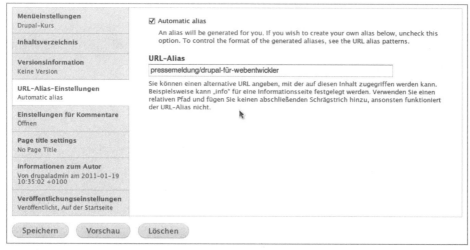

Bild 12.7: Die neue Option *Automatic alias*

Wenn Sie in die Bearbeitung eines Artikels umschalten, dann sehen Sie, dass das Register *URL-Alias-Einstellungen* um die neue Option *Automatic alias* erweitert wurde.

12.3.3 Aliase verwalten

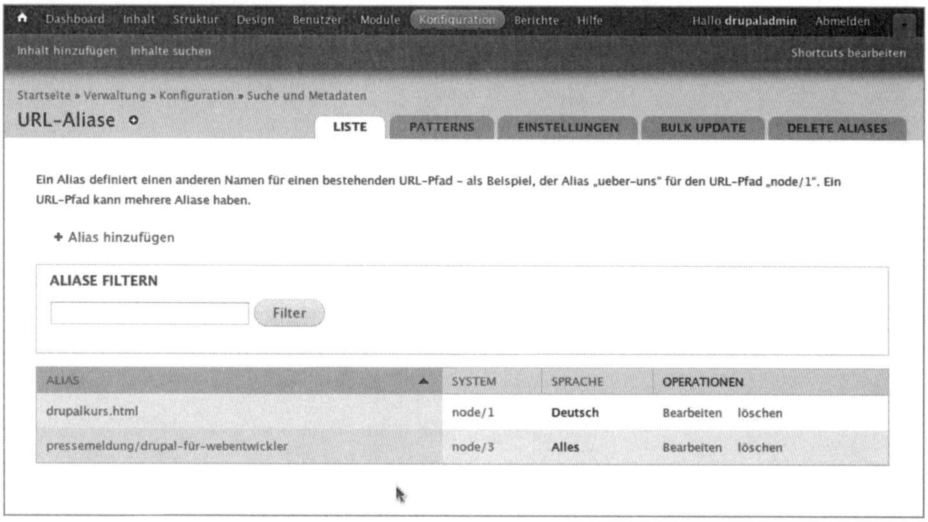

Bild 12.8: Übersicht über alle vorhandenen URL-Aliase

Eine rasche Übersicht über alle Aliase im System bekommen Sie in *Konfiguration -> URL-Aliase*. An der Stelle können Aliase bearbeitet, gelöscht und neu erstellt werden.

12.4 Weitere Module

Zur Zeit der Bucherstellung waren die folgenden Module für Drupal 7 leider noch nicht verfügbar oder nicht benutzbar:

- *drupal.org/project/seo_checklist:* Checkliste für die Suchmaschinenoptimierung der Drupal-Installation,
- *drupal.org/project/description:* Gestalten der META-Tags,
- *drupal.org/project/xmlsitemap:* Erstellen von Sitemaps für Suchmaschinen.

13 Panels

Panels bieten eine Möglichkeit, flexible Seitenlayouts für Drupal zu gestalten, wenn Sie nicht in die Tiefen der Theme-Programmierung einsteigen wollen. Im Prinzip erlaubt Ihnen diese Methode, Content-Elemente quasi per Drag and Drop auf Ihrer Seite zu verteilen. Das funktioniert zwar auch mithilfe der Blocks und Theme-Regionen, allerdings sind die Panels flexibler einsetzbar. Darüber hinaus werden Panels über externe Module eingebunden, während Blöcke Bestandteile des Drupal-Kerns sind.

In diesem Kapitel lesen Sie ...
- was Panels und Mini-Panels sind,
- wie Sie eine Panel-Startseite erstellen,
- wie Sie den Zugriff auf Panels steuern,
- wie Sie das Design von Panels verändern,
- wie Sie Mini-Panels einsetzen.

13.1 Einführung

13.1.1 Panels ...

- ermöglichen flexible Seitenlayouts,
- basieren auf rechteckigen Inhalten wie Blöcken, Menüs, Artikeln, Blogeinträgen und Ähnlichem,
- arbeiten mit dem Content Construction Kit (CCK) und Views zusammen,
- erlauben die Darstellung von unterschiedlichen Inhalten auf einer Seite.

13.1.2 Installation

Das Panels-Modul benötigt die Schnittstellen und Erweiterungen der Chaos-Tools. Die beiden Module installieren Sie so:

1. Laden Sie die Module von *drupal.org/project/panels* und *drupal.org/project/ctools* auf Ihren Computer.
2. Folgen Sie den Punkten 2. bis 6. aus Kapitel 3.5.1.
3. Aktivieren Sie die Module *Bulk Export*, *Chaos tools*, *Page manager* (im Feld *Chaos Tool Suite*) sowie *Panels*, *Panel nodes* und *Mini panels* (im Feld *Panels*).
4. Beenden Sie den Installationsprozess durch Anklicken von *Konfiguration speichern*.

13.1.3 Verwaltungsoberfläche

Die zentrale Panel-Verwaltung befindet sich in *Struktur -> Panels*.

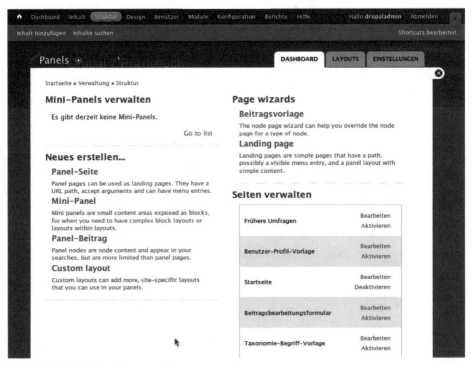

Bild 13.1: Panel-Verwaltungsseite

13.2 Eine neue Startseite

Panels werden sehr häufig zur Gestaltung von individuellen Startseiten eingesetzt. Wie Sie dazu vorgehen, lesen Sie hier.

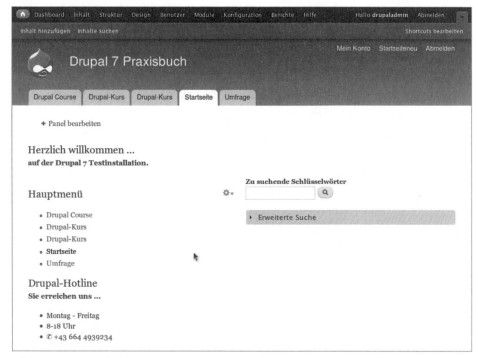

Bild 13.2: Ein Panel als Startseite

13.2.1 Seitenvorlage erzeugen

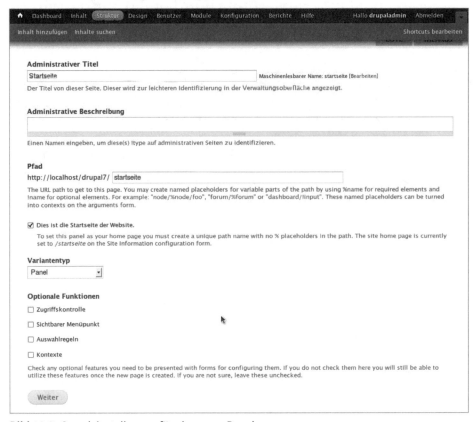

Bild 13.3: Grundeinstellungen für ein neues Panel

1. Öffnen Sie die Panel-Verwaltung: *Struktur -> Panels*.
2. Wählen Sie *Panel-Seite* im Abschnitt *Neues erstellen ...*
3. Tragen Sie als *Administrativer Titel* zum Beispiel Startseite ins Eingabefeld ein.
4. Ergänzen Sie die Zeile http://IhreDomain/ um den gewünschten Pfad wie zum Beispiel startseite.
5. Aktivieren Sie die Option *Dies ist die Startseite der Website*.
6. Klicken Sie auf *Weiter*.

13.2.2 Layout auswählen

Bild 13.4: Vorgefertigte Layoutvorlagen

1. Wählen Sie eine gewünschte Layoutkategorie wie zum Beispiel *Columns:2*.
2. Klicken Sie den gewünschten Untertyp wie zum Beispiel *Zwei Spalten gestapelt* an.
3. Setzen Sie mit *Weiter* fort.

13.2.3 Layoutdetails

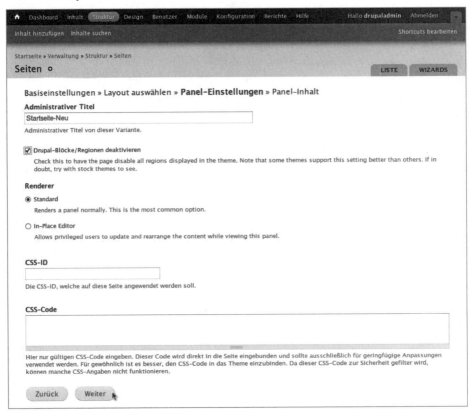

Bild 13.5: Layout-Einstellungen

1. Vergeben Sie einen *Administrativen Titel* für die Panel-Seite. Dies ist der Titel, der auf dem Frontend Ihrer Seite zu sehen ist.

2. Wenn das Panel den gesamten verfügbaren Platz verwenden darf, dann aktivieren Sie die Option *Drupal-Blöcke/Regionen deaktivieren*.

3. Klicken Sie auf *Weiter*.

13.2.4 Vorlage mit Inhalt füllen

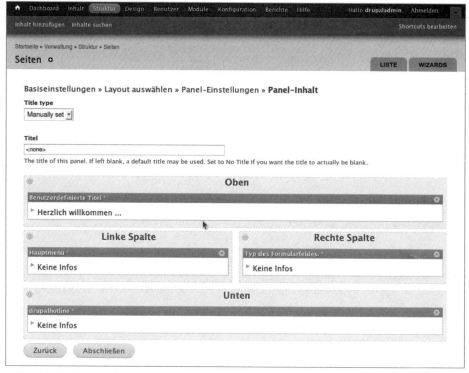

Bild 13.6: Regionen mit Inhalten füllen

Nachdem Sie den *Titel* für diese Seite eingetragen haben, können Sie damit beginnen, die Panel-Seite mit Inhalt zu füllen. Das ausgewählte Layout stellt Regionen (*Oben, Linke Spalte, Rechte Spalte, Unten*) bereit. So fügen Sie Inhalte in einer Region ein:

1. Klicken Sie auf das Bearbeiten-Symbol (das kleine Zahnrad) der gewünschten Region -> *Inhalte hinzufügen*.

2. Auf der daraufhin eingeblendeten Seite wählen Sie den gewünschten Typ:

    - *Aktivität*: Hier finden Sie Einträge wie *Aktive/Neue Forenthemen, Neue Mitglieder, Neueste Kommentare, Wer ist online*, ...
    - *Custom blocks*: Blöcke, die vom Administrator erstellt wurden,
    - *Diverses*: *Shortcuts*,
    - *Dummy-Elemente*: *Icons, Name der Website, Seitentitel, Logo, Slogan* ...,

- *Menüs*: alle im System vorhandenen Menüs,
- *Newsfeeds*: alle angelegten Newsfeeds,
- *Steuerelement*: Benutzeranmeldung, Suche, Sprachumschalter,
- *Neuer benutzerdefinierter Inhalt*: Eintippen von individuellen Inhalten,
- *Vollständiger Beitrag*: Einbinden von vorhandenen Beiträgen.

3. Füllen Sie das dazugehörende Formular aus.
4. Klicken Sie auf *Abschließen*.

Füllen Sie mit den gezeigten Schritten alle vorhandenen Regionen. Am Ende klicken Sie auf *Abschließen*.

Reihenfolge ändern
Inhalte werden per Drag and Drop sortiert.

Inhalte entfernen
Jeder Inhaltsbereich hat ein eigenständiges *Bearbeiten*-Symbol (rechts in der Titelzeile). Wenn der Inhalt entfernt werden soll, dann klicken Sie auf das *Bearbeiten*-Symbol und dann auf *Entfernen*.

Definition beenden
Klicken Sie auf *Speichern*, um alle Panel-Einstellungen zu sichern. Testen Sie die Panel-Seite dann durch Eintippen des Pfads in den Webbrowser.

13.3 Aussehen von Seiten und Blöcken

Über die Panel-Verwaltung können die Blöcke in den einzelnen Regionen, aber auch das gesamte Panel gestaltet werden.

13.3.1 Gesamtes Panel gestalten

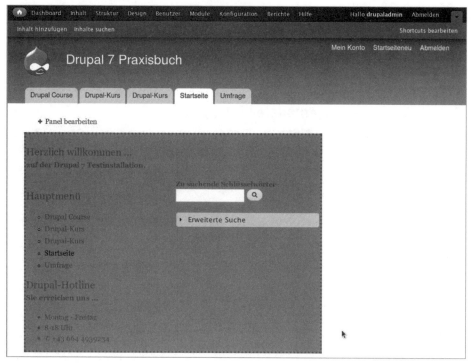

Bild 13.7: Gesamte Panel-Seite in neuem Look

Ausgehend von der Panel-Verwaltungsseite gehen Sie folgendermaßen vor, um das gesamte Panel zu gestalten:

1. Klicken Sie auf *Allgemein*.
2. Tragen Sie als *CSS-ID* den Wert `startpanel` ein.
3. Tragen Sie in den Textbereich `CSS-Code` den gewünschten Formatierungscode ein wie zum Beispiel

```
#startpanel {
    width: 640px;
    margin-left,margin-right: auto;
    background-color: #f0850a;
    color: #666666;
    font-size: 1em;
    border-style: dotted;
    border-color: #666666;
    border-width: 4px;
}
```

> **Tipp:** Der Beispielcode liefert keine ansprechende grafische Darstellung. Er soll vielmehr zeigen, was hier alles möglich ist.

Klicken Sie auf *Update and save*, um die Einstellung zu übernehmen. Testen Sie danach das Ergebnis.

13.3.2 Blöcke mit abgerundeten Ecken

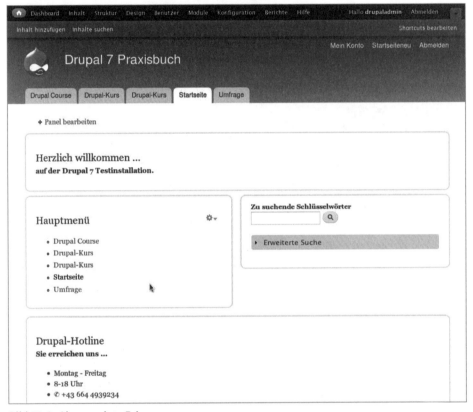

Bild 13.8: Abgerundete Ecken

Wenn Sie Blöcke mit abgerundeten Ecken einsetzen möchten, dann gehen Sie – beginnend auf der Panel-Verwaltungsseite – folgendermaßen vor:

1. Klicken Sie auf *Inhalt*.
2. Wählen Sie aus dem Bearbeiten-Menü des Inhalts *Design ändern -> abgerundete Ecken -> Nächste*.
3. Wiederholen Sie den Vorgang für alle Blöcke.
4. Klicken Sie auf *Update and save*.

13.3.3 Block mit Klassen-ID

Panel-Blöcken können Formatierungsklassen zugewiesen werden, die im Stylesheet vorhanden sind. Diese Zuweisung nehmen Sie ausgehend von der Panel-Verwaltungsseite wie folgt vor:

1. Klicken Sie auf *Inhalt*.
2. Wählen Sie *CSS-Eigenschaften* aus dem *Bearbeiten*-Menü.
3. Tragen Sie eine – vorhandene! – CSS-Klasse in die Eingabezeile *CSS-ID* ein.
4. Klicken Sie auf *Speichern*.

13.4 Zugriffsrechte

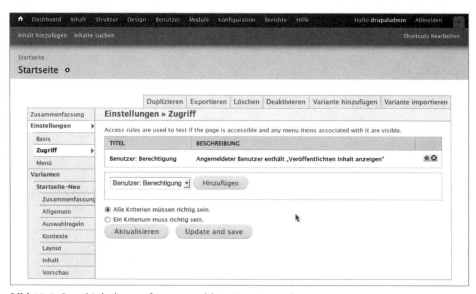

Bild 13.9: Panel-Inhalte nur für angemeldete Benutzer zeigen

Zugriffsrechte auf Panel-Seiten werden über das Verwaltungsmenü des Panels vergeben. Damit nur angemeldete Benutzer eine Panelseite sehen, sind diese Einstellungen notwendig:

1. Klicken Sie auf der Panel-Verwaltungsseite auf *Zugriff*.
2. Wählen Sie *Benutzer: Berechtigung* -> *Hinzufügen*.
3. Klicken Sie in der Liste *Benutzer* den Eintrag *Angemeldeter Benutzer* an.
4. Als Berechtigung wählen Sie zum Beispiel *Veröffentlichen Inhalt anzeigen*.
5. Übernehmen Sie die Berechtigungen durch Anklicken von *Update and save*.

13.5 Mini-Panels

Ein Mini-Panel ist sowohl ein Layoutmechanismus für Blöcke als auch ein Panel, das über die Blockverwaltung ein- oder ausgeblendet wird. Sie können Mini-Panels sehr einfach als Gestaltungselement in ein Panel-Layout einbinden. In gleicher Weise, wie Sie in einem Panel einen Beitrag in eine Layoutregion einbauen können, lassen sich auch Mini-Panels verwenden. Genauso wie bei den »großen« Panels haben Sie auch bei den Mini-Panels die Möglichkeit, zwischen vorgegebenen Layouts auszuwählen.

Bild 13.10: Ein Mini-Panel mit Inhalten

13.5.1 Mini-Panel erstellen

Beginnen Sie auf der Panel-Verwaltungsseite.

1. Wählen Sie im Abschnitt *Neues erstellen ...* den Eintrag *Mini-Panels*.
2. Vergeben Sie einen *administrativen Titel* wie zum Beispiel `Top aktuell`.
3. Klicken Sie auf *Weiter -> Weiter*.
4. Wählen Sie ein Layout für dieses Mini-Panel -> *Weiter*.
5. Tippen Sie einen *Titel* für das Mini-Panel ein.
6. Fügen Sie dem Panel Inhalte hinzu.
7. Klicken Sie auf *Abschließen*.

Damit ist die Erstellung beendet.

13.5.2 Mini-Panel anzeigen

Das Mini-Panel finden Sie als *Mini-Panel: "TITEL"* in *Struktur -> Blöcke*. Auf dieser Verwaltungsseite kann dem Block eine Theme-Region für die Anzeige zugewiesen werden.

14 Drupal-Themes einrichten

Eine herausragende Eigenschaft von Web-Content-Management-Systemen ist die Trennung der optischen Gestaltung von den Inhalten. Anders als bei statischen Websites ist es mit einem CMS prinzipiell möglich, einen grafischen Tapetenwechsel zu betreiben, ohne dass der Inhalt angetastet werden muss. Das Mittel, das in Drupal einen solchen komfortablen Relaunch ermöglicht, heißt Theme (Mehrzahl: Themes). Ohne zu viel verraten zu wollen, kann man sagen, dass ein Theme sozusagen das grafische Thema einer Website bildet. Business-Websites bevorzugen in der Regel ein ruhig-sachliches Theme, während zum Beispiel Künstler, aber auch einige Clubs und Vereine ein eher schrill-buntes Theme benutzen. Bei anderen CMS, wie zum Beispiel Joomla, wird auch der Begriff Template als Synonym für das Theme verwendet.

In diesem Kapitel lesen Sie ...
- was Themes sind,
- wie Sie Themes installieren und konfigurieren.

14.1 Drupal Themes

Als Content-Management-System ist Drupal hervorragend dazu geeignet, Inhalte zu verwalten. Aber auch das Erscheinungsbild einer Webseite ist ein wichtiges Kriterium, und Drupal bietet hervorragende Möglichkeiten, das Aussehen einer Seite festzulegen beziehungsweise zu verändern.

14.1.1 Die Theme-Übersicht

Die Grundlage zum Anpassen von Drupal-Seiten sind Themes. Themes sind Vorlagen, die heruntergeladen und aktiviert werden. Sie bieten oft vielfältige Konfigurationsmöglichkeiten und können mit ein wenig Wissen selbst angepasst oder auch komplett selbst erstellt werden.

Sehen wir uns das einmal näher an:

Klicken Sie dazu im Administrationsmenü auf *Design*.

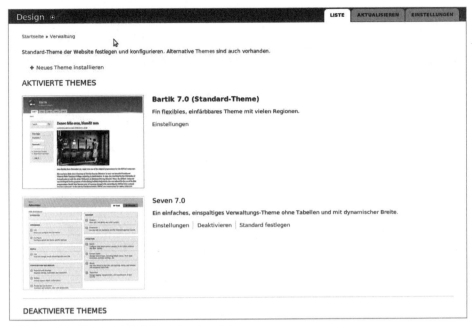

Bild 14.1: Der *Themes*-Administrationsbereich

Sie sehen nun die Verwaltungsseite für die Themes. Sie zeigt eine Übersicht der bereits installierten Themes. Die zugehörigen Screenshots ermöglichen eine praktische Vorschau.

Zwei der Themes sind bereits aktiviert: Da ist zunächst einmal das *Bartik*-Theme, das das Standard-Theme einer frischen Drupal-7-Installation ist. Außerdem sieht man noch das Theme *Seven*, das das Standard-Theme der Administrationsoberfläche ist.

Eines der aktivierten Themes ist immer das Standard-Theme, das beim Aufruf der Drupal-Seite angezeigt wird. Die anderen aktivierten Themes können von angemeldeten Usern als persönliches Theme ausgewählt werden. Alle aktivierten Themes, die kein Standard-Theme sind, können deaktiviert werden.

Weiter unten werden deaktivierte Themes angezeigt.

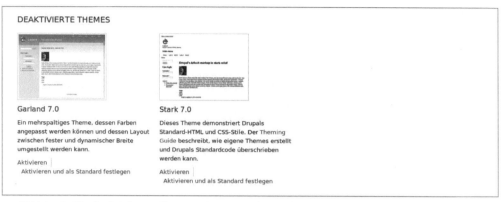

Bild 14.2: Die deaktivierten Themes einer Drupal-Standardinstallation

Hier wird zum Beispiel das Theme *Garland* angeboten, das das Standard-Theme für Drupal 6 ist. Außerdem gehört *Stark* zu den Themes, die mit Drupal mitgeliefert werden. Es verwendet Standard-HTML, und auch die Änderungen durch CSS sind nur sehr dezent. Es eignet sich deshalb sehr gut, um Drupals Standard-HTML-Ausgabe zu studieren.

Ganz unten kann man das Verwaltungs-Theme einstellen. Das ist jenes Theme, das angezeigt wird, wenn man die Seite gerade administriert. Auch beim Erstellen von Inhalten wird es angezeigt, wenn das entsprechende Häkchen gesetzt ist.

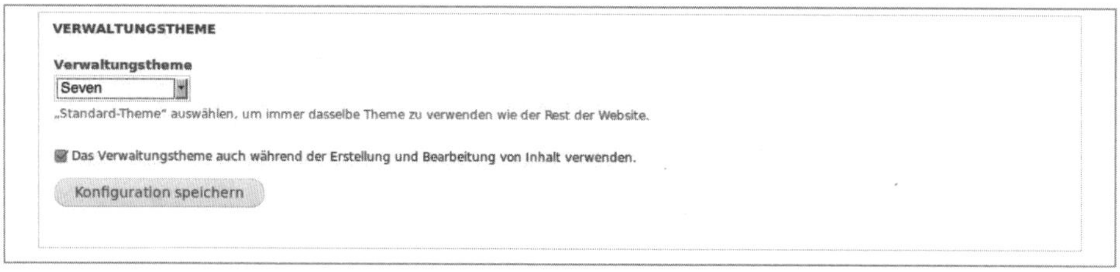

Bild 14.3: Auswahl des Verwaltungs-Themes

> Tipp: Wenn Sie an einem Theme arbeiten, dann achten Sie darauf, dass es nicht gerade das Verwaltungs-Theme ist. Fehler beim Anpassen können dazu führen, dass die Drupal-Seite nicht mehr angezeigt wird. Besonders wenn das beim Administrations-Theme passiert, ist das recht unangenehm.

14.1.2 Theme-Einstellungen

Sehen wir uns einmal die Einstellungen für *Bartik* an: Klicken Sie auf *Einstellungen* neben dem Screenshot für *Bartik*.

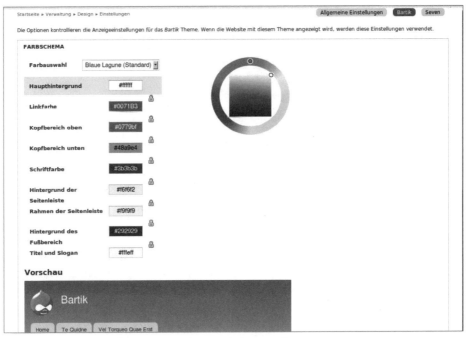

Bild 14.4: Farbschema-Einstellungen für das Theme *Bartik*

Bei einigen Themes, wie zum Beispiel *Bartik*, kann man komfortabel das Farbschema ändern. Das geschieht einerseits durch Auswahl vorgegebener Farbschemata. Andererseits kann man benutzerdefinierte Farben für einzelne Webseitenelemente definieren. Damit kann man seine Seite schon farblich sehr gut anpassen.

Sehr wichtig sind auch die Einstellungen weiter unten. Scrollen Sie hinunter bis zum Punkt *Anzeige ein-/ausschalten.*

Hier können Sie wichtige Elemente Ihrer Seite anpassen.

Per Häkchen können Sie festlegen, was in Ihrer Drupal-Seite angezeigt werden soll. Die Positionen von Logo, Namen und Slogan der Webseite werden zwar durch das Theme festgelegt, Sie können aber bestimmen, welches dieser Elemente angezeigt wird.

ANZEIGE EIN-/AUSSCHALTEN

Ermöglicht das Verbergen oder Anzeigen bestimmter Seitenelemente.
- ☑ Logo
- ☑ Name der Website
- ☑ Slogan der Website
- ☑ Benutzerbilder in Beiträgen
- ☑ Benutzerbilder in Kommentaren
- ☑ Überprüfungsstatus eines Benutzer in Kommentare
- ☑ Favicon
- ☑ Hauptmenü
- ☑ Sekundärmenü

LOGO-EINSTELLUNGEN

Falls aktiviert, wird das folgende Logo angezeigt.
- ☑ Standardlogo benutzen
  Mitgeliefertes Logo des Themes benutzen.

FAVICON-EINSTELLUNGEN

Das Shortcut-Icon oder ‚Favicon' wird in der Adresszeile und in den Lesezeichen der meisten Browser angezeigt.
- ☑ Standard-Favicon benutzen.
  Ankreuzen, falls das Theme das Standardicon benutzen soll.

[Konfiguration speichern]

Bild 14.5: Anzeigen oder nicht anzeigen? Das ist hier die Frage

Ein Punkt, der bei früheren Drupal-Versionen oft im Sourcecode geändert werden musste, ist die Anzeige für den Administrator, dass ein Kommentar noch nicht freigegeben wurde. Das kann man jetzt per Setzen eines Häkchens festlegen bei *Überprüfungsstatus eines Benutzers in Kommentare* aktivieren.

Ein oft vergessenes Element ist das Favicon. Es ist das Icon, das in der Adresszeile der Browser links neben der Webadresse erscheint. Zudem wird es beim Anlegen eines Lesezeichens mitgespeichert und erhöht den Wiedererkennungswert des Links. Profis fällt es auf, wenn bei einer Webseite das Favicon nicht angepasst wurde. Daher sollte man das nicht vergessen.

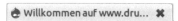

Bild 14.6: Das Drupal-Icon (Druplicon) als Favicon

Mit den letzten beiden Häkchen kann man festlegen, ob das Haupt- beziehungsweise das Sekundärmenü angezeigt wird.

Sehen wir uns das einmal genauer an:

1. Sollten Sie nicht gerade im Administrationsbereich Ihrer Drupal-Installation sein, dann öffnen Sie Ihre Drupal-Seite, loggen sich als Benutzer mit Administratorrechten ein, gehen auf *Design* und klicken beim Theme *Bartik* auf *Einstellungen*.

2. Öffnen Sie ein neues Browserfenster beziehungsweise eine neue Registerkarte, und rufen Sie die Startseite Ihrer Drupal-Installation auf.

3. Sie sehen das Druplicon neben der Adresse: das Favicon.

4. Rechts oben sind die Menüpunkte *Mein Konto* und *Abmelden* zu sehen. Im Header links sieht man den Reiter *Startseite*. Er gehört zum Hauptmenü.

5. Wechseln Sie jetzt zum Browserfenster, in dem Sie die Einstellungen für das Theme *Bartik* ändern können, und wählen Sie *Favicon*, *Haupt-* und *Sekundärmenü* ab.

6. Klicken Sie auf *Konfiguration speichern*.

7. Wechseln Sie wieder zum anderen Fenster mit der Drupal-Startseite, und laden Sie sie neu.

8. Jetzt sehen Sie, dass das Favicon und die Menüs fehlen.

Bild 14.7: Hier sind Favicon und Menüs noch da ...

Bild 14.8: ... und hier fehlen sie.

Experimentieren Sie ruhig ein bisschen mit diesen Einstellungen, und sehen Sie sich die Seite auch einmal ohne Logo und Webseitenname an.

Zuletzt kommen wir zu den Einstellungen für Logo und Favicon. Um genau zu sein, kann man damit Grafikdateien einbinden, um ein eigenes Logo oder Favicon zu verwenden.

1. Klicken Sie das Häkchen bei *Standard-Favicon benutzen* weg.
2. Wenn Sie Zugriff auf den Server haben, können Sie nun den Pfad angeben, wo Sie Ihr Favicon abgelegt haben.
3. Sie können aber auch durch Klick auf *Durchsuchen* eine Favicon-Datei auf Ihrem PC auswählen und hochladen.
4. Klicken Sie auf *Konfiguration speichern,* und laden Sie die Drupal-Seite neu.

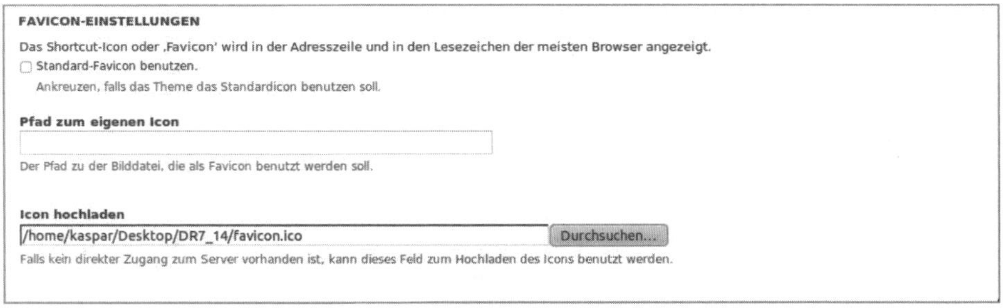

Bild 14.9: Ein Klick noch, und das Favicon wird hochgeladen

> **Tipp:** Was ist eine Favicon-Datei, und wie erstelle ich eine? Das Favicon ist in einem speziellen Format gespeichert und enthält eine Grafik in der Größe von 16 x 16 Pixeln. Sie können spezielle Webseiten benutzen, um so eine Datei zu erzeugen (zum Beispiel *http://www.favicon.cc/*) oder Grafiktools auf Ihrem Rechner einsetzen. Eine (englischsprachige) Anleitung, wie Sie mit dem freien Grafikwerkzeug GIMP ein Favicon erstellen, finden Sie zum Beispiel unter folgender Adresse: *http://linuxproblem.org/art_19.html*

14.2 Drupal-Themes installieren

Es existieren bereits zahlreiche Themes für Drupal 7, und viele wurden und werden von ihren Entwicklern kostenlos zur Verfügung gestellt. Diese Themes findet man unter *http://www.drupal.org/project/themes.*

Nicht alle für Drupal bereitgestellten Themes können mit der Version Drupal 7 benutzt werden, da sie immer speziell für eine Version erstellt werden. Aktuell gibt es die meisten Themes für Drupal 6. Damit nur Themes für die Version 7 angezeigt werden, wählen Sie im Listenfeld neben *Filter by compatibility: 7.x* und klicken auf *Search*. Sollten Sie die Einstellung *Sort by*: auf *Most installed* gelassen haben, dann erhalten Sie eine Liste Drupal-7-kompatibler Themes.

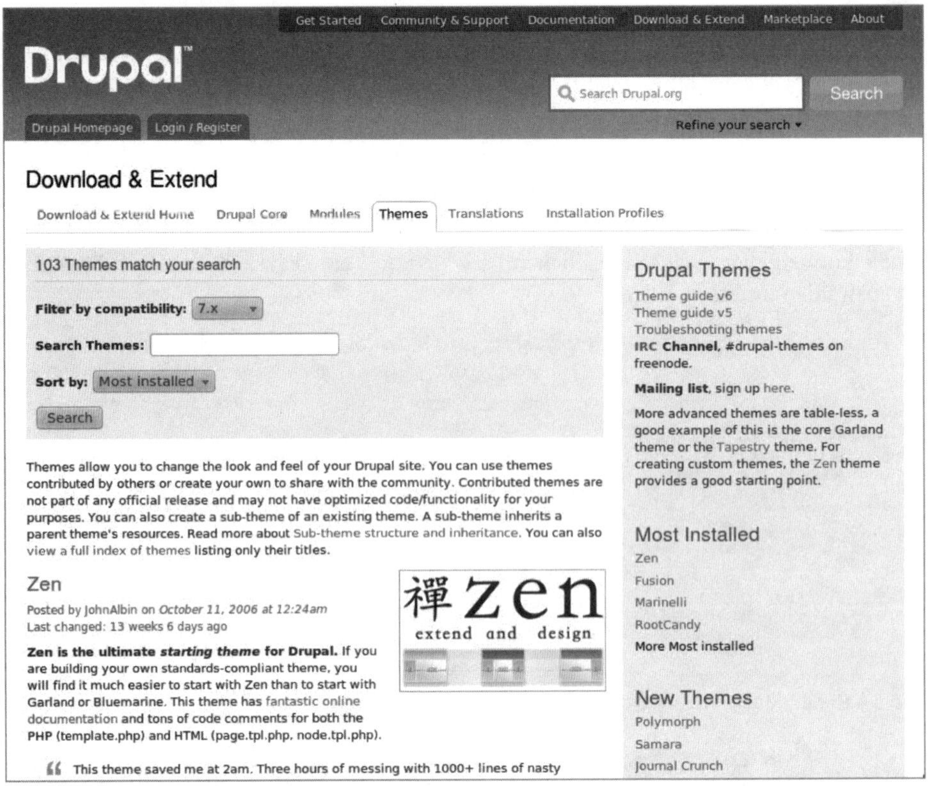

Bild 14.10: Drupals Theme-Seite

Gleich auf der ersten Ergebnisseite werden einige Starter- oder Base-Themes wie etwa *Zen, Fusion* oder *Framework* ausgewiesen. Diese sind als Grundlage für darauf aufbauende Themes konzipiert und sollen die Entwicklung eigener Themes vereinfachen. Der Großteil der Vorlagen sind aber normale Themes, die man direkt für seine Webseite verwenden kann und die man eventuell nur noch ein wenig an die eigenen Wünsche anpassen muss.

Sehen wir uns einmal den Ablauf an, wie solch ein Theme installiert und aktiviert wird.

1. Scrollen Sie etwas weiter hinunter, und öffnen Sie durch Klick auf den Namen die Seite von *Pixture Reloaded*. Dieses Theme ist sehr gut konfigurierbar und hat schon ein stabiles Drupal-7-Release. (*http://drupal.org/project/pixture_reloaded*)

2. Laden Sie die zugehörige Datei herunter. (Je nach System wählen Sie die *tar-gz*-Datei oder die *Zip*-komprimierte Datei.)

3. Bei den Hinweisen zur Drupal-7-Versionen erfährt man, dass Pixture Reloaded auf dem Theme Adaptivetheme basiert, das zuvor installiert werden muss. Laden Sie bitte auch das herunter (*http://drupal.org/project/adaptivetheme*).

4. Entpacken Sie die beiden Dateien und kopieren Sie die entpackten Ordner nach *sites/all/themes*. Das ist auch der Ort, an dem Sie alle Themes installieren sollten. Der Ordner *themes* im Drupal-Basisverzeichnis ist nur für die Core-Themes gedacht.
5. Gehen Sie wieder auf die Administrationsseite für die Themes, und laden Sie sie neu.
6. Nun sehen Sie die neuen verfügbaren Themes unter den deaktivierten Themes, und Sie können mit einem Klick das Theme *Pixture Reloaded* jetzt *Aktivieren und als Standard festlegen*.
7. Die Webseite wird dadurch automatisch neu geladen, und Sie haben jetzt gleich die Möglichkeit, Pixture Reloaded durch einen Klick auf *Einstellungen* zu konfigurieren.

Experimentieren Sie ruhig ein bisschen mit den vielen Konfigurationsmöglichkeiten des Themes *Pixture Reloaded*.

14.3 Themes – und was dahintersteckt

Möglicherweise sind Sie mit einem der vorgefertigten Themes zufrieden und übernehmen es genau so, wie Sie es heruntergeladen haben. Höchstwahrscheinlich wollen Sie oder Ihre Kunden aber doch die eine oder andere Änderung, und da ist es nützlich zu wissen, wie Themes eigentlich aufgebaut sind.

Prinzipiell gibt es mehrere Möglichkeiten, Themes einzusetzen:

- Man verwendet ein Theme, das schon bei der Standardinstallation von Drupal dabei ist, und passt es mit den bereitgestellten Einstellungsmöglichkeiten an. Sehr viele Drupal-Seiten basieren auf dem Standard-Theme der jeweiligen Drupal-Version, also *Garland* für Drupal 6 und *Bartik* für Drupal 7.
- Man lädt ein fertiges Theme von der Seite *www.drupal.org/project/themes* herunter und verwendet es, ohne die Dateien anzupassen.
- Man verwendet ein fertiges Theme (aus dem Drupal Core oder eines von der Drupal-Themes-Seite) als Basis für ein neues Subtheme und nimmt in dem Subtheme Änderungen vor.
- Man kopiert den Ordner eines fertigen Themes und nimmt an der Kopie die gewünschten Änderungen vor.
- Man erstellt von Grund auf ein neues Theme.

Mit den Varianten 1 und 2 haben wir uns bereits befasst.

Die Variante 3, also die Nutzung eines Basis-Themes, hat gegenüber der Variante 4 den Vorteil, dass man nur jene Dateien ändert, die gegenüber dem Basis-Theme verändert werden beziehungsweise dazukommen. Wird ein Update für das Basis-Theme eingespielt, so profitiert das abgeleitete Theme auch davon.

Das Erstellen eines eigenen Themes von Grund auf (Variante 5) kann recht aufwendig und mühsam werden. Da aber auch hier Dateien des Drupal-Cores angepasst werden und ein großer Teil des Designs per CSS festgelegt wird, ist das dem Anpassen eines Basis-Themes nicht unähnlich.

Mit dem Anpassen eines Basis-Themes befassen wir uns im folgenden Kapitel und lernen dabei auch die Grundlagen, die für das Erstellen eines eigenen Themes notwendig sind.

15 Eigene Drupal-Themes erstellen

In diesem Kapitel lesen Sie ...
- welche Softwaretools Ihnen beim Arbeiten an Themes helfen
- was ein Drupal-Basistheme ist
- und wie Sie ein Drupal-Basistheme an Ihre Wünsche anpassen

Wir befassen uns in diesem Kapitel mit den Mechanismen, wie eine Seite von Drupal generiert und ihr Erscheinen festgelegt wird. Dazu sind grundlegende Kenntnisse von Cascading Stylesheets (CSS) und PHP vorteilhaft.

Bevor wir uns mit den Interna der Themes befassen, stelle ich einige nützliche Tools vor.

15.1 Softwaretools für die Theme-Entwicklung

15.1.1 Firebug

Firebug ist ein Addon für den Firefox-Browser. Es ist ein mächtiges Tool für das Bearbeiten von Webseiten. Sie können damit den HTML-Code einer Seite untersuchen und direkt anpassen. CSS-Code wird übersichtlich dargestellt, und auch hier sind Veränderungen an der aktuellen Anzeige möglich – ohne das zugrundeliegende CSS-Dokument zu verändern. Gerade bei den zahlreichen Einstellungen für die Breite, Rahmenstärke und Abstände bei CSS-Elementen ist Firebug sehr nützlich. Er enthält einen Javascript-Debugger, darüber hinaus können die Ladezeiten der einzelnen Dateien, die beim Seitenaufbau benötigt werden, angezeigt werden.

> **Tipp:** Es gibt Firebug auch in einer abgespeckten Version für Google Chrome und sogar für Safari. Für Internet Explorer und Opera gibt es Firebug Lite, das viele der wichtigsten Funktionen bereitstellt – aber etwas anders in der Handhabung ist (*http://getfirebug.com/firebuglite*).
>
> Abgesehen davon: Haben Sie beim Internet Explorer 8 oder 9 schon einmal die F12-Taste gedrückt? Dann erhalten Sie Zugriff auf die IE-Entwicklertools.

Firebug-Installation

Im Folgenden gehe ich davon aus, dass Sie mit Firefox arbeiten.

Firebug ist schnell installiert:

1. Gehen Sie auf die Seite *http://getfirebug.com/*.
2. Klicken Sie auf den Button *Install Firebug For Firefox*.
3. Ein Fenster wird geöffnet, in dem Sie gefragt werden, ob Sie das Firebug-Addon installieren wollen. Klicken Sie auf *Jetzt installieren*, und die Installation beginnt.
4. Starten Sie Firefox nach Aufforderung neu, und Sie sehen in der unteren rechten Ecke des Browser einen kleinen Käfer.
5. Durch einen Klick darauf wird Firebug gestartet.

Bild 15.1: Firebug, auf die Firebug-Webseite angewendet

Sehr praktisch ist auch die Erweiterung *Drupal for Firebug*. Sie ergänzt den Firebug um die Anzeige von Drupal-spezifischen Informationen.

⊡ **Lesezeichen**

http://drupal.org/project/drupalforfirebug
Download-Adresse für das Drupal-Modul

https://addons.mozilla.org/de/firefox/addon/drupal-for-firebug/
Download-Adresse für das Mozilla-Addon Firebug

Die Installation ist zweiteilig: Es wird zunächst ein Drupal-Modul benötigt, das Sie in Ihrem *module*-Verzeichnis installieren (*http://drupal.org/project/drupalforfirebug*).

Außerdem wird ein Firefox-Add-on gleichen Namens benötigt (*https://addons.mozilla.org/de/firefox/addon/drupal-for-firebug/*).

Installieren Sie beides!

> **Tipp:** Leider gibt es zum Zeitpunkt der Drucklegung Inkompatibilitäten zwischen Drupal for Firebug und dem Theme Developer-Modul (dazu gleich mehr). Sollten diese Probleme noch immer nicht behoben worden sein, und bekommen Sie bei der Nutzung von Theme Developer Fehlermeldungen, dann deaktivieren Sie bitte das Drupal for Firebug-Modul.

Bevor wir uns Firebug näher ansehen, installieren wir noch zwei weitere Module.

15.1.2 Devel- und Theme Developer-Modul

Eines der wichtigsten Module für Entwickler ist das Devel-Modul. Wir sind ihm schon im Kapitel 3.5 dieses Buches begegnet. Es ermöglicht die Anzeige wichtiger Parameter einer Drupalseite. Es besteht aus mehreren Tools, die die Arbeit erleichtern. Nicht zuletzt dient es als Basis für das *Theme Developer*-Modul, das seit Drupal 7 ein eigenständiges Modul ist.

Falls Sie Devel noch nicht installiert haben sollten: Installieren und aktivieren Sie bitte die beiden Module.

⊡ **Lesezeichen**

http://drupal.org/project/devel
Download-Adresse des Devel-Moduls

http://drupal.org/project/devel_themer
Download-Adresse des Theme Developer-Moduls

Nachdem das *Theme Developer*-Modul aktiviert wurde, sehen Sie links unten ein kleines Kästchen mit der Aufschrift *Themer info*.

Setzen Sie ein Häkchen. Es erscheint eine graue Box, und Ihre Webseite bekommt ein ganz neues Verhalten. Immer wenn Sie über ein Element der Seite fahren, wird ein roter Rahmen um das Element gelegt. In der Box daneben werden weitere Informationen angezeigt. Sinnvoll ist auch, dass Sie das Erscheinungsbild für Benutzer mit eingeschränkten Zugriffsrechten und unangemeldete Benutzer (Gäste) analysieren. Wenn Sie sich aber ausloggen, um sich Ihr Werk als Gast anzusehen, dann wird das Themer-Kästchen nicht mehr angezeigt.

Deshalb sollten noch die passenden Berechtigungen gesetzt werden, damit Sie auch ausgeloggt das Theme Developer-Modul nutzen können:

1. Klicken Sie auf *Benutzer* und dann auf den Reiter *Berechtigungen*.
2. Unter dem Punkt *Devel* vergeben Sie dem gewünschten Benutzer (z. B.: *Gast*) die Rechte auf Access *developer information*.

Nun sehen Sie das Theme-Kästchen, auch wenn Sie ausgeloggt sind.

Sehr nützlich ist der Block namens *Entwicklung*, den Sie so aktivieren:

1. Gehen Sie zu *Struktur->Blöcke*.
2. Weisen Sie den Block *Entwicklung* der Region *Sidebar second* zu.
3. Speichern Sie die Blöcke.

Die Vorbereitungen sind fertig, und wir starten gleich mit unserem Theme.

15.2 Basisthemes

Beim Umsetzen eines Webseiten-Designs sind mehrere Schritte notwendig. Meist wird das Design mit einem Grafikprogramm erstellt, und dieses gilt es dann in Drupal umzusetzen. Da die Seiten dynamisch generiert werden, ist hier einiges zu beachten.

Die Drupal-Entwickler haben aber daran gedacht, die Gestaltung der Seite sehr flexibel zu halten. Das wurde auch sehr gut umgesetzt. Vor allem die Auszeichnung der einzelnen Seitenelemente mit Klassen und IDs für die Formatierung mittels CSS erleichtert die Arbeit sehr. Leider machen die unterschiedlichen Browser und deren (Nicht-)Umsetzung von Standards aber einige Tricks notwendig, die das Design recht aufwendig werden lassen. Damit man sich um diese Details nicht allzu sehr kümmern muss, wurden Basisthemes entwickelt, die schon grundlegende Funktionalität bieten und auch schon viele Browser-Eigenheiten berücksichtigen.

15.2.1 Übersicht der am weitesten verbreiteten Basisthemes

Mittlerweile kommen die Basisthemes mit zahlreichen Erweiterungen und Funktionen einher, die kaum mehr Wünsche offen lassen und die Entwicklung stark vereinfachen. Folgend eine kurze Übersicht:

Zen

Zen ist das Startertheme schlechthin. Es ist die Basis für ein standardkonformes Theme mit hervorragender Online-Dokumentation und gut dokumentierten Dateien. Wie die meisten Basisthemes ist es suchmaschinenoptimiert und stellt in der HTML-Seite wichtige Inhalte vor weniger wichtige. Die endgültige Positionierung der Elemente erfolgt wie bei fast allen Themes per CSS. In vielem war dieses Theme ein Vorreiter, und so manches, was durch Zen eingeführt wurde, hat mittlerweile im Drupal-Core Einzug gehalten.

http://drupal.org/project/zen

Tao

Dieses Basistheme setzt zuerst einmal alles zurück, was an Formatierungen vorhanden ist, und erlaubt einen kompletten Neustart. Auch die Drupal-Eigenart, dass CSS-Formatierungen und Funktionen mehrfach überschrieben werden, war den Autoren des Themes ein Dorn im Auge. Deshalb wurden viele Template-Files bereinigt und thematisch zusammengefasst. Darauf aufbauend wird ein neues sehr gut anpassbares Design erstellt.

http://drupal.org/project/tao

AdaptiveTheme

AdaptiveTheme ist ein sehr gut konfigurierbares HTML5-Basistheme. Es bietet ausgesprochen viele Layout-Optionen und erweitert Drupal mit zahlreichen Funktionen, die für das Theming Ihrer Seite nützlich sein können. Es nutzt das Modul *skinr*, mit dessen Hilfe viele Einstellungen mit der Maus angepasst werden können.

http://drupal.org/project/adaptivetheme

Basic

Basic ist ursprünglich eine entschlackte Version von Zen. Es ist nun ein eigenständiges Theme, das sehr einfach und flexibel gehalten und gut anzupassen ist.

http://drupal.org/project/basic

Genesis

Genesis ist extrem flexibel und ermöglicht viele Designmöglichkeiten. Es ist natürlich auch standardkonform und enthält zahlreiche Fixes für bestimmte Browser, nicht zuletzt für Microsofts Internet Explorer. Die Stylesheets sind modular, so dass es CSS-Dateien für die jeweiligen Elemente gibt. Die Template-Files wurden nicht stark modifiziert, und ein Einarbeiten ist relativ einfach. Es ist suchmaschinenoptimiert und ermöglicht Seiten für eingeschränkte Benutzer. Mit Genesis werden wir uns noch näher befassen.

http://drupal.org/project/genesis

Gridbasierte Basis-Themes

Ein Grid (Raster) dient als Basis für ein Seitenlayout. Es teilt eine Seite horizontal und vertikal in Spalten bzw. Zeilen. Elemente der Seite werden an das Grid angepasst. So kann die Breite eines Elements immer nur ein Vielfaches der Spaltenbreite sein.

Damit bekommt man eine grundlegende Struktur in ein Design und kann es auch sehr gut in Code umsetzen.

Dabei kommt oft die Zahl 960 vor. Diese Zahl hat zwei Vorteile:

- Ein Design mit einer Breite von 960 Pixeln ist auf den allermeisten Monitoren gut darstellbar, da zumindest eine Auflösung von 1024 x 768 Pixeln vorausgesetzt werden kann.
- 960 ist sehr gut teilbar. Man kann 12-, 16- oder 24-spaltige Designs erstellen, da diese Zahlen alle Teiler von 960 sind.

Bei gridbasierten Themes gibt man bei den Elementen die Breite in Spalten an. Das wird mittels Klassenzuweisungen in `div`-Blöcken erreicht.

Das sieht bei einem Element, das zehn Spalten einnehmen soll, so aus:

```
<div class="span-10">
```

Folgend eine Auswahl an gridbasierten Themes:

Blueprint

Blueprint ist ein CSS-Framework mit 950px Breite und 24 Spalten mit 30px und 10px Abstand zwischen den Spalten. Darauf aufbauend wurde das gleichnamige Theme erstellt. Es bietet ein flexibles Layout mit ein bis drei Spalten, die an dem 24-Spalten-Grid ausgerichtet werden. Es bietet zahlreiche innovative und nützliche Funktionen. Die Änderungen und Tricks sind sehr gut kommentiert, und man kann sehr viel bei der Arbeit mit Blueprint lernen.

http://drupal.org/project/blueprint

Clean

Clean – der Name ist Programm – ist ein sehr sauberes, schlankes Theme, das eine sehr gute Basis für jene darstellt, die ohne viele Vorgaben ein Design aufbauen wollen. Sein Standardlayout passt in das 960-Grid-System, und es gibt sogar eine Theme-Einstellung, um die 12-Spalten-Raster im Hintergrund einzublenden.

http://drupal.org/project/clean

Fusion

Fusion ist ein Theme, das vollgestopft mit Funktionalität ist. Vieles, was bei anderen Themes nur durch Anpassen von Quellode möglich ist, kann bei Fusion auf den Einstellungsseiten per Mausklick erledigt werden. Hier kümmert sich das Theme um fast alles. Für einen schnellen Beginn ist es daher keine schlechte Wahl.

http://drupal.org/project/fusion

Framework

Framework ist ein Basistheme, das 12 Spalten auf 960px Breite bietet. Es nutzt bereits HTML5-Markup. Es steht in Konkurrenz zu Blueprint und NineSixty.

http://drupal.org/project/framework

NineSixty

NineSixty nutzt das 960-Grid-System (960gs). Es ist ganz darauf ausgerichtet und enthält zahlreiche Tools, die beim 960gs-Framework dabei sind. So sind Zeichenvorlagen und Templates für Photoshop und Fireworks enthalten. Wer einfach ein gridbasiertes Design erstellen will und keine zusätzliche Funktionalität braucht, sollte sich einmal NineSixty ansehen.

http://drupal.org/project/ninesixty

Omega

Omega ist ein HTML5-Basistheme, das auf 960gs basiert. Es bietet 12-, 16-, 24- und 32-spaltiges Layout. Es bietet sehr viele Konfigurationsmöglichkeiten und es enthält, wie 960gs, Push-/Pull-Klassen, um Elemente per CSS zu verschieben. Damit kann man – im Sinne der SEO – Inhalte im HTML-Code vorne platzieren und per CSS dann an den richtigen Platz verschieben.

http://drupal.org/project/omega

15.3 Basisthemes nutzen und anpassen

15.3.1 Genesis

Ein interessantes Basistheme, das schon früh für Drupal 7 zur Verfügung stand, ist Genesis, an Hand dessen wir uns die Grundprinzipien der Themes in Drupal ansehen werden.

1. Laden Sie das Genesis-Theme herunter und entpacken Sie es im Ordner `sites/all/themes`.

2. Im entpackten Ordner `genesis` befindet sich der Ordner `genesis_SUBTHEME`. Kopieren Sie diesen nach `sites/all/themes`.

3. Benennen Sie den Ordner um. Ich nenne ihn `owntheme`.

> **Tipp:** Leider gibt es ein Problem im Zusammenspiel von Genesis und dem Theme Developer-Modul. Sollte das Layout des Genesis-Themes nicht funktionieren, müssen wir eine kleine Änderung am Theme Developer-Modul vornehmen.
>
> 1. Öffnen Sie die Datei `sites/modules/devel_themer\del_themer.js` in einem Texteditor.

2. Ungefähr bei Zeile 8 finden Sie folgende Zeichenfolge:
   ```
   $('body').addClass("thmr_call").attr("id", "thmr_" +
       Drupal.settings.page_id);
   ```

3. Ersetzen Sie hier body durch html.
   ```
   $('html').addClass("thmr_call").attr("id", "thmr_" +
       Drupal.settings.page_id);
   ```

4. Speichern Sie die Datei!

Wechseln Sie in den Ordner owntheme, und sehen wir uns einmal um.

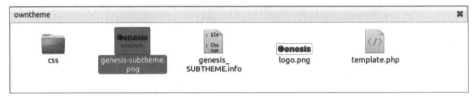

Bild 15.2: Der Inhalt des Subtheme-Ordners

Da ist die Datei genesis-subtheme.png. Das ist der Screenshot, den man auf der Übersichtsseite der Theme-Administration sieht. Den können Sie anpassen, wenn Ihr Theme fertiggstellt wurde.

Wir benennen die Datei einfach in owntheme.png um.

15.3.2 Die info-Datei eines Themes

Das ist die wichtigste Datei eines Themes. Hier werden grundlegende Angaben gemacht, die Drupal zum Erkennen und Bearbeiten des Themes benötigt. Die Datei genesis-subtheme.info sollte in owntheme.info umbenannt werden. Danach öffnen Sie sie bitte. Die ersten Zeilen sehen ungefähr so aus:

```
; Change the name to match your new subthemes name and modify ; the
description.
   name          = Genesis SUBTHEME
   description   = My Kickn' Sub-theme
   core          = 7.x
   engine        = phptemplate
   screenshot    = genesis-subtheme.png
   base theme    = genesis
```

Sie sehen hier die typische Struktur des Info-Files eines Themes. Wir beginnen gleich damit, die Einträge anzupassen:

Bei name ist der Name des Themes einzutragen. Dieser wird auch in der Theme-Administrationsseite angezeigt. Es empfiehlt sich, den Ordner genauso wie das Theme zu benennen. Ändern Sie den Namen nun in owntheme.

Unter `description` kann man eine kurze Beschreibung eingeben.

Bei `core` trägt man ein, für welche Drupalversion dieses Theme entwickelt wurde. Wir belassen es bei `7.x`. Ein Theme funktioniert unter keiner anderen Drupal-Version, als der, für die es entwickelt wurde.

`Engine` legt fest, mit welcher Template-Engine das Theme verarbeitet wird. Meist wird die Engine `phptemplate` verwendet, die für Drupal entwickelt wurde und viele Variablen als Platzhalter für generierten Inhalt bereitstellt.

`Screenshot` legt fest, wie die Datei heißt, in der die Voransicht für den Administrationsbereich gespeichert ist. Sie haben sicher erkannt, dass wir hier jetzt `owntheme.png` eintragen.

Der Eintrag `base theme` ist sehr wichtig. Damit teilen wir Drupal mit, auf welchem Basistheme unser Subtheme basiert. Das belassen wir natürlich bei `genesis`.

Nach unsereren Änderungen sollte der Kopf der Datei so aussehen:

```
; Change the name to match your new subthemes name and modify ; the description.
  name         = owntheme
  description  = Unser erstes Subtheme auf Basis von Genesis
  core         = 7.x
  engine       = phptemplate
  screenshot   = owntheme.png
  base theme   = genesis
```

Sehen wir uns die nächsten Zeilen an:

```
; Subtheme modular stylsheets.
  stylesheets[all][] = css/html-elements.css
  stylesheets[all][] = css/page.css
  stylesheets[all][] = css/fields.css
  stylesheets[all][] = css/nodes.css
  stylesheets[all][] = css/blocks.css
  stylesheets[all][] = css/comments.css
  stylesheets[all][] = css/navigation.css
  stylesheets[all][] = css/views-styles.css
  stylesheets[all][] = css/custom.css
```

Hier werden die Stylesheets festgelegt, die das Theme-Erscheinungsbild bestimmen. Die Pfadangaben sind immer relativ, bezogen auf den Theme-Ordner.

Die Reihenfolge ist auch wichtig, denn so werden die Stylesheets auch in die generierten Seiten eingefügt. Da es sich ja um Cascading Stylesheets handelt, werden Styles von später folgenden Style-Definitionen überschrieben. Man erkennt auch, dass die Stylesheets von oben nach unten immer spezifischere Elemente einer Seite betreffen.

Hier könnten wir auch Stylesheets für verschiedene Medien angeben. Das würde etwa so aussehen:

```
; Ein Stylesheet für alle Medien
stylesheets[all][] = allstyle.css

; Ein Stylesheet for Bildschirm und Projektor
stylesheets[screen, projector][] = screenprojectorstyle.css

; Ein Stylesheet für Drucker
stylesheets[print][] = printstyle.css
```

Sie sollten alle Stylesheets in der .info-Datei angeben und nicht an anderer Stelle, da nur so das Drupal-System weiß, dass sie existieren. Das ist wichtig, da Drupal aus Performance-Gründen die Stylesheets bündeln und komprimieren kann.

Wenn wir die Datei weiter untersuchen, gelangen wir zu den Regionen (Regions).

```
; The regions defined in the page.tpl.php file. The name in
; brackets is the
; name of the variable. The text after the = sign is the
; short description
; you see on the block configuration page.
  regions[sidebar_first]       = Sidebar first
  regions[sidebar_second]      = Sidebar second
  regions[content]             = Main Content
  regions[highlighted]         = Highlighted
  regions[leaderboard]         = Leaderboard
  regions[header]              = Header
  regions[secondary_content]   = Secondary
  regions[tertiary_content]    = Tertiary
  regions[footer]              = Footer
  regions[help]                = Help
  regions[page_top]            = Page top
  regions[page_bottom]         = Page bottom
```

Hier werden die Regionen einer Seite angegeben, die in der Datei page.tpl.php festgelegt wurden. In den eckigen Klammern stehen die Variablennamen, und nach dem Zuweisungszeichen (=) kommen dann die Beschreibungen, die im Block-Administrationsbereich angezeigt werden.

Regionen sind festgelegte Bereiche einer Drupalseite, denen man Inhalte zuordnen kann. Sehen wir sie uns in unserem Theme an.

1. Speichern Sie zunächst die geänderte owntheme.info-Datei.

2. Aktivieren Sie das neue Subtheme, indem Sie im Administrationsmenü *Design* anwählen und unter den deaktivierten Themes unser soeben modifiziertes Theme heraussuchen und mit

3. *aktivieren und als Standard festlegen* zum Standardtheme machen.

4. Danach wählen Sie *Struktur->Blöcke* und
5. klicken auf *Block-Regionen (owntheme) veranschaulichen*.

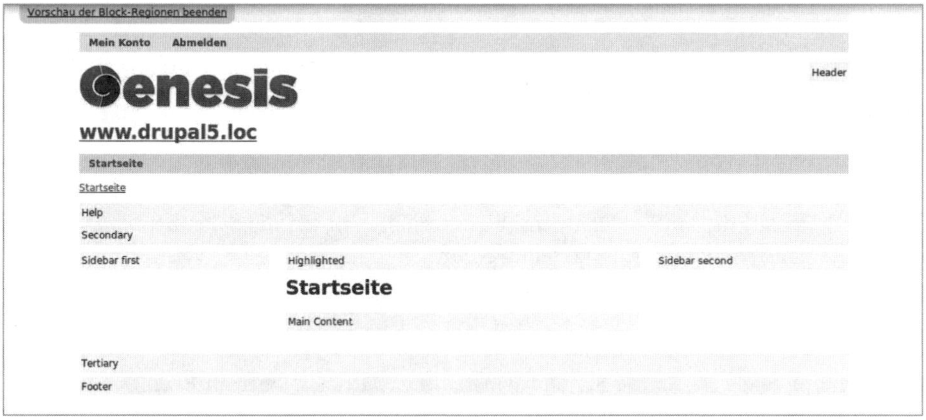

Bild 15.3: Die Regions des Genesis-Themes

Die Einteilung ist sehr übersichtlich, und allein durch Zuordnen verschiedener Blöcke kann man schon eine sehr informative und eindrucksvolle Seite gestalten.

Sie sehen schon, dass hier ein Standard-Layout gewählt wurde – mit Content in der Mitte und je einem Seitenbereich links und rechts.

In einem Basetheme kann man das üblicherweise komfortabel anpassen. So auch im Genesis-Theme. Wie das bewerkstelligt wird, hängt vom Basis-Theme ab und variiert von Theme zu Theme. Die Konfiguration ist bei Basethemes für gewöhnlich sehr gut dokumentiert.

Wir sehen uns das für Genesis an.

1. Gehen Sie in den Ordner `sites/all/themes/genesis/genesis/css`.
2. Öffnen Sie die Datei `layout.css`.

```
/* Standard 3 column, em based widths. */
#genesis-1a .two-sidebars .content-inner{margin:0 22em;}
#genesis-1a .sidebar-first .content-inner{margin-left:22em;}
#genesis-1a .sidebar-second .content-inner{margin-right:22em;}
#genesis-1a #sidebar-first{width:20em;margin-left:-100%;}
#genesis-1a #sidebar-second{width:20em;margin-left:-20em;}

/* Standard 3 column, % based widths. */
#genesis-1b .two-sidebars .content-inner{margin:0 25.25%;}
#genesis-1b .sidebar-first .content-inner{margin-left:25.25%;}
#genesis-1b .sidebar-second .content-inner{margin-right:25.25%;}
#genesis-1b #sidebar-first{width:24.25%;margin-left:-100%;}
```

```
/* Standard 3 column, px based widths (default). */
#genesis-1c .two-sidebars .content-inner{margin:0 260px;}
#genesis-1c .sidebar-first .content-inner{margin-left:260px;}
#genesis-1c .sidebar-second .content-inner{margin-right:260px;}
#genesis-1c #sidebar-first{width:240px;margin-left:-100%;}
#genesis-1c #sidebar-second{width:240px;margin-left:-240px;}
#genesis-1b #sidebar-second{width:24.25%;margin-left:-24.25%;}
...
```

Sie sehen hier Layoutdefinitionen. `genesis-1a` steht für dreispaltiges Design mit je einem Seitenbereich links und rechts. Die Breite der Seitenstreifen ist `22em`. Da sich die Messgröße `em` auf die Größe der Buchstaben bezieht, werden die Seitenbereiche größer, wenn die Buchstaben größer dargestellt werden.

Wer das nicht möchte, kann mit dem Layout `genesis-1b` die Breite prozentual festlegen, was bei einem fließenden Design bedeutet, dass sie von der Fensterbreite abhängt.

Die Variante `genesis-1c`, die Standardeinstellung, hält sich starr an Pixel. Ändert sich die Fensterbreite, so ändert sich nur die Breite des Content-Bereichs in der Mitte.

Die weiteren Varianten legen beide Seitenbereiche jeweils rechts oder links fest.

Sehen wir uns das einmal mit dem Firebug an:

1. Öffnen Sie die Startseite.
2. Klicken Sie auf das Firebug-Symbol rechts unten im Browserfenster. Im unteren Bereich sollte ein Firebug-Fenster aufgehen.
3. Sollte das nicht schon der Fall sein, wählen Sie *HTML* im Firebug-Menü aus.
4. Sie sehen jetzt den Quellcode der Seite.
5. Im `body`-Tag finden Sie `id="genesis-1c"`. Das kennen wir aus der `layout.css`-Datei.
6. Sehen Sie sich die weiteren ineinander verschachtelten Elemente an, dann finden Sie auch das Element `<div class="content-inner">` (siehe Screenshot).
7. Ein Klick auf das `div`-Tag zeigt im Fenster rechts die CSS-Definition aus `layout.css`.

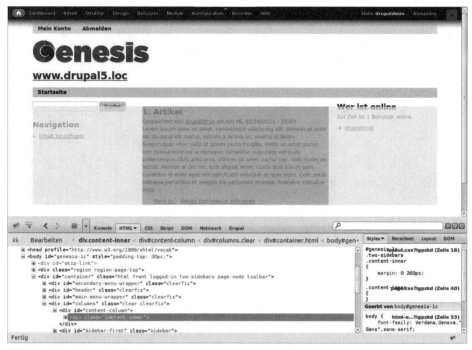

Bild 15.4: Analyse mit Firebug

Sollte das bei Ihnen anders aussehen und der rechte Seitenbereich fehlen: Wenn `sidebar-second` kein Block zugeordnet ist, dann wird er gar nicht angezeigt. Weisen Sie also einfach `sidebar-second` einen Block zu, und er erscheint. Ich empfehle den *Entwicklung*-Block, da wir den ohnehin benötigen werden.

Mit Firebug können wir auch gleich eine Voransicht für die anderen Layout-Optionen ansehen.

Klicken Sie im `body`-Tag auf `genesis-1c`. Sie können jetzt die anderen Optionen aus der Datei `layout.css` ausprobieren. Ändern Sie mit dem Firebug die `id` beim `body`-Tag auf `genesis-2b`, und sofort sehen Sie das neue Layout.

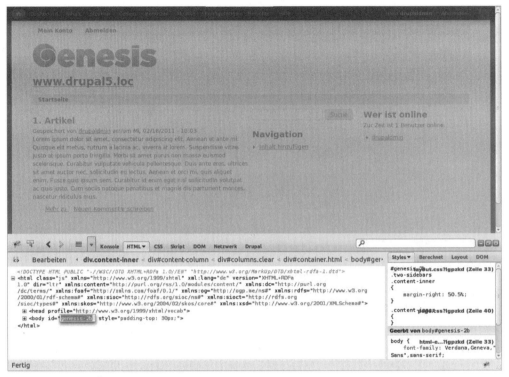

Bild 15.5: Die Änderung wird vom Firebug sofort umgesetzt

15.3.3 Drupal Template-Dateien

Die Änderung im Firebug ändert aber nichts an der zugrunde liegenden Seite. Um dauerhaft eine Layoutänderung durchzuführen, müssen Sie die Änderung in einer Datei eintragen. Diese Datei heißt html.tpl.php und befindet sich im Ordner sites/all/themes/genesis/genesis/templates.

Das ist eine Template-Datei, die in Drupal verwendet wird, um Elemente einer Webseite zu generieren. Template-Dateien enthalten HTML mit eingefügten PHP-Kommandos. In diesen PHP-Kommandos werden vor allem Variableninhalte ausgegeben. Die Variablen enthalten meist den HTML-Code für einzelne Bereiche einer Webseite. Der Inhalt wird wieder in Template-Files generiert. So wird in der Datei html.tpl.php das Grundgerüst einer Seite erstellt. Die Datei page.tpl.php ist für die Darstellung der sichtbaren Elemente zuständig und ruft selbst wieder Informationen ab, um einzelne Seitenelemente anzuzeigen. Die Datei block.tpl.php ist zum Beispiel für die Darstellung der Blöcke zuständig.

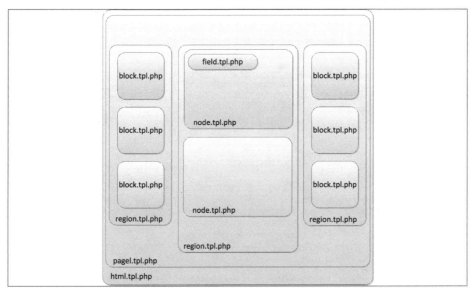

Bild 15.6: Template-Files und was sie generieren

Bevor wir uns die Template-Dateien näher ansehen, sollten wir uns an ein Grundprinzip beim Entwickeln für Drupal halten: Wir lassen die Originaldateien unverändert, erstellen Dateien in spezifischeren Ordnern und nehmen dort die Änderungen vor.

So gibt es die Datei html.tpl.php bereits in der Drupal-Basisinstallation im Verzeichnis /modules/system. Sie wird verwendet, wenn es keine spezifischere Datei gibt. Diese existiert aber im Ordner unseres Basisthemes.

Da wir ein von Genesis abgeleitetes Subtheme haben, wird die html.tpl.php-Datei im Ordner genesis verwendet. Sie ist ja spezifischer als die allgemeine Datei aus der Drupal-Basisinstallation.

Wollen wir für unser Subtheme eine Änderung vornehmen, dann sollten wir das besser an einer lokalen Kopie der html.tpl.php vornehmen, denn auch hier gilt, dass die Datei noch spezifischer ist und daher berücksichtigt wird.

Kopieren Sie daher den Ordner templates aus dem Ordner genesis/genesis in das Verzeichnis owntheme.

html.tpl.php

Untersuchen wir einmal die Datei html.tpl.php etwas genauer. Öffnen Sie sie dazu in einem Editor.

Sie sehen, abgesehen von den Kommentarzeilen am Anfang, in etwa Folgendes:

```
?><!DOCTYPE html PUBLIC "-//W3C//DTD XHTML+RDFa 1.0//EN"
  "http://www.w3.org/MarkUp/DTD/xhtml-rdfa-1.dtd">
<html xmlns="http://www.w3.org/1999/xhtml" xml:lang="<?php print $language-
>language; ?>" version="XHTML+RDFa 1.0" dir="<?php print $language->dir; ?>"
```

```
<?php print $rdf_namespaces; ?>>
<head profile="<?php print $grddl_profile; ?>">
  <?php print $head; ?>
  <title><?php print $head_title; ?></title>
  <?php print $styles; ?>
  <?php print $scripts; ?>
</head>
<?php // modify the layout by changing the id, see layout.css ?>
<body id="genesis-2c" <?php print $attributes;?>>

  <?php if (!$in_overlay): // Hide the skip-link in overlay ?>
    <div id="skip-link">
      <a href="#main-content"><?php print t('Skip to main content'); ?></a>
    </div>
  <?php endif; ?>

  <?php print $page_top; ?>
  <div id="container" class="<?php print $classes; ?>">
    <?php print $page; ?>
  </div>
  <?php print $page_bottom; ?>

</body>
</html>
```

Hier ist das Grundgerüst der von Drupal aufgebauten Seiten. Beim Durchgehen der Zeilen ahnt man schon, wie der Aufbau funktioniert. Wie schon erwähnt, steht hier ein HMTL-Codegerüst, das mit dem Inhalt von PHP-Variablen aufgefüllt wird.

Die Variablen enthalten Zeichenketten, die wiederum anderweitig generiert werden. Folgend eine Übersicht der wichtigsten Variablen, die schon vom Drupal-Core vorgegeben werden.

Variable	Beschreibung
`$css`	Ein Array von CSS-Dateien für die aktuelle Seite.
`$language (Objekt)`	Enthält die Anzeigesprache der Seite.
`$language->language`	Die Anzeigesprache als Text. Sollten Sie die Sprache Deutsch eingestellt haben, steht hier `de`.
`$language->dir`	Enthält die Schreibrichtung. Die Optionen sind `ltr` (left to right, links nach rechts) für linksläufige und `rtl` (right to left, rechts nach links) für rechtsläufige Schreibweise.
`$rdf_namespaces`	Enthält alle RDF-Namespace-Präfixe (Resource Description Framework), die im HTML-Dokument genutzt werden.
`$grddl_profile`	Ein GRDDL-Profil (Gleaning Resource Descriptions from Dialects of Languages) erlaubt RDF-Agents, Daten zu extrahieren.

Variable	Beschreibung
$head_title	Der Seitentitel, der im title-Tag angegeben wird.
$head_title_array	Enthält die Zeichenketten, die für $head_title verwendet wurden. Es ist ein assoziatives Array und kann folgende Elemente enthalten: name: Name der Webpräsenz slogan: Slogan der Webpräsenz (sofern vorhanden) title: Name der speziellen Seite (sodern vorhanden)
$head	Markup für den head-Bereich: z. B. META-Tags, Keyword-Tags und Ähnliches.
$styles	Enthält die Style-Tags für den Import aller CSS-Dateien für die Seite.
$scripts	Beinhaltet die Script-Tags für die Javascript-Dateien und -Einstellungen der Seite.
$page_top	Erst-Markup aller Module, die an der Ausgabe einer Seite beteiligt sind. Diese Variable sollte vor allen anderen dynamisch generierten Inhalten ausgegeben werden.
$page	Der generierte Seiteninhalt. Drupal ersetzt $page mit dem Inhalt der Datei page.tpl.php.
$page_bottom	Abschließendes Markup aller Module, die an der Ausgabe einer Seite beteiligt sind. Diese Variable sollte nach allen anderen dynamisch generierten Inhalten ausgegeben werden.
$classes	Eine Zeichenkette von Klassen, die passenden Elementen zugeordnet werden können. z. B.: html logged-in page-node sidebar first

(Quelle: *http://api.drupal.org/api/drupal/modules--system--html.tpl.php/7*)

> **Tipp:** Viele interessante Informationen zu Drupal-Interna finden Sie auf der Webseite *http://api.drupal.org*. Wenn Sie hier nach den Template-Dateien wie z. B. html.tpl.php suchen, dann erhalten Sie eine hervorragende Dokumentation dazu.

Und bevor wir vergessen, warum wir die Datei html.tpl.php ursprünglich geöffnet haben: Beim body-Tag steht die gesuchte id aus der Datei layout.css, und wir können die passende – je nach gewünschtem Layout – nun eintragen. Ich habe genesis-2c eingetragen.

Es steht Ihnen natürlich frei, noch weitere Layouts mit anderen Abständen zu entwerfen. Im der Datei sites/all/genesis/genesis/css/layout-overrides/layout-override-example.css finden Sie einige Vorschläge und auch den Hinweis, die entsprechenen Zeilen in der Datei page.css im Subtheme einzufügen.

page.tpl.php

Wenn wir die vorherige Datei `html.tpl.php` genauer ansehen und mit dem Quelltext vergleichen, sehen wir, dass in der Variablen `$page` fast der gesamte Inhalt der Seite steht.

Der Inhalt der Variablen kommt aus der Datei `page.tpl.php`. Sie sollte sich bereits im kopierten `templates`-Ordner des Subthemes befinden. Öffnen Sie sie.

Ziemlich weit oben finden Sie folgende Zeilen:

```
<?php if ($secondary_menu_links): ?>
  <div id="secondary-menu-wrapper" class="clearfix">
    <div class="secondary-menu-inner"><?php print $secondary_menu_links; ?></div>
  </div>
<?php endif; ?>
```

Auch jemand, der mit PHP wenig am Hut hat, erkennt, dass hier wohl ein Menü generiert wird. Die `if`-Abfrage am Anfang stellt sicher, dass das Menü nur erstellt wird, wenn es auch existiert, d. h. Menüeinträge dafür festgelegt wurden.

Die Block-Elemente (`div`) sind mit `id`- bzw. `class`-Tags belegt, die gezieltes Design per CSS ermöglichen. Die intensive Kapselung von Seitenelementen in Blöcken und die Auszeichnung mit eigenen Klassen (`class`) oder Identifier (`id`) ist in Drupal allgegenwärtig.

Auch im folgenden Code-Ausschnitt sehen wir, dass zuerst abgefragt wird, was überhaupt darzustellen ist. Erst dann werden die Elemente ausgegeben.

```
<div id="header" class="clearfix">

  <?php if ($site_logo || $site_name || $site_slogan): ?>
    <div id="branding">

      <?php if ($site_logo or $site_name): ?>
        <?php if ($title): ?>
          <div class="logo-site-name"><strong>
            <?php if ($site_logo): ?><span id="logo"><?php print $site_logo; ?></span><?php endif; ?>
            <?php if ($site_name): ?><span id="site-name"><?php print $site_name; ?></span><?php endif; ?>
          </strong></div>
        <?php else: /* Use h1 when the content title is empty */ ?>
          <h1 class="logo-site-name">
            <?php if ($site_logo): ?><span id="logo"><?php print $site_logo; ?></span><?php endif; ?>
            <?php if ($site_name): ?><span id="site-name"><?php print $site_name; ?></span><?php endif; ?>
          </h1>
        <?php endif; ?>
```

```
            <?php endif; ?>

            <?php if ($site_slogan): ?>
              <div id="site-slogan"><?php print $site_slogan; ?></div>
            <?php endif; ?>

          </div> <!-- /branding -->
        <?php endif; ?>

        <?php if ($page['header']): ?>
          <div id="header-blocks"><?php print render($page['header']); ?></div>
        <?php endif; ?>

      </div> <!-- /header -->
```

Die einzelnen Variablen wie `$site_name`, `$site_slogan` bergen wohl keine Geheimnisse. Sie können von Ihnen im Administrationsbereich unter *Konfiguration->Website-Informationen* festgelegt werden.

Im folgenden Ausschnitt aus der Datei `page.tpl.php` sehen Sie, wie die Regionen, die in der Info-Datei angegeben wurden, ins Spiel kommen:

```
          <div id="content">
            <?php print render($page['content']); ?>
          </div>
        </div>

      </div>
    </div>

    <?php if ($page['sidebar_first']): ?>
      <div id="sidebar-first" class="sidebar"><?php print
      render($page ['sidebar_first']); ?></div>
    <?php endif; ?>

    <?php if ($page['sidebar_second']): ?>
      <div id="sidebar-second" class="sidebar"><?php print
      render($page ['sidebar_second']); ?></div>
    <?php endif; ?>
```

Und wieder ist da eine `if`-Abfrage, die prüft, ob denn die Seitenbereiche darzustellen sind. Das ist nur der Fall, wenn ihnen Blöcke zugeordnet wurden.

Variablen, die hier verwendet werden, kommen teilweise wieder aus anderen Dateien, die noch spezifischere Teile einer Seite behandeln. Sie finden sie entweder im Ordner eines Themes (wenn sie angepasst wurden) oder im Drupal-Core.

In folgender Tabelle finden Sie die Variablen, die hier bereitgestellt werden:

Variable	Beschreibung
$base_path	Das Basisverzeichnis der Drupal-Installation. Meistens wird das / sein.
$directory	Das Verzeichnis, in dem sich das Template befindet. Bei uns ist das *sites/all/themes/owntheme/templates*.
$is_front	TRUE, wenn die aktuelle Seite die Startseite ist.
$logged_in	TRUE, wenn der Benutzer eingeloggt ist.
$is_admin	TRUE, wenn der Benutzer mit Administrationsrechten ausgestattet ist.
$front_page	Die URL der Startseite. Hier werden auch Angaben wie Präfixe für die aktuelle Sprache berücksichtigt.
$logo	Der Pfad zur Logo-Datei.
$site_name	Der Name der Seite. Die Variable ist leer, wenn die Anzeige in den Theme-Einstellungen deaktiviert wurde.
$site_slogan	Der Slogan der Seite. Die Variable ist leer, wenn die Anzeige in den Theme-Einstellungen deaktiviert wurde.
$main_menu (Array)	Ein Array, das die Main-Menu-Links enthält, sofern es dafür Einträge gibt.
$secondary_menu (Array)	Ein Array, das die Secondary-Menu-Links enthält, sofern es dafür Einträge gibt.
$breadcrumb	Enthält den Breadcrumb-Navigationspfad.
$title_prefix (Array)	Ein Array, das weitere Ausgaben durch Module enthält. Es ist dafür bestimmt, vor dem Haupttitel einer Seite im TITLE-Tag angezeigt zu werden.
$title	Der Seitentitel für die aktuelle Seite.
$title_suffix (Array)	Ein Array, das weitere Ausgaben durch Module enthält. Es ist dazu bestimmt, nach dem Haupttitel einer Seite im TITLE-Tag angezeigt zu werden.
$messages	HTML für Status- und Fehlermeldungen. Sollte sehr auffällig dargestellt werden.
$tabs (Array)	Tabs sind die Reiter, die auf Unterseiten verweisen. (z. B.: Ansicht, Bearbeiten bei einem Artikel)
$action_links (array)	Aktionen, die auf einer Seite durchgeführt werden können wie z. B. *Menüpunkt erstellen* für einen Artikel.
$feed_icons	Eine Zeichenkette aller Feed-Icons für die aktuelle Seite.
$node	Das Node-Objekt, wenn ein automatisch geladener Node mit der Seite verknüpft ist, und die Node-ID.

Variable	Beschreibung
$page['region']	Inhalt einer Region. Z.B.: $page['content'] enthält den Hauptinhalt einer Seite für die Region content. $page['sidebar_first'] enthält die Elemente für den ersten Seitenbereich.

(Quelle: *http://api.drupal.org/api/drupal/modules--system--page.tpl.php/7*)

Wie können wir dieses Wissen nun für uns nutzen, um eine Seite anzupassen?

1. Eine Region wird in der info-Datei des Themes angegeben.
2. Die Ausgabe der Region wird in page.tpl.php festgelegt. Vergeben Sie auch passende Identifier und Klassen.
3. Legen Sie per CSS die genaue Position und das Design fest.
4. Was in dieser Region ausgegeben werden soll, legen Sie unter *Struktur->Blöcke* fest.

Klarer wird das sicher an Hand eines Beispiels:

1. Öffnen Sie owntheme.info und ergänzen Sie die kursiv gedruckte Zeile:

   ```
   ...
   regions[secondary_content]  = Secondary
   regions[tertiary_content]   = Tertiary
   regions[new_region]         = Neue Region
   regions[footer]             = Footer
   regions[help]               = Help
   regions[page_top]           = Page top
   regions[page_bottom]        = Page bottom
   ...
   ```

2. Öffnen Sie nun die Datei page.tpl.php und fügen Sie folgende kursiven Zeilen an passender Stelle ein:

   ```
   ...
   <?php if ($page['tertiary_content']): ?>
     <div id="tertiary-content">
       <?php print render($page['tertiary_content']); ?>
     </div>
   <?php endif; ?>

   <?php if ($page['new_region']): ?>
     <div id="new-region" class="special-region"><?php print
     render ($page['new_region']); ?></div>
   <?php endif; ?>

   <?php if ($page['footer'] || $feed_icons): ?>
     <div id="footer">
       <?php print render($page['footer']); ?>
   ```

```
        <?php print $feed_icons; ?>
    </div>
<?php endif; ?>
...
```

3. Passen Sie die CSS-Datei an. Hierfür bietet sich die Datei `page.css` im Ordner `owntheme/css` an. Näheres etwas später.

4. Löschen Sie den Cache, damit die Änderungen auch wirksam werden. Gehen Sie im Admin-Menü auf *Konfiguration->Leistung* und klicken Sie auf *Gesamten Cache löschen*. Da das etwas umständlich ist, nutzen wir den *Entwicklung*-Block. Mit einem Klick auf den Link *Empty cache* ist der Cache rasch geleert.

5. Gehen Sie zu *Struktur->Blöcke*. Sie sollten jetzt eine neue Region sehen, der Blöcke zugeordnet werden können.

6. Klicken Sie auf *Block-Regionen (owntheme) veranschaulichen*, um zu sehen, wo sich die neue Region befindet.

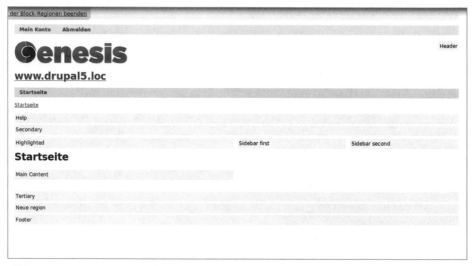

Bild 15.7: Die neue Region befindet sich, wie erwartet, über dem Footer

7. Ordnen Sie nun der neuen Region einen Block zu. Ich habe den Block *Neue Mitglieder* zugewiesen.

8. Speichern Sie die Änderungen und gehen Sie auf die Startseite.

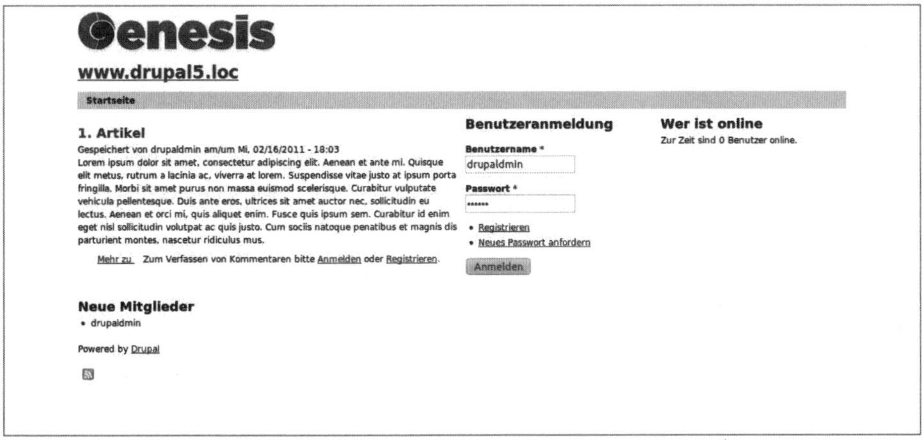

Bild 15.8: Die neue Region zeigt den zugewiesenen Block an

region.tpl.php

Diese Template-Datei ist für die Ausgabe der einzelnen Regionen zuständig. Sie ist im Genesis-Theme gar nicht neu definiert, sondern es wird die Datei der Drupal-Standardinstallation verwendet. Sie finden sie ausgehend vom Drupal-Basisverzeichnis im Unterordner `modules/system`. Sie ist ziemlich kurz. Ohne Kommentarzeilen sieht sie so aus:

```php
<?php if ($content): ?>
  <div class="<?php print $classes; ?>">
    <?php print $content; ?>
  </div>
<?php endif; ?>
```

Die Beschreibung der Variablen, die standardmäßig zur Verfügung stehen:

Variable	Beschreibung
$content	Der Inhalt der jeweiligen Region. Typischerweise sind das Blöcke.
$classes	Zeichenkette von Klassen, die genutzt werden können, um passende Elemente damit auszuzeichnen und somit per CSS zu konfigurieren. Sie kann durch Preprocess-Funktionen durch die Variable $classes_array manipuliert werden. Standardwerte können z. B. sein: region: Aktueller Templatetyp region-[name]: Der Name der Region, wobei die Underscores durch Bindestriche ersetzt werden. (z. B.: sidebar_first wird zu region-sidebar-first)
$region	Der Name der Region, wie im info-File des Themes definiert
$classes_array (Array)	Array von Klassenattributen. Es wird als String in der Variable $classes gespeichert.

Variable	Beschreibung
$is_front	TRUE, wenn die aktuelle Seite die Startseite ist.
$logged_in	TRUE, wenn der Benutzer eingeloggt ist.
$is_admin	TRUE, wenn der Benutzer mit Administrationsrechten ausgestattet ist.

(Quelle: *http://api.drupal.org/api/drupal/modules--system--region.tpl.php/7*)

node.tpl.php

Kommen wir nun zur Datei node.tpl.php. Hier wird festgelegt, wie einzelne Nodes dargestellt werden. In unserem Basistheme wird schon eine modifizierte Version bereitgestellt, und wir haben sie bereits in unseren Subtheme-Ordner kopiert.

```php
<div id="node-<?php print $node->nid; ?>" class="<?php print $classes; ?>"<?php print $attributes; ?>>
  <div class="node-inner clearfix">

    <?php print render($title_prefix); ?>
    <?php if ($teaser): ?>
     <h2 class="node-title"<?php print $title_attributes; ?>>
        <a href="<?php print $node_url; ?>" rel="bookmark"><?php print
        $title; ?></a>
     </h2>
    <?php endif; ?>
    <?php print render($title_suffix); ?>

    <?php print $user_picture; ?>

    <?php if ($display_submitted): ?>
      <div class="node-submitted">
        <?php print $submitted; ?>
      </div>
    <?php endif; ?>

    <div class="node-content"<?php print $content_attributes; ?>>
      <?php
        // Hide comments and links and render them later.
        hide($content['comments']);
        hide($content['links']);
        print render($content);
      ?>
    </div>

    <?php if ($content['links']): ?>
      <div class="node-links">
        <?php print render($content['links']); ?>
      </div>
    <?php endif; ?>
```

```
<?php print render($content['comments']); ?>

</div>
</div>
```

Bei der Durchsicht der Datei erkennt man wieder zahlreiche Variablen und kann bei vielen schon deren Funktion und Inhalt vermuten. Folgend eine Übersicht:

Variable	Beschreibung
$title	Der (bereinigte) Name des Node.
$content (Array)	Ein Array von node-Elementen. Mit render($content) wird alles ausgegeben. Mit render($content['field']) wird nur ein bestimmtes Element ausgegeben. Mit hide($content['field']) kann man die Ausgabe unterdrücken.
$user_picture	Das Bild des Node-Autors (aus user-picture.tpl.php)
$date	Formatiertes Erstellungsdatum. Mit Preprocess-Funktionen kann man es reformatieren, indem man format_date() mit den passenden Parametern auf $created anwendet.
$name	Benutzername des Node-Autors. Bereits vom Theme formatiert und durch theme_username() ausgegeben.
$node_url	Die URL des aktuellen Node.
$display_submitted	Flag, das – wenn TRUE gesetzt – dazu führt, dass Erstelldaten (Wann? Von wem?) angegeben werden.
$classes	Zeichenkette von Klassen, die genutzt werden können, um passende Elemente damit auszuzeichnen und somit per CSS zu konfigurieren. Sie kann durch Preprocess-Funktionen durch die Variable $classes_array manipuliert werden. Standardwerte können z.B. sein: node: Aktueller Templatetyp. node-[type]: aktueller Nodetyp, z. B. node-blog bei einem Blog-Eintrag. node-teaser: Node als Anrisstext. node-preview: Node in der Vorschau. node-promoted: Nodes auf der Startseite. node-sticky: Nodes, die immer am Anfang einer Node-Übersicht stehen. node-unpublished: Unveröffentlichte Nodes, die nur Administratoren sehen können.
$title_prefix (Array)	Ein Array, das weitere Ausgaben durch Module enthält. Es ist dafür bestimmt, vor dem Haupttitel einer Seite im TITLE-Tag angezeigt zu werden.

Variable	Beschreibung
$title_suffix (Array)	Ein Array, das weitere Ausgaben durch Module enthält. Es ist dafür bestimmt, nach dem Haupttitel einer Seite im TITLE-Tag angezeigt zu werden.
$node (Objekt)	Das komplette Node-Objekt.
$type	Der Typ des Nodes (blog, page, story, ...).
$comment_count	Anzahl der an diesen Node angefügten Kommentare.
$uid	Die User-ID des Node-Autors.
$created	Die Zeit, zu der der Node erstellt wurde – als Unix-Timestamp.
$classes_array (Array)	Array von Klassenattributen. Es wird als String in die Variable $classes gespeichert.
$zebra	Gibt entweder even oder odd aus. So kann man gestreifte Listen erzeugen, in denen die Elemente jeweils abwechselnde Farben haben.
$id	Position des Node. Erhöht sich jedes Mal, wenn er ausgegeben wird.
$view_mode	Anzeigemodus (Voll, Anrisstext, ...).
$teaser	Flag, ob der Node als Anrisstext angezeigt wird.
$page	Flag, ob der Node in der Vollansicht dargestellt wird.
$promote	Flag, ob der Node auf der Startseite angezeigt wird.
$sticky	Flag, ob der Post immer am Listenanfang angezeigt wird.
$status	Flag, ob der Node veröffentlicht ist.
$comment	Status der Kommentareinstellungen.
$readmore	Flag, ob der Anrisstext zu kurz war, um den gesamten Node-Inhalt anzuzeigen.
$is_front	TRUE, wenn die aktuelle Seite die Startseite ist.
$logged_in	TRUE, wenn der Benutzer eingeloggt ist.
$is_admin	TRUE, wenn der Benutzer mit Administrationsrechten ausgestattet ist.

(Quelle: *http://api.drupal.org/api/drupal/modules--node--node.tpl.php/7*)

Bei der Durchsicht des Listings fällt eine Funktion besonders auf:

```
hide($content['comments']);
```

Mit dieser Funktion wird das angegebene Element (in diesem Fall die Kommentare) als bereits gerendert markiert und beim Rendern (Umwandeln des Inhalts in HTML-Markup) des Content-Arrays nicht berücksichtigt. Das ist notwendig, wenn die Elemente nicht angezeigt werden sollen.

Das kann man mit

```
<?php print render($content['comments']); ?>
```

an der Stelle, wo die Elemente (in diesem Beispiel: Kommentare) ausgegeben werden sollen, nachholen.

Außerdem sehen Sie noch die Variablen $attributes, $title_attributes und $content_attributes. Diese Variablen sind für die RDF-Attribute zuständig und sollten an diesen Stellen belassen werden. Sie finden diese Variablen auch in anderen Template-Dateien. So z. B. in fields.tpl.php und block.tpl.php.

In einem Node werden Felder ausgegeben. Diese Felder können auch separat formatiert werden. Dafür ist folgende Datei zuständig:

fields.php.tpl

```
<div class="<?php print $classes; ?>"<?php print $attributes; ?>>
  <?php if (!$label_hidden) : ?>
    <h3 class="field-label"<?php print $title_attributes; ?>><?php print $label ?>: </h3>
  <?php endif; ?>
  <?php foreach ($items as $delta => $item) : ?>
    <div class="field-item <?php print $delta % 2 ? 'odd' : 'even'; ?>"<?php print $item_attributes[$delta]; ?>><?php print render($item); ?></div>
  <?php endforeach; ?>
</div>
```

Diese Datei wird nicht so häufig benutzt, aber Sie sehen einige interessante Mechanismen. Die Feldbezeichnung finden Sie in der Variablen $label. Sie wird nur angezeigt, wenn $label_hidden auf FALSE gesetzt ist. Danach werden alle Elemente ausgegeben und vorher aber als ‚odd' oder ‚even' markiert, damit man per CSS z. B. abwechselnde Füllfarben zuweisen kann.

Weitere Informationen finden Sie unter:

http://api.drupal.org/api/drupal/modules--field--theme--field.tpl.php/7

Zuletzt sehen wir uns noch jene Datei an, die für die Darstellung der Blöcke zuständig ist:

block.tpl.php

```
<div id="block-<?php print $block->module . '-' . $block->delta; ?>" class="<?php print $classes; ?>"
  <?php print $attributes; ?>>
  <div class="block-inner">

    <?php print render($title_prefix); ?>
      <?php if ($title): ?>
        <h2 class="block-title"<?php print $title_attributes; ?>><?php print $title; ?></h2>
      <?php endif;?>
    <?php print render($title_suffix); ?>
```

```
    <div class="content"<?php print $content_attributes; ?>>
      <?php print $content ?>
    </div>

  </div>
</div>
```

Zu dieser Datei gibt es nicht viel zu sagen, da sie ausgesprochen einfach gehalten ist. Aber auch hier gibt es die Möglichkeit mittels Variablen (`$zebra`) die Blöcke abwechselnd zu formatieren. Näheres zu den verfügbare Variablen finden Sie in den Kommentarzeilen der Datei bzw. unter:

http://api.drupal.org/api/drupal/modules--block--block.tpl.php/7.

template.php

Wichtig ist die Datei `template.php` im Ordner `owntheme`. Hier können Sie Variablen und Funktionen, die in den Template-Dateien verwendet werden, noch überschreiben bzw. neue Funktionen erstellen.

Bevor Sie die Datei verwenden, sollten Sie aber noch etwas ändern. Alle Vorkommen der Zeichenfolge `genesis_SUBTHEME` sind durch die Zeichenfolge `owntheme` zu ersetzen. Das sollte mit der Suchen und Ersetzen-Funktion Ihres Editors schnell erledigt sein. Die jeweiligen Funktionen sind derzeit noch auskommentiert. Bei Bedarf sind sie durch Löschen einer Kommentarzeile zu aktivieren.

> **Tipp:** In der Datei *template.php* wird der PHP-Code am Ende der Datei nicht mit `?>` abgeschlossen. Das ist in vielen Dateien so und gewollt. Es beeinträchtigt die Funktion nicht. Das wird so gehandhabt, da Code außerhalb der PHP-Tags als HTML behandelt wird und so z. B. ein unsichtbares Leerzeichen am Ende der Datei sonst angezeigt werden könnte.

Sie sehen: Mit einem Basistheme, das verschiedene Layout-Möglichkeiten bietet und beim Positionieren schon die notwendigen Tricks anwendet, damit es in allen Browsern funktioniert, ist eine hervorragende Basis für ein eigenes Design geschaffen.

Mit ein bisschen PHP können Sie noch beliebige Regionen definieren – um auch die ausgefallensten Designs zu ermöglichen.

Und wenn Sie mehr PHP-Code benötigen, dann erstellen bzw. überschreiben Sie Funktionen in der Datei `template.php`.

15.3.4 Design mit Firebug

Unser Theme Genesis sieht noch ein wenig farblos aus. Wir ändern das jetzt.

1. Zu Beginn öffnen Sie bitte die Startseite im Firefox und loggen sich aus.
2. Klicken Sie auf das Käfersymbol, um Firebug zu starten.

3. Klicken Sie in der Firebug-Menüleiste links auf das Symbol mit dem Pfeil, der auf ein Rechteck zeigt. Damit untersuchen Sie ein Element.

Bild 15.9: Die Firebug-Menüleiste

4. Fahren Sie nun über die Webseite. Je nachdem, wo Sie sich befinden, werden Rechtecke angezeigt, und im Codebereich wird das entsprechende Element markiert.

5. In der Box mit der ID container befindet sich der sichtbare Inhalt. Klicken Sie auf den div-Tag, und im CSS-Fenster rechts sehen Sie die entsprechenden Formatierungsanweisungen.

Bild 15.10: Der Container und rechts die CSS-Kommandos

6. Doppelklicken Sie im CSS-Fenster auf #container. Sie können nun weitere Formatierungen vornehmen. Tragen Sie max-width:960px; ein. 960px ist wie gesagt eine sehr gerne verwendete Breite, da damit auch Benutzer mit Monitoren, die 1024x768px darstellen, noch die ganze Seitenbreite zu sehen bekommen. (Außerdem sind die 960 Pixel im Grid-Design sehr beliebt, da man die Zahl so schön teilen kann.)
Sie sehen die Änderung der Breite sofort.

7. Fahren Sie mit der Maus links neben den neuen Eintrag. Ein kleines graues Verbotsschild wird eingeblendet. Klicken Sie darauf, und der Eintrag wird deaktiviert, das

Schild wird rot. Die Webseite wird sofort wieder breiter – sofern das Fenster entsprechend groß ist.

8. Klicken Sie auf das rote Verbotsschild. So deaktivieren Sie die Sperre wieder.

Nehmen wir uns jetzt einen Block vor: Klicken Sie im Firebug wieder auf die Schaltfläche, um Elemente zu untersuchen.

Fahren Sie über den Block mit der Benutzeranmeldung, und Sie werden verschiedenste Rechtecke sehen. Ist die Maus an der richtigen Stelle, wird ein Rechteck um den Block *Benutzeranmeldung* angezeigt und im Codefeld das passende `div`-Element markiert. Diesen Bereich des Codes sehen wir uns näher an.

Klicken Sie nun auf `<h2 class="block-title">`

Rechts sehen Sie die CSS-Einträge, in denen dieses Element formatiert werden könnte. Sie haben viele Möglichkeiten. Sie könnten entweder nur die Blocktitel in der ersten Sidebar formatieren oder eben für alle Blöcke.

Doppelklicken Sie auf jenen Eintrag, der nur für die Sidebars gilt: `.sidebar .block-title` und geben Sie dort Folgendes ein:

```
.sidebar .block-title {
    background: #444;
    color: #FFF;
    text-align: center;
}
```

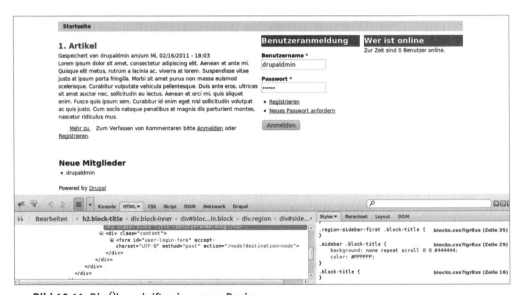

Bild 15.11: Die Überschriften im neuen Design

Klicken Sie im Codefenster auf `<div class="block-inner">` und führen Sie rechts dann einen Doppelklick auf `.sidebar .block-inner` aus.

Tragen Sie hier folgende Zeile ein:

```
border: 1px solid #444;
```

Die Buchstaben kleben jetzt unschön am Rahmen. Daher klicken Sie im HTML-Fenster auf `<div class="content">`.

Bei `.sidebar .block .content` tragen Sie Folgendes ein:

```
padding: 3px;
background: #ffa
```

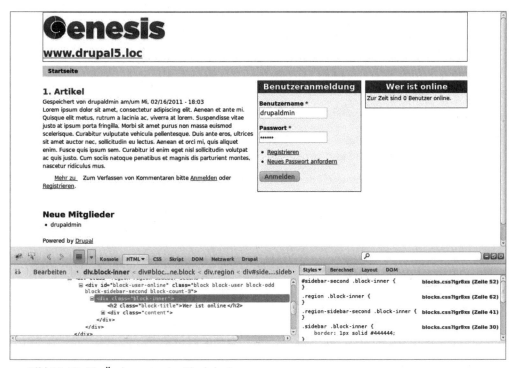

Bild 15.12: Die Änderungen im Blockdesign

Mit ein paar Änderungen sieht das jetzt schon weniger farblos aus. Die Änderungen müssen aber auch gespeichert werden, denn bei einem erneuten Laden der Seite wäre alles weg.

In welchen Dateien das zu speichern ist, können Sie im Fenster für die Styles ablesen. Die Dateien finden Sie im Ordner `css` des Subthemes.

Die Änderungen sehen in der Datei `css/blocks.css` so aus:

```
.sidebar .block-title {
   background: none repeat scroll 0 0 #444444;
   color: #FFFFFF;
```

```
    text-align: center;}
.sidebar .block-inner {
    border: 1px solid #444444;
}
.sidebar .block .content {
    background: none repeat scroll 0 0 #FFFFAA;
    padding: 3px;
}
```

Natürlich sind wir noch weit von einem fertigen Design entfernt. Das erfordert weit mehr Aufwand und Zeit. Sie sehen aber das Prinzip, wie Themes funktionieren:

Jedes Element ist in mehrere `div`-Elemente verpackt und kann so gezielt angesprochen werden. Formatierungen können beispielsweise für alle Block-Elemente, über Block-Elemente in Sidebars bis hin zu Block-Elementen in *Sidebar-first* vergeben werden. Und da könnte man es so weit treiben, dass der erste Block oder nur der Block für das User-Login auch noch extra formatiert werden kann.

Das gilt natürlich für alle Bereiche der Seite.

Der Firebug ist sehr nützlich, um all das auszuprobieren. Insbesondere wenn man Elemente positionieren will und mit Abständen zwischen den Elementen kämpft.

Hübsch wird es, wenn schöne Hintergrundbilder per CSS eingebunden werden, die z. B. den Blöcken zu abgerundeten Ecken verhelfen können oder einen Verlauf einbringen. Das ist aber Thema eines Buches zu CSS, von denen es viele gibt.

NineSixty

Das Theme NineSixty möchte ich kurz näher vorstellen, um die Grundprinzipien eines gridbasierten Themes zu erläutern.

1. Laden Sie das Theme herunter (*http://drupal.org/project/ninesixty*) und entpacken Sie es in *sites/all/themes*.
2. Kopieren Sie den Ordner und benennen Sie die Kopie auf `owngrid` um.
3. Wechseln Sie in den Ordner `owngrid` und benennen Sie die Datei `ninesixty.info` in `owngrid.info` um.
4. Öffnen Sie die Datei `owngrid.info` und editieren Sie den Namen und das Basistheme. Das sollte dann so aussehen:

```
name = owngrid
description = Ein 960gs Theme.
screenshot = images/screenshot.png
core = 7.x
engine = phptemplate
base theme = ninesixty
```

5. Löschen Sie die Datei `template.php` im owngrid-Ordner. Es soll die des Basisthemes verwendet werden.

15.3 Basisthemes nutzen und anpassen

6. Gehen Sie im Adminbereich auf *Design* und klicken Sie bei `owngrid` auf *Aktivieren und als Standard festlegen*.
7. Gehen Sie im Adminbereich auf *Module* und deaktivieren Sie das Theme Developer-Modul, da es jetzt eher störend ist, weil es den HTML-Code ziemlich unübersichtlich macht.
8. Öffnen Sie danach die Startseite.

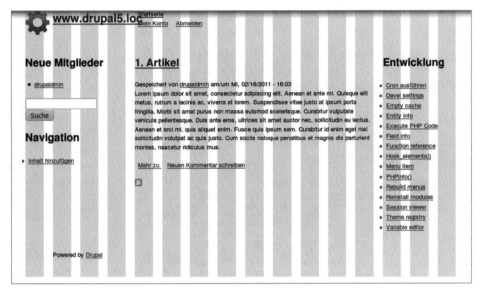

Bild 15.13: Die Seite im 960px-Grid

Sehen wir uns unsere neue Seite an. Sie ist rosa gestreift, was vielleicht nicht sonderlich schön, aber zum Entwickeln des Themes sehr nützlich ist. Keine Angst, das Gitter wird man sehr einfach los.

Jede der 16 rosa Spalten ist 40 Pixel breit und hat links und rechts Abstände von 10 Pixeln, die weiß dargestellt sind. Wir haben also einen Rand von 10 Pixeln Breite und zwischen den Spalten einen Abstand von 20 Pixeln.

1. Aktivieren Sie nun den Firebug.
2. Gehen Sie im Codefenster auf den `body`-Tag und löschen Sie bei der `class`-Deklaration den Eintrag `show-grid`. So einfach ist das ein- und ausgeschaltet.
3. Tragen Sie `show-grid` nun wieder ein.
4. Öffnen Sie den Block mit `id="page"`. Ihm ist die Klasse `container-16` zugeordnet. Damit wird festgelegt, dass ein 16spaltiges-Grid verwendet wird.
5. Sehen Sie sich die untergeordneten Elemente an.

6. Der Block `main` kommt vor den Sidebar-Blöcken, was für die Suchmaschinenoptimierung gut ist. Damit aber `sidebar-left` links steht, verwendet man nun Push- und Pull-Klassen.
   Die Klasse des `main`-Blocks enthält die Einträge `grid-9` und `push-4`. Mit `grid-9` legt man die Breite von 9 Spalten fest und mit `push-4` verschiebt man den Block um vier Spalten nach rechts.
   Die Breite des Blocks `sidebar-left` wird durch `grid-4` auf vier Spalten festgelegt und mit `pull-9` um neun Spalten nach links gezogen.
   `sidebar-right` ist wegen `grid-3` drei Spalten breit und muss nicht mehr verschoben werden, da er einfach nach den beiden bestehenden Blocks eingefügt wird.

7. Ändern Sie das Design so, dass der `main`-Block nur noch acht Spalten breit ist und der rechte Block auf vier Spalten verbreitert wird.
   Diese Einträge müssen nun bei den jeweiligen Klassen stehen:
   main: grid-8 push-4
   sidebar-left: grid-4 pull-8
   sidebar-right: grid-4

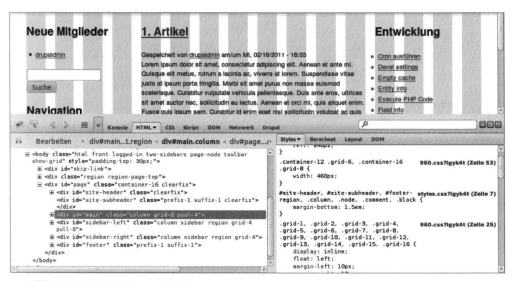

Bild 15.14: Positionieren mit Firebug

Prinzipiell ist die Positionierung der einzelnen Regionen nicht schwer und wird per CSS erledigt.

Dieses Theme setzt aber alle CSS-Formatierungen, die durch Drupal vorgenommen werden, komplett zurück (Reset), und Sie können daher mit dem Styling der Seite frisch beginnen. Notwendige Änderungen nehmen Sie in der Datei *styles/styles.css* des Subthemes vor.

Zum Schluss öffnen Sie bitte noch die Datei `template.php` im Ordner des Basisthemes `ninesixty`.

Sie sehen hier wie mit Preprocess-Funktionen Variablen für die Template-Dateien manipuliert werden.

```
/**
 * Implements hook_preprocess_html
 */
function ninesixty_preprocess_html(&$vars) {
  $vars['classes_array'][] = 'show-grid';
}
```

Je nach Template-Datei, die man ansprechen möchte, wird eine Funktion definiert.

So werden für die Datei `html.tpl.php` die Funktion `ninesixty_preprocess_html` und für `page.tpl.php` die Funktion `ninesixty_preprocess_page` definiert. Das gilt ebenso für die anderen Template-Dateien.

Im obigen Listing wird dem `$classes_array`, das die Klasseneinträge enthält, ein weiteres Element hinzugefügt.

In der Variable `$classes` werden alle Elemente der Reihe nach in einem String zusammengefasst. So wird dem String ein `'show-grid'` hinzugefügt. Und genau das führt dazu, dass das rosa Grid angezeigt wird. Wir haben das ja im Firefox ausprobiert. Will man das Grid (auf einer Produktivseite) nicht mehr haben, so kommentiert man genau diese Zeile aus.

15.4 Ein eigenes Theme von Grund auf

Selbst wenn man ein eigenes Theme erstellt, ohne Basisthemes zu verwenden, beginnt man nicht bei Null.

Zuerst erstellt man ein `theme.info`-File, das grundsätzlich genauso aufgebaut ist wie jenes des Subthemes. Nur der Eintrag für das Basetheme ist natürlich nicht notwendig. Damit wäre Ihr erstes total designloses Theme schon fertig.

Definieren Sie die Regions und geben Sie CSS- und Javascript-Dateien an. Diese müssen auch noch erstellt werden.

Die Template-Dateien gibt es schon. Sie gehören zur Standard-Drupal-Installation und generieren den HTML-Code. So finden Sie die Dateien `html.tpl.php`, `region.tpl.php` und `page.tpl.php` im Ordner `modules/system` im Drupal-Basisverzeichnis. `block.tpl.php` finden Sie im Ordner `modules/block`, `node.tpl.php` im Ordner `modules/node` und `field.tpl.php` in `modules/field/theme`. Diese Dateien können Sie als Basis verwenden, in Ihr Theme kopieren und anpassen.

Vom Prinzip her funktioniert das Design eines gänzlich neuen Themes also nicht anders als die Nutzung eines Basethemes, es ist aber aufwendiger.

16 Administrative Tätigkeiten

In diesem Kapitel lesen Sie ...
- wie Sie zeitgesteuert Aktionen ausführen,
- wie Sie die Drupal-Datenbank sichern,
- was Sie aus vorhandenen Berichten ablesen können,
- wie Sie den Drupal-Kern und Module aktualisieren,
- wie Sie viele Drupal-Installationen überwachen,
- wie Sie eine lokale Drupal-Installation ins Internet stellen,
- wie Sie Installationsprofile nutzen,
- wie Sie mit einer Drupal-Installation mehrere Webseiten betreiben.

16.1 Zeitgesteuerte Aktionen (Cron-Jobs)

In einer Drupal-Installation gibt es Aufgaben, die regelmäßig ausgeführt werden sollten:
- Überprüfen, ob es Updates für den Kern und für Module gibt,
- Aufräumen von Logdateien,
- Indexieren von Seiteninhalten,
- Individuelle Aktionen, die von Modulen angelegt werden. Das Modul *Fast Gallery* beispielsweise liest neue Bilder für Fotoalben bei jedem Cron-Lauf ein.

Der Begriff Cron-Job leitet sich von dem griechischen Wort *chronos* (zu Deutsch: Zeit) ab. Es handelt sich dabei um zeitgesteuerte Aktionen, die über die Skripte `drupal.sh` und `cron.php` ausgelöst werden.

16.1.1 Konfigurieren und ausführen

Nach der Installation werden zeitgesteuerte Aktionen regelmäßig alle drei Stunden ausgeführt. Die Verwaltungsseite für Cron-Aufgaben finden Sie hier: *Konfiguration -> Cron*.

Durch Anklicken von *Cron ausführen* werden alle Aufgaben sofort abgearbeitet.

Bild 16.1: Verwalten von Cron-Jobs

> **Tipp:** Bei Drupal 6 musste man für Cron-Jobs ein externes Modul wie `poormanscron` installieren. Drupal 7 hat diese Funktionalität bereits im Kern integriert.

Bei der Einstellung für das Zeitintervall können Sie aus folgender Liste auswählen:

- `Nie`
- `1 Stunde, 3 Stunden, 6 Stunden, 12 Stunden`
- `1 Tag`
- `1 Woche`

16.1.2 Serverbasiert

Wenn Ihnen ein Root-Server zur Verfügung steht, dann können Sie die Ausführung von Cron-Aufgaben auf Systemebene einrichten und damit auch andere Zeitintervalle festlegen.

Cron-Schlüssel

Seit Drupal 7 benötigen Sie aus Sicherheitsgründen einen Cron-Schlüssel, um das Skript `cron.php` auszuführen. Dieser Schlüssel wird bei der Installation generiert und befindet sich danach im Abschnitt `Cron-Wartungsaufgaben` im Statusbericht (*Berichte -> Statusbericht*).

```
Cron-Wartungsaufgaben                    Zuletzt vor 23 Minuten 16 Sekunden ausgeführt
Cron kann manuell durchgeführt werden.
Um den Cron von außerhalb der Website durchzuführen, verwenden Sie dazu die folgende URL http://localhost/drupal7
/cron.php?cron_key=6f1wOfxs6iQK2jv-Wxp7eYGuEkL9GMJS-E7f0Z1mB7k
```

Bild 16.2: Anzeige des Cron-Schlüssels

Konfigurationsdatei anpassen

Nachdem Sie den Schlüssel ausgelesen haben, kann der Systemadministrator `root` die Cron-Konfigurationsdatei (`crontab`) am Server öffnen ...

```
# crontab -e
```

... und folgende Zeile ergänzen:

```
0 0 * * * wget -O - -q -t 1 http://IhreDomain/cron.php?cron_key=XXXXXXXXXX
```

Das Zeitintervall (in der Beispielzeile täglich um 0 Uhr) passen Sie an Ihre Anforderungen an.

> **Tipp:** Mit dem Parameter `-t` legen Sie fest, wie oft `wget` im Fehlerfall einen Wiederholungsversuch starten soll. Die Standardeinstellung – ohne `-t` – ist 20 Mal.

16.2 Datensicherung

Backups sind notwendig – das wissen Sie. Es stellt sich die Frage, was bei einer Drupal-Installation wie gesichert werden soll. Sie sollten zwei Bereiche regelmäßig sichern:

- Das Verzeichnis `sites` mit den Unterverzeichnissen:

    `all/modules`: nachinstallierte Module,

    `all/themes`: nachinstallierte Themes,

    `all/libraries`: Zusatzsoftware wie zum Beispiel ein WYSIWYG-Editor,

    `default`: enthält die Konfigurationsdatei *settings.php*,

    `default/files`: hier befinden sich Bilder und Dateien.

- Die Drupal-Datenbank.

16.2.1 Das sites-Verzeichnis

Dieses Verzeichnis sichern Sie entweder regelmäßig über FTP oder (wenn Sie einen Root-Server verwenden) über einen Cron-Job.

16.2.2 Die Drupal-Datenbank

Das Modul backup_migrate

Regelmäßige Sicherungen der Drupal-Datenbank können Sie mit dem Modul `backup_migrate` einrichten.

`backup_migrate` leistet Folgendes:

- Sichern und Wiederherstellen von Datenbanken,
- Sicherungen auf FTP-Server, S3 oder per E-Mail,
- Anbindung an *drush*,
- Zeitgesteuerte Ausführung,
- AES-Verschlüsselung für Sicherungen.

Vor der Verwendung steht die Installation:

1. Laden Sie das Modul von `drupal.org/project/backup_migrate` auf Ihren Computer.
2. Folgen Sie den Punkten 2. bis 6. aus dem Abschnitt 3.5.1.
3. Aktivieren Sie das Modul `Backup and Migrate`.
4. Beenden Sie den Vorgang durch Anklicken von *Konfiguration speichern*.

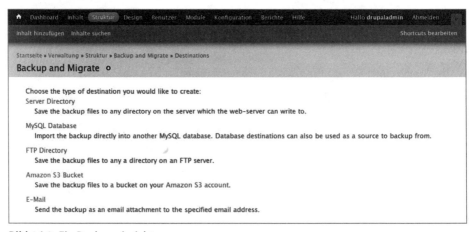

Bild 16.3: Ein Backup einrichten

Die Modul-Konfiguration befindet sich in *Struktur -> Backup and Migrate*. Für regelmäßige Datensicherungen benötigen Sie:

- Destinations
- Profiles
- Schedules

`Destinations` sind Speicherorte für die Datensicherung. Auf diese Weise fügen Sie einen FTP-Server als Speicherort ein:

1. Schalten Sie ins Register *Destinations*.
2. *Add Destination -> FTP Directory*.
3. Füllen Sie die Felder *Destination name, Host, Port, Pfad, Benutzername* und *Passwort* aus.
4. Klicken Sie auf *Save destination*.

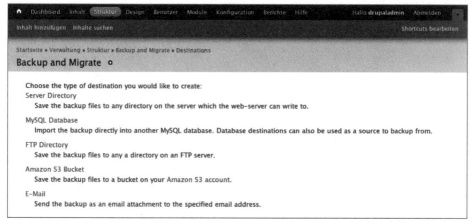

Bild 16.4: Destinations

Ein `Profile` stellt ein Sicherungsprofil dar. Sie erstellen es folgendermaßen:

1. Schalten Sie ins Register *Profile*.
2. *Add Profile*.
3. Geben Sie dem Profil einen aussagekräftigen Namen wie zum Beispiel `vollsicherung`.
4. Wechseln Sie in den Abschnitt BACKUP FILE.
   - Tragen Sie einen aussagekräftigen Namen für die Backup-Datei ein, wie zum Beispiel `d7praxisbuch_lokal`. Für den Namen können auch Tokens verwendet werden.
   - Aktivieren Sie die Option `Append a timestamp`.
   - Definieren Sie das Format für den Zeitstempel.
   - Stellen Sie den Kompressionsalgorithmus ein.
5. Wechseln Sie in den Abschnitt DATABASE Options.
   - In diesem Bereich können Tabellen für die Sicherung gewählt beziehungsweise abgewählt werden.

- Aktivieren Sie die Option `Lock tables during backup`.
6. Wechseln Sie in den Abschnitt `ADVANCED OPTIONS`.
    - Aktivieren Sie die beiden Optionen `Send an email if backup succeeds` und `Send an email if backup fails`.
    - Tragen Sie E-Mail-Empfänger ein.
    - Aktivieren Sie die Option `Take site offline`. Damit wird die Seite während des Backups offline geschaltet. Nach dem Backup ist die Seite wieder online.
7. Klicken Sie auf *Save profile*.

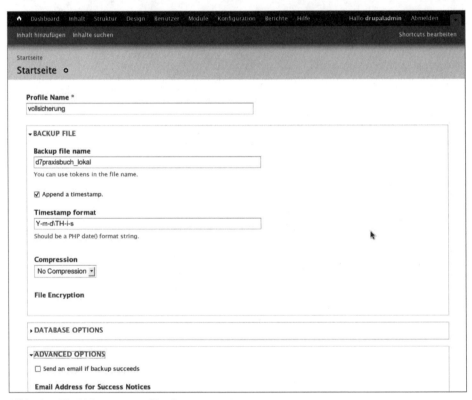

Bild 16.5: Ein Sicherungsprofil anlegen

`Schedules` stellen eine Verknüpfung zwischen `Profil` und `Destination` her:

1. Wechseln Sie ins Register *SCHEDULES*.
2. Wählen Sie die Option *Add Schedule*.
3. Tragen Sie einen aussagekräftigen Namen für die Aufgabe ein wie zum Beispiel `vollsicherung_taeglich`.
4. Wählen Sie ein *Profil*.

5. Stellen Sie ein Zeitintervall für diese Aufgabe ein.
6. Tragen Sie die Anzahl von Backups ein, die beibehalten werden sollen, bevor ein altes Backup gelöscht wird.
7. Wählen Sie eine *Destination*.
8. Klicken Sie auf *Save schedule*.

Damit ist das Modul so konfiguriert, dass die Datenbanksicherungen regelmäßig erfolgen. Manuell erzeugen Sie eine Sicherung so:

1. Schalten Sie ins Register *Backup*.
2. Wählen Sie für *to* ein Ziel.
3. Wählen Sie für *using* ein Profil.
4. Klicken Sie auf *Backup now*.

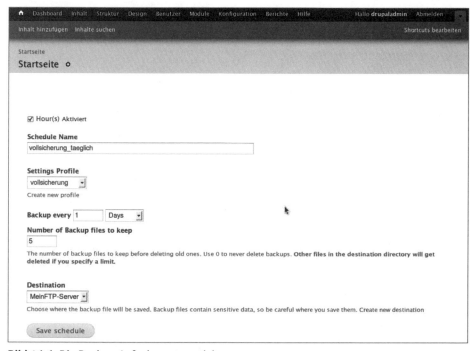

Bild 16.6: Die Backup-Aufgabe automatisieren

Auf Serverebene

Datenbankbackups auf der Serverebene erzeugen Sie entweder mit dem Werkzeug `phpmyadmin` oder an der Linux-Konsole mit `mysqldump`.

16.3 Berichte

Als Administrator einer Drupal-Installation sollten Sie regelmäßig die Berichte und Protokolle beobachten, die sich im gleichnamigen Menüpunkt befinden.

16.3.1 Statusbericht

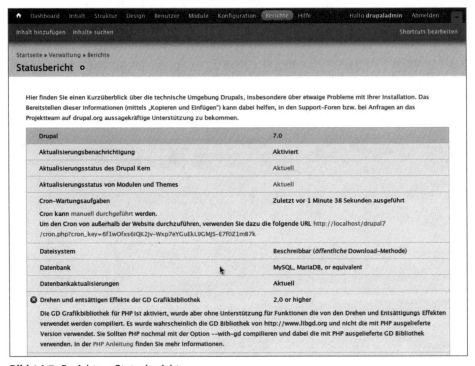

Bild 16.7: *Berichte -> Statusbericht*

Der Statusbericht stellt einen guten Gesamtüberblick über die technische Umgebung der Drupal-Installation dar. Mit dem Statusbericht finden Sie sehr rasch eventuell vorhandene Schwachstellen in der Installation.

16.3.2 Verfügbare Aktualisierungen

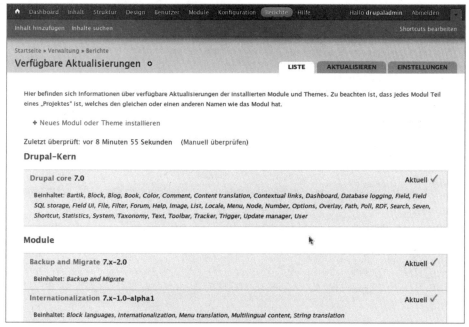

Bild 16.8: *Berichte -> Verfügbare Aktualisierungen*

In diesem Bericht sind der Drupal-Kern und alle installierten Module aufgelistet. Die Einträge informieren Sie darüber, ob ein Softwarepaket aktuell ist, ob es Updates oder Sicherheitsupdates gibt.

Tipp: Wie Sie Updates einspielen, lesen Sie im nächsten Abschnitt dieses Kapitels.

16.3.3 Aktuelle Protokollnachrichten

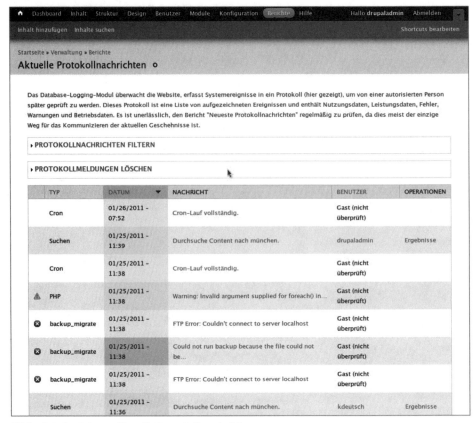

Bild 16.9: *Berichte -> Aktuelle Protokollnachrichten*

Dieser Bericht enthält aufgezeichnete Ereignisse, Nutzungsdaten, Leistungsdaten, Fehler, Warnungen und Betriebsdaten. Die Anzeige kann durch Filter (*PROTOKOLLNACHRICHTEN FILTERN*) eingeschränkt werden.

Feldliste

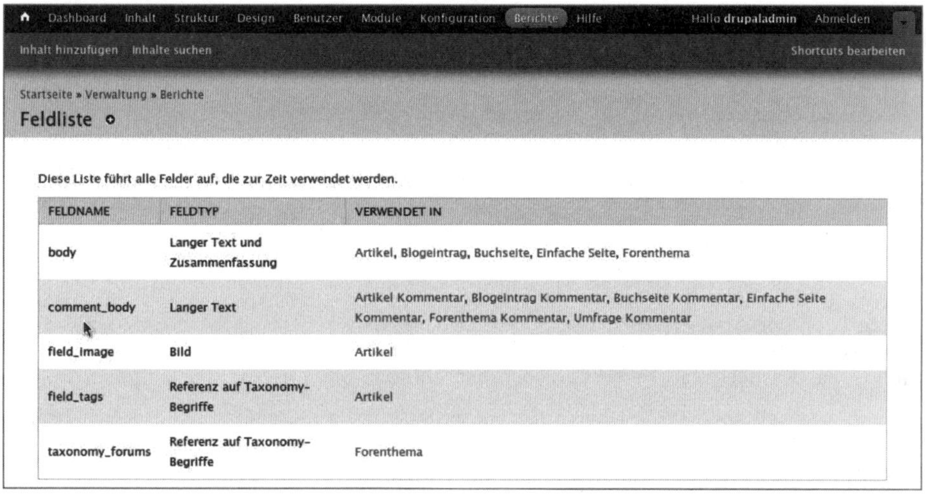

Bild 16.10: *Berichte -> Feldliste*

In diesem Bericht werden alle Felder angezeigt, die in Ihrer Drupal-Installation verwendet werden.

16.3.4 Weitere Berichte

Häufigste Suchbegriffe
Eine Liste von Begriffen, nach denen auf der Webseite gesucht wurde.

Häufigste ‚Nicht gefunden'-Fehler
Hier finden Sie Dateien, die von Benutzern angefordert wurden, aber auf dem System nicht mehr vorhanden sind.

Häufigste ‚Zugriff verboten'-Fehler
Dieser Bericht listet Dateien auf, die von nicht berechtigten Benutzern aufgerufen wurden.

> **Tipp:** Zusätzliche Berichte zum Nutzerverhalten erhalten Sie, wenn Sie die Module `Statistics` und `Tracker` aktivieren.

Die hier vorgestellten Berichte sollte der Administrator regelmäßig durchsehen, um schnell Probleme zu erkennen und darauf reagieren zu können.

16.4 Updates

> **Tipp:** Konfigurieren Sie Drupal so, dass Sie sofort über Sicherheitsupdates informiert werden (siehe dazu Kapitel 3).

Wenn Sie Informationen bekommen, dass für den Drupal-Kern oder für ein installiertes Modul ein Sicherheitsupdate vorliegt, dann reagieren Sie so rasch wie möglich: Installieren Sie die aktualisierte Software!

16.4.1 Drupal-Kern

Ein Drupal-Kern-Update besteht aus den nachfolgend beschriebenen Schritten.

Datenbanksicherung

Sichern Sie die Drupal-Datenbank (siehe dazu auch den Abschnitt 16.2.2).

Wartungsmodus

Schalten Sie die Seite in den Offline-Modus: *Konfiguration -> Wartungsmodus -> Website in den Wartungsmodus versetzen -> Konfiguration speichern.*

Löschen der vorhandenen Installation

Die gesamte Drupal-Installation mit Ausnahme des Verzeichnisses `sites` muss gelöscht werden.

> **Tipp:** Wenn Sie eigene Module und Themes in den Verzeichnissen `modules` und `themes` (nicht `sites/all/modules` bzw. `sites/all/themes`) abgelegt haben, dann dürfen Sie diese Verzeichnisse nicht löschen!

Neue Version

Holen Sie die aktuellste Softwareversion aus dem Internet. Nach dem lokalen Entpacken laden Sie die neue Version auf den Webserver hoch.

Das Update-Skript

Der eigentliche Aktualisierungsvorgang wird mit dem Skript `update.php` gestartet. Tippen Sie im Webbrowser – als angemeldeter Administrator – die Adresse `http://IhreDomain/update.php` ein.

Das Skript erkennt vorhandene Aktualisierungen und spielt sie ein. Am Ende wird eine Zusammenfassung aller durchgeführten SQL-Operationen angezeigt. Damit ist der Aktualisierungsvorgang beendet.

Nach dem Update

Wechseln Sie auf die Verwaltungsseiten und bringen Sie die Webseite wieder online.

16.4.2 Modul

Ein Modul-Update gleicht über weite Strecken dem Kern-Update.

Datenbanksicherung

Sichern Sie die Drupal-Datenbank (siehe dazu 16.2.2).

Wartungsmodus

Schalten Sie die Seite in den Offline-Modus: *Konfiguration -> Wartungsmodus -> Website in den Wartungsmodus versetzen -> Konfiguration speichern*.

Neue Version

Holen Sie die aktuellste Softwareversion aus dem Internet. Nach dem lokalen Entpacken laden Sie die neue Version auf den Webserver hoch.

Das Update-Skript

Der eigentliche Aktualisierungsvorgang wird mit dem Skript `update.php` gestartet. Tippen Sie im Webbrowser – als angemeldeter Administrator – die Adresse `http://IhreDomain/update.php` ein.

Das Skript erkennt vorhandene Aktualisierungen und spielt sie ein. Am Ende wird eine Zusammenfassung aller durchgeführten SQL-Operationen angezeigt. Damit ist der Aktualisierungsvorgang beendet.

Nach dem Update

Wechseln Sie auf die Verwaltungsseiten, und bringen Sie die Webseite wieder online.

16.4.3 Von D6 nach D7?!?

Ein direktes Upgrade von D6 nach D7 ist nicht möglich und kaum sinnvoll. Wenn Sie eine Drupal-6-Seite betreiben, die stabil und fehlerfrei läuft, dann besteht kein Grund, auf Drupal 7 umzustellen. Denken Sie an den Satz: »Never change a winning team.«

Die entscheidende Frage, ob Sie von D6 nach D7 umstellen (können) lautet: Sind alle Module und Themes, die ich für meine bisherige Drupal-Installation benötigte, für Drupal 7 verfügbar?

Wenn Sie es trotzdem versuchen möchten, dann folgen Sie den Schritten auf `http://drupalcode.org/viewvc/drupal/drupal/UPGRADE.txt`.

16.5 Drupal-Installation überwachen

Als Drupal-Entwickler oder Administrator, der viele Installationen betreut, kennen Sie das Problem: Es ist ziemlich zeitaufwendig, mehrere Drupal-Webseiten manuell zu überwachen.

> **Tipp:** Für Drupal 6 gibt es das Modul nagios (drupal.org/project/nagios), das die Drupal-Installation in die gleichnamige Monitoring-Lösung integriert. Ob dieses Modul auf Drupal 7 portiert wird, war zum Zeitpunkt der Drucklegung des Buches noch offen.

Für Drupal 7 gibt es ein eigenständiges Monitoring-Werkzeug, mit dem Drupal-7- und 6-Installationen überwacht werden können – das Drupal Remote Dashboard.

16.5.1 Modul: Drupal Remote Dashboard

Dieses Modul stellt die Überwachungszentrale dar. Installieren und aktivieren Sie es auf einer Drupal-Seite:

1. Laden Sie das Modul von drupal.org/project/drd auf Ihren Computer.
2. Folgen Sie den Punkten 2. bis 6. aus Kapitel 3.5.1.
3. Aktivieren Sie das Modul Drupal Remote Dashboard.
4. Beenden Sie den Vorgang durch Anklicken von *Konfiguration speichern*.

16.5.2 Modul: Drupal Remote Dashboard Server

Dieses Modul wird auf allen Drupal-Seiten installiert und aktiviert, die überwacht werden sollen:

1. Laden Sie das Modul von drupal.org/project/drd_server auf Ihren Computer.
2. Folgen Sie den Punkten 2. bis 6. aus Kapitel 3.5.1.
3. Aktivieren Sie das Modul Drupal Remote Dashboard - Server.
4. Beenden Sie den Vorgang durch Anklicken von *Konfiguration speichern*.

Nach der Modulinstallation legen Sie einen neuen Benutzer an, der die Berechtigung Websitekonfiguration verwalten bekommt.

> **Tipp:** Wie Benutzer und Gruppen angelegt werden, lesen Sie in Kapitel 4.

16.5.3 Drupal-Installation und Dashboard verbinden

Am Überwachungsserver binden Sie externe Drupal-Installationen so ein:

1. *Konfiguration -> DRD:Dashboard*
2. Klicken Sie auf das 1. Symbol in der `Toolbar`-Zeile.
3. Füllen Sie die Felder `URL of the server` (ohne http://!), `Benutzername` und `Passwort` aus.
4. Klicken Sie auf *Speichern*.

Fügen Sie alle Installationen, die Sie überwachen möchten, in die Toolbar ein.

Bild 16.11: Einen neuen Server hinzufügen

16.5.4 Das DRD-Dashboard

Das Dashboard öffnen Sie über *Konfiguration -> DRD: Dashboard*.

Für alle angebundenen Drupal-Seiten starten Sie mit einem Klick diese Aktionen:

- Cron-Aufgaben durchführen,
- Verfügbare Aktualisierungen anzeigen,
- Update-Skript starten,
- Zwischen On- und Offline-Modus umschalten.

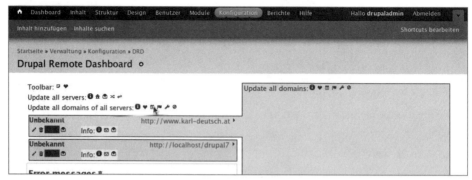

Bild 16.12: Drupal-Installation zentral überwachen

16.6 Umziehen einer Drupal-Installation

In diesem Abschnitt lernen Sie eine Möglichkeit kennen, wie eine lokale Drupal-Installation auf einen Internetserver umziehen kann.

16.6.1 Sichern der Datenbank

Sichern Sie die lokale Drupal-Datenbank mit phpMyAdmin:

1. Öffnen Sie die Verwaltungsoberfläche im Webbrowser über `http://IhreDomain/phpmyadmin`.

2. Melden Sie sich an der Oberfläche an.

3. Wählen Sie die gewünschte Datenbank -> *Exportieren*.

4. Aktivieren Sie die Option *Senden* -> *OK*.

Eine Datenbanksicherung im SQL-Format wird auf Ihrem Rechner abgelegt.

16.6.2 Hochladen aller lokaler Dateien

Laden Sie das vollständige lokale Drupal-Installationsverzeichnis auf den Webserver hoch.

> **Tipp:** Wenn die lokale Installation in einem Unterverzeichnis stand, dann legen Sie es auch auf dem Webserver an.

16.6.3 Datenbank anlegen

Erzeugen Sie am Webserver eine Datenbank für Drupal über `phpmyadmin`: *Neue Datenbank anlegen -> Bezeichnung eintippen -> Anlegen*.

> **Tipp:** Verwenden Sie lokal und am Webserver denselben Datenbanknamen, dann sind weniger Anpassungen notwendig.

16.6.4 Anpassen der Konfigurationsdatei

1. Öffnen Sie die Datei `settings.php` im Verzeichnis `sites/default`.
2. Passen Sie in diesem Abschnitt die Datenbankkonfiguration (ab der Zeile 181) an den neuen Server an. In der Regel ist die Datei schreibgeschützt, Sie müssen also in diesem Fall den Schreibschutz aufheben.

```
$databases = array (
  'default' =>
  array (
    'default' =>
    array (
      'driver' => 'mysql',
      'database' => 'DATENBANKNAME',
      'username' => 'DATENBANKBENUTZER',
      'password' => 'BENUTZERPASSWORT',
      'host' => 'DATENBANKSERVER',
      'port' => '',
      'prefix' => '',
    ),
  ),
);
```

Bei Standardinstallationen bleiben die Werte für `port` und `prefix` leer. Die Informationen, welche Angaben Sie anstelle der in Versalien geschriebenen Einträge machen müssen, erhalten Sie von Ihrem Hosting-Provider.

16.6.5 Einspielen der Datenbank

Mithilfe von `phpmyadmin` kann die lokale Datenbank auf dem Server eingelesen werden:

1. Klicken Sie auf die leere Drupal-Datenbank.
2. *Importieren -> Durchsuchen -> Auswählen der Sicherungsdatei -> OK*.

Falls Fehler auftreten, dann ...

1. lesen Sie genau die SQL-Meldungen,
2. leeren Sie die Datenbank,
3. beheben Sie die Fehler in der Sicherung,
4. spielen Sie die Datenbank neu ein.

> Tipp: So gehen Sie auch vor, wenn eine Drupal-Installation von einem Webserver auf einen anderen verlegt wird.

16.7 Installationsprofile

Installationsprofile ermöglichen bereits vorkonfigurierte Drupal-Installationen. In einem Installationsprofil ...

- sind Module und Zusatzmodule aktiviert,
- können Zusatz-Themes aktiviert sein,
- können zusätzliche Inhaltstypen vordefiniert sein.

Für Drupal 7 gibt es mittlerweile auch schon einige Profile zur fertigen Verwendung unter: `drupal.org/project/installation%2Bprofiles`.

> Tipp: Installationsprofile können nur für die Erstinstallation genutzt werden.

So nutzen Sie ein Installationsprofil:

1. Laden Sie den entpackten Drupal-Kern auf den Webserver.
2. Laden Sie das Installationsprofil aus dem Internet, entpacken Sie es, und kopieren Sie alle Dateien und Verzeichnisse ins Verzeichnis `profiles` am Webserver.
3. Lesen Sie die Anleitung für das Installationsprofil.
4. Laden Sie Zusatzmodule und Themes aus dem Internet, entpacken Sie sie, und kopieren Sie alle Dateien und Verzeichnisse auf den Webserver in die Verzeichnisse `sites/all/modules` bzw. `sites/all/themes`.
5. Starten Sie die Drupal-Installation.
6. Wählen Sie das gewünschte Installationsprofil aus.

Danach unterscheidet sich die Standardinstallation nicht von der Profilinstallation.

16.8 Multisite-Installation

Die Multisite-Fähigkeit von Drupal ist ein geniales Feature:

- Sie betreiben mehrere Webseiten aus einer Drupal-Installation.
- Mit einem Update-Vorgang sind alle Webseiten aktualisiert, da Sie nur mit einer Codebasis arbeiten.

> **Tipp:** Voraussetzung: Ihr Webserver muss für die unterschiedlichen Domains konfiguriert sein!

Wie Sie diese Möglichkeit einsetzen, sehen Sie in den nächsten Schritten.

16.8.1 Drupal-Installation

Installieren Sie den Drupal-Kern auf dem Server.

16.8.2 Verzeichnisse anlegen

1. Wechseln Sie in das `sites`-Verzeichnis.
2. Erzeugen Sie für jede zusätzliche Installation ein Unterverzeichnis:
   ```
   # mkdir sites/multisite1.com
   ```
3. Kopieren Sie den Inhalt des Verzeichnisses `sites/default` in das eben erstellte Unterverzeichnis.
   ```
   # cp -R sites/default/* sites/multisite1.com
   ```
4. Erzeugen Sie eine Datenbank für die neue Seite.
5. Passen Sie die Datenbankverbindung in der Datei `sites/multisite1.com/settings.php` an. In der Regel ist die Datei schreibgeschützt, Sie müssen also in diesem Fall den Schreibschutz aufheben.
6. Kopieren Sie die Datei `install.php` in das Verzeichnis `sites/multisite1.com`. Die Installationsdatei ist leicht zu finden, sie liegt im Drupal-Wurzelverzeichnis.
7. Starten Sie die Installation für die neue Seite im Webbrowser: `http://multisite1.com`.

Wenn die Installation erfolgreich war, dann haben Sie bereits zwei Seiten, die dieselbe Drupal-Installation nutzen. Weitere Informationen zum Thema Multisite finden Sie hier: `drupal.org/node/540262`.

> **Tipp:** Ganz am Ende noch ein kleiner Tipp für alle Administratoren, die am liebsten an der Kommandozeile arbeiten: Installieren Sie die Drupal Shell (`drupal.org/project/drush`)!

Stichwortverzeichnis

Symbole
). 234
. 218, 231, 251
.htaccess 38
: 43, 184
960-Grid-System 230
960gs 231

A
Abgerundete Ecken 210
Add media 169
Administrationsbereich 18
Administrationsmenü 51, 215
Aktualisierungen 269
  Drupal-Kern 272
Aktuelle Drupal-Version laden 272
Alternativtext 144
Anmeldepasswort 49
Anmeldung 49
Anmeldungsdialog 49
Anrisstext 147
Anzeigesprache 240
Apache 25
Arbeitsumgebung 49
Autor
  Informationen 79
Autoreninfos 54
  abschalten 54
Available Tokens List 192

B
Backend-Standardsprache 181
Backup
  auf Server-Ebene 267
  automatisieren 266
backup_migrate 264
Bartik 16
Basis-Theme 228

Basisthemes
  anpassen 231
Begriffe 105
  hinzufügen 107
  verwalten 107
Beispielbenutzer 59
Benachrichtigung
  über neue Benutzer 73
Benutzer 67
  anlegen 69
  generieren 59
  Rollen zuweisen 70
Benutzername 49
Benutzeroberfläche
  übersetzen 182
Benutzerprofile erweitern 72
Benutzerrechte 18
Berechtigungen 67
  festlegen 69
Berechtigungssystem 67
Berechtigungsverwaltung 18
Bereiche
  Medien 166
Berichte 268
Bilder 143
  drehen 146
  entsättigen 146
  Größe ändern 146
  platzieren 77
  skalieren und zuschneiden 146
  zuschneiden 146
Bildergalerie 156
Bildstile 145
Bildstil-Vorschau 144
Bild-Upload 143
Block 18, 171, 210
  aktivieren 173
  deaktivieren 176

erstellen 175
konfigurieren 174
mehrsprachiger 186
mit abgerundeten Ecken 210
block.tpl.php 251
Blockbeschreibung 176
Blockinhalt 176
Block-Regionen 171
Blocktitel 174
Blockverwaltung 171
  Spracherkennung 187
Blog 15, 80
Blogeinträge
  als Block 82
Blogeinträge erstellen 81
Browserfixes 229
Buch 82
  Kapitel erstellen 84
  Kapitel umsortieren 84
Buch erstellen 83
Buchnavigation 85
Buytaert, Dries 15

C

Cache 186, 246
  leeren 55
  löschen 186
Cachen 55
CAPTCHA
  mit Kontaktformular verbinden 136
  mit Webformular verbinden 140
CAPTCHA-Modul
  Einstellungen 134
Chaos Tool Suite 120
Chaos Tools 202
CKEditor 61
  Installation 62
Colorbox 148
  Bildstile 150
Content-Element 201
Control Panel 26
Core 15, 23
cron.php 262
Cron-Jobs 261
  ausführen 261

konfigurieren 261
Zeitintervalle 262
Cron-Konfigurationsdatei 263
Cron-Schlüssel 262
crontab 263
Cron-Wartungsaufgaben 262
CSS-Dateien 240
CSS-Eigenschaften 211
curl 41

D

Dashboard 18
Dateien
  block.tpl.php 238, 251
  blocks.css 255
  default.settings-php 41
  fields.tpl.php 251
  html.tpl.php 238
  layout.css 235
  page.css 246
  page.tpl.php 238
  region.tpl.php 247
  settings.php 41
  template.php 252
Datenbank 25
  auf Internet-Server einspielen 277
  einrichten 39
Datenbankadministrator
  Benutzername 39, 46
  Passwort 39, 46
Datenbankname 46
Datenbankpasswort 28
Datenbankport 46
Datenbankserver 46
Datenbanksicherung 272
Datensicherung 263
  Sicherungsprofil 265
  Speicherorte 265
Datentypen
  Multimedia asset 163
Datum und Uhrzeit einstellen 57
Debian 36
Debian GNU/Linux 36
DocumentRoot 34
Drupal, Installation 41

Drupal 7
 Neuerungen 16
Drupal for firebug 226
Drupal shell 24
Drupal-Administrator 48
 Passwort 48
Drupal-Datenbank 263
Drupal-Installation 19
 Erweiterte Optionen 46
Drupal-Kern 15
Drush 24

E
Ecken
 abgerundete 210
Edit media 169
Effekt hinzufügen 145
Eingabeformate 53
Eingabemaske 76
E-Mail-Adresse 34
Empty cache 246
Erfassungsmaske 18

F
Favicon 219
 Einstellungen 221
FCKeditor 61
Feed-Icons 244
Fehler 271
 Nicht-gefunden-Fehler 271
 Zugriff-verboten-Fehler 271
Felder
 Medien 163
Filter by compatibility 221
Firebug 225
Foren 90
 anlegen 90
 Beiträge veröffentlichen 90
 Diskussionsbeiträge auf der Webseite 91
 Themen 91
Formatierungsklassen 211
Frontend 16
Full HTML 53
FullCalendar 113
 Plugin 128

G
Gallery 168
Gestaltungsvorlagen 16
Gleaning Resource Descriptions from Dialects of Languages 240
Globale Einstellungen 51
GNU/Linux 36
Granularität 116
GRDDL 240
Gridbasierte Themes 229

H
Hauptmenü 176
 mehrsprachiges 189
 Menüpunkte bearbeiten 178
 Menüpunkte einfügen 177
Hosting-Provider 38
httpd-default.conf 30

I
Image-Feld 143
 Einstellungen 144
info-Datei 232
Inhalte 97
 durchsuchen 108
 generieren 60
 Gruppenzugriff 100
 publizieren 101
 strukturieren 105
 übersetzen 184
 verwalten 97
 zeitgesteuert publizieren 101
 Zugriffsregeln 100, 101
Inhaltsbereiche 18
Inhaltstypen 18, 75
 anpassen 102
 Artikel 75, 146
 Blog 75
 Buch 75
 Einfache Seite 75
 Events 114
 Foto 157
 Gallery 168
Inhaltsverzeichnis 78
Installation, von Themes 221

Installationsprofil
  Minimal 43
  Standard 43
Installationsprofile 278
Internet Explorer
  Fixes 229
Internet Information Server 25

J
jQuery 148

K
Klassen-ID 211
Kommentare
  als Block 90
  Benachrichtigung bei neuen Kommentaren 89
  Berechtigungen 87
  Einstellungen 79
  Einstellungen pro Inhalt 86
  filtern 87
  Globale Einstellungen 85
  verwalten 90
Kommentarfunktion 54
  deaktivieren 54
    für einzelne Inhaltstypen 54
Kommentarmodul 85
Konfigurationsdatei 277
Kontaktfelder 72
Kontaktformular 131
  anlegen 131
  im Menü verlinken 132
  mit CAPTCHA verbinden 136
Kontaktinformationen 73

L
LAMP 36
  Installation 36
Länderflaggen 186
Layoutvorlagen 205
Lesbare URLs 51, 194
  aktivieren 195
Linux 36
localhost 27

Logo
  Einstellungen 221
  in Ausdrucke integrieren 99

M
Mac OS X 38
MAMP 38
Media 162
Media Gallery 168
Media-Browser 164, 166
Medienbibliothek 167
Medien-Feld 163
Medienverwaltung 167
Mehrsprachige Blöcke 186
Mehrsprachige Hauptmenüs 189
Mehrsprachige Menüs 186
Mehrsprachige Seiten 181
Menü 176
  anzeigen 179
  Automatische Menüeinträge 179
  erstellen 178
  mehrsprachiges 186
  Menüpunkte 179
  Reihenfolge 179
Menüpunkt
  Abmelden 220
  erstellen 77
  Gewichtung 78
  Mein Konto 220
  Reihenfolge 78
Migration auf den Webserver 276
Mini-Panels 212
Module 23, 148
  advpoll 95
  backup_migrate 264
  Captcha 133
  Chaos Tools 157
  Colorbox 148
  Comment 85
  Contact 131
  Content translation 184
  CTools 202
  CTools (Chaos Tool Suite) 120
  Date 113

decisions 95
devel 58
Devel 227
Drupal Remote Dashboard 274
Fast Gallery 261
Forum 90
fullcalendar 128
FullCalendar 113
i18n 186
imce 63
IMCE WYSIWYG Bridge 64
insert 153
language icons 186
Media 162
   YouTube 162
Media Gallery 168
menu_attributes 178
Multiform/Multiple Forms 168
nagios (für Drupal 6) 274
page_title 191
Panels 202
pathauto 196
Print 97
rewrite 43
rewrite (Apache) 195
scheduler 101
Search 108
service_links 103
simple_access 100
skinr 229
Statistics 57, 271
Styles 162
Taxonomy 157
taxonomy_menu 179
tcpdf_xx 98
Theme Developer 227
token 191
Tracker 57, 271
Trigger 73
Views 113, 119, 157
Webform 131, 137
Wysiwyg 61
Moduls 134
Monitoring 274
MP3-Datei 164
Multimedia asset 163

Multiple Forms 168
Multisite 24
Multisite-Fähigkeit 278
my.ini 26
MySQL 25
mysqldump 267

N

Navigationsmenü 177
Network Mapper 36
nmap 36
Node 24
Node-Objekt 244

P

Panels 201
   Layoutvorlagen 205
   Zugriffsrechte 211
Panel-Verwaltung 208
PDF-Umwandlung 98
php 251
PHP 25
php.ini 26, 38
PHP-Code 53
   aktivieren 53
PHP-Einstellungen
   bei Hosting-Providern 38
   memory_limit 31, 35, 38
   register_globals 31, 35, 38
PHP-Interpreter 25
phpmyadmin 267
phpMyAdmin 26, 28, 39
phptemplate 233
Plugins
   Colorbox 148
PostgreSQL 25
Profilbilder 70
Protokollnachrichten 270
Pull-Klassen 258
Push-Klassen 258

R

RDF 240
Region 18, 171, 234
   Einstellungen 176
Regions 234

Registerseite Patterns 197
Replacement Patterns 197
Resource Description Framework 240
rewrite 43
Rollen 67
  Administrator 67
  anlegen 67
  Authentifizierter Benutzer 67
  Berechtigungen zuweisen 69
  Gast 67
root 36
RSS-Feeds 110
  Fremde Feeds einbinden 111
  konfigurieren 110

S

Schaltflächen
  aktivieren und deaktivieren 99
Schedules 266
Schlagwort 157
Schreibrichtung 240
Seiten
  mehrsprachige 181
Seiten-Alias 195
Seiteneinstellungen 56
Seitenlayouts
  flexible 201
Seitenpositionen 18
Seitentitel 191
  konfigurieren 192
  manuell erzeugen 194
Seitenvorlage
  mit Panels 204
ServerTokens 30, 37
settings.php 38, 41, 45, 48, 277
Seven 16
Sicherheits-Updates 57
Slideshows 148
SMTP-Server 34
Social Bookmarks 103
Sprachauswahl 44
Sprache
  hinzufügen 182
Sprachpaket
  herunterladen 45
Standardsprache 181

Standard-Themes 16, 234
Startseite
  mit Panels 203
Statusbericht 268
Subtheme 232, 233
Suchbegriffe 271
Suchfunktion 108
Suchmaschinenfreundliche URLs 191
Suchmaschinenoptimierung 191
Superuser 36
Systemereignis 74
Systemvoraussetzungen 25

T

Tabellenpräfix 46
Tags 76, 108, 158
Tao 229
tar-gz 222
Taxonomie 105
  Begriffe 105
  Vokabular 105
Taxonomy 24, 157
Template 215
Template-Datei 238
Template-Engine 233
Terminkalender 113
Textformate 77
  Filtered HTML 77
  Full HTML 77
  Plain Text 77
Textkörper 77
Theme 16, 24, 172, 215, 216
  Adaptive Theme 229
  Anzeige ein/ausschalten 218
  Bartik 216
  Basic 229
  Blueprint 230
  Clean 230
  Einstellungen 217
  Framework 222, 231
  Fusion 222, 230
  Garland 217
  Genesis 229
  Gridbasierte 229
  info-Datei 232
  installieren 221

NineSixty 231
Omega 231
Pixture Reloaded 222
Regionen 234
Regions 234
Seven 216
Stark 217
Tao 229
Zen 222, 228
Theme Developer 227
  Berechtigungen 228
theme.info 259
Thumbnails 146
Titel 76
Translation Server 45
Trigger 74

U

Übersetzung 183
  der Benutzeroberfläche 182
  von Inhalten 184
Umfragen 92
  Ergebnisse auswerten 94
  erstellen 92
Update
  Modul-Update 273
  von Drupal 6 nach Drupal 7 273
Update-Benachrichtigung 57
Update-Einstellungen 57
Updates 269, 272
  Drupal-Kern 272
Update-Skript 272
URL-Aliase 79
URL-Alias-Einstellungen 79, 199
URLs 194
  lesbare 194
  suchmaschinenfreundliche 191

V

Veröffentlichungseinstellungen 79
Veröffentlichungszeitpunkt 102
Versionsinformation 79
Verwaltungsbereich 18
Verwaltungstheme 217

Verwaltungsthemes 217
Verzeichnisse
  all/libraries 263
  all/modules 263
  all/themes 263
  css 255
  default 263
  erstellen 45
  default/files 263
  modules 272
  sites 263, 272
  sites/all 58
  sites/all/libraries 58
  sites/all/modules 58
  sites/all/themes 58, 223, 231
  sites/all/themes/genesis/genesis/css 235
  sites/default 41, 277
  sites/default/files 45
  sites/default/private/files 45
  sites/default/private/temp 45
  templates 242
  themes 223, 272
Views 24, 113
Vokabular 105
  anlegen 105
  mit Inhaltstyp verknüpfen 105
Vorschaubild 144, 147

W

WAMP 31
Wartungsmodus 52, 272
Webformulare
  erstellen 138
  Grundeinstellungen 137
  individuelle 137
  Komponenten hinzufügen 139
  testen 140
  und CAPTCHA verbinden 140
Webserver 25
wget 41
Wiki 15
Windows 7 31
Windows 7 - Firewall 33
WYSIWYG-Editor 61

X

XAMPP 25
  Installation 26
  Sicherheitscheck 28

Y

YouTube-Videos 164

Z

Zahnradsymbol 146
zeitgesteuerte Aktionen 261
Zen 228
Zip 222
Zoom 145
Zoom einstellen 145